Die 99 schönsten RADTOUREN für CAMPER

in Norddeutschland, Dänemark und den nördlichen Niederlanden

Die 99 schönsten RADTOUREN für CAMPER

in Norddeutschland, Dänemark und den nördlichen Niederlanden

BikeMedia

Impressum

1. Auflage 2022

Touren/Texte: Oliver Kockskämper, Köln

Titelfoto: © tirc83 / iStock, ewg3D / iStock, Increativemedia / iStock

Fotos: Oliver Kockskämper (S. 111 unten, 115 unten, 172, 173, 177) sowie
© ptra/Pixabay (S. 8, 31), © MatthiasSchalk/wikimedia (S. 11, 21), © ewg3D/iStock (S. 12), © geogif/iStock (S. 17), © JohnNuttall/wikimedia (S. 19 oben), © EdwinSurbeck/Pixabay (S. 19 unten), © Schorle/wikimedia (S. 23, 29), © JensCederskjold/wikimedia (S. 25), © AndreasGeick/wikimedia (S. 27), © bastian/wikimedia (S. 33 oben), © Bococo/wikimedia (S. 33 unten), © NicolePankalla/Pixabay (S. 35), © CucombreLibre/wikimedia (S. 37 oben), © Boatbuilder/wikimedia (S. 37 unten), © ErikDamskier/wikimedia (S. 39 oben), © BilledTale2/wikimedia (S. 39 unten), © Woqin/Pixabay (S. 41 oben), © Toxophilus/wikimedia (S. 41 unten), © Hubertus/wikimedia (S. 43 oben), © LegolandBillundResort/wiki (S. 43 links), © Trekw/wikimedia (S. 45), © WBulach/wikimedia (S. 47, 129), © Dirk Hagedorn/wikimedia (S. 49), © Txllxt TxllxT/wikimedia (S. 51), © Rijksdienst voor het Cultureel Erfgoed (S. 53), © Evgeni Tcherkasski/Pixabay (S. 55), © Plaats/wikimedia (S. 57 oben), © Harry Ningen/wikimedia (S. 57 unten), © Heribert Bechen/wikimedia (S. 59), © JortTheeuwen/Pixabay (S. 61 oben), © ei6/Pixabay (S. 61 unten), © fotografie/Pixabay (S. 63), © Gouwenaar/wikimedia (S. 65 oben), © DavidMark/Pixabay (S. 65 unten), © Ben Bender/wikimedia (S. 67, 73 oben, 73 unten), © JeanHousen/wikimedia (S. 69), © joiseyshowaa/wikimedia (S. 70/71), © Arch/wikimedia (S. 75), © Hajotthu/wikimedia (S. 77), © Arne Müseler/arne-mueseler.com (S. 79), © Matthias Süßen/wikimedia (S. 81, 105, 107, 191 unten), © Marco Leiter/wikimedia (S. 83), © Monika_Schroeder/pixabay (S. 85), © Eduard47/wikimedia (S. 87, 103, 111 oben), © Clemensfranz/wiki (S. 89), © Marabu/pixabay (S. 91), © Ronile/pixabay (S. 93), © Erich Westendarp/Pixabay (S. 95, 122, 133, 137 unten), © qwesy qwesy/wikimedia (S. 97 oben, 97 unten), © Lolame/Pixabay (S. 98/99), © K. ristof/wikimedia (S. 101), © JohanBakker/wikimedia (S. 109), © SofieLayla Thal/Pixabay (S. 113), © Ra_Boe/Wikipedia (S. 115 oben), © 5661461 /Pixabay (S. 117), © Joachim_Mueller-Schwerin/wikimedia (S. 119), © Moahim/wikimedia (S. 121, 135), © MarianK-L/Pixabay (S. 123), © JennyShead/Pixabay (S. 125), © fsHH/pixabay (S. 125 unten), © Je-str/wikimedia (S. 127), © Ralf Roletschek (S. 131), © HedwigStorch/wiki (S. 137 oben), © rikkerst/Pixabay (S. 139), © Baumschlumpf/wikimedia (S. 141), © Piet van de Weil/Pixabay (S. 143), © J.-H. Janßen/wikimedia (S. 145), © Mueritz_Julian Nyča/wikimedia (S. 147), © Seerabe/wikimedia (S. 149), © Mboesch/wikimedia (S. 151), © Eandré/wikimedia (S. 153/154), © Harke/wikimedia (S. 153 unten), © E-W/wikimedia (S. 155), © Markus Fischer/Pixabay (S. 157), © EsiGruenhagen/Pixabay (S. 159), © Karsten Paulick/Pixabay (S. 161), © A_Savin/wikimedia (S. 163, 215), © Lars_Nissen/Pixabay (S. 164/165), © Tuxyso/wikimedia (S. 164 unten), © Baerbel Miemietz/wikimedia (S. 167 rechts), © AndreasDidion/wikimedia (S. 167 links), © Nicole Klesy/Pixabay (S. 169), © Dietmar Rabich/wikimedia (S. 171), © Dieter_G/Pixabay (S. 175), © EdgarVoss/wikimedia (S. 179), © Uki_71/pixabay (S. 181), © falco/pixabay (S. 183, 207 links), © Frank Vincentz/wikimedia (S. 185, 187 unten), © A_Krebs/Pixabay (S. 187 oben), © Andreas_Kaklewski/Pixabay (S. 189 oben), © Joachim Kohler Bremen/wikimedia (S. 189 unten), © SofieLayla Thal/Pixabay (S. 191 oben), © Stephanie Albert/Pixabay (S. 193 oben), © Bahnfrend/wikimedia (S. 193), © Dieter Schütz/pixelio.de (S. 195), © Sebastian Hüdepohl/wikipedia (S. 197), © Corradox/wikimedia (S. 199), © Wolfgang Stemme/Pixabay (S. 201 oben), © Daniel Schwen/wikimedia (S. 201 unten), © Losch/wikimedia (S. 203), © Tsungam/wikimedia (S. 205), © Grugerio/wikimedia (S. 207 rechts), © Radler59/wikimedia (S. 209, 211), © neufal54/Pixabay (S. 213), © Lienhard Schulz/wikimedia (S. 217), © Kazuyanagae/wikimedia (S. 219), © Thomas Wolf/wikimedia (S. 221), © MarioHagen/pixabay (S. 223).

Buch- und Umschlaggestaltung: www.krueckemeier-medien.de, Bielefeld

Kartografie: BVA BikeMedia

ISBN: 978-3-96990-102-1

Inhalt

Die 99 schönsten Radtouren für Camper in Norddeutschland, Dänemark und den nördlichen Niederlanden

Dänemark

Niederlande (Nord)

Schleswig-Holstein

Mecklenburg-Vorpommern

Niedersachsen mit Hansestadt Hamburg und Hansestadt Bremen

Brandenburg / Berlin

Entspanntres Radeln in der Natur

Radeln und Campen – Naturgenuss pur!

Camping ist IN – und Radfahren ist IN! Und beides gehört schon fast zwangsläufig zusammen: Kaum ein Camper macht sich mit seinem Wohnmobil, Wohnwagen oder Zelt auf Reisen, ohne ein Fahrrad dabei zu haben. Der Grund liegt auf der Hand: Wenn wir einmal einen schönen Campingplatz oder einen schönen Stellplatz gefunden haben, können wir unsere mobile Unterkunft einfach dort stehen lassen und genießen die umliegende Region hautnah mit dem Fahrrad. Diese perfekte Symbiose hält uns fit, lässt uns die Gegend mit ganz anderen Sinnen wahrnehmen und schont natürlich auch die Umwelt.

Camper – so unterschiedlich und doch so gleich!

Die Campingbranche wächst in den letzten Jahren scheinbar unaufhörlich. Fast jedes Jahr werden neue Zulassungsrekorde bei neuen Wohnmobilen und Wohnwagen vermeldet. Die Bandbreite der rollenden Hotels wird dabei immer größer: Viele beginnen mit einem kleinen, gebrauchten Wohnwagen, steigen dann um auf einen neuen Wohnwagen mit deutlich mehr Komfort. Fünf bis acht Meter Aufbaulänge sind dabei meist der Standard und im Innern lassen Sitzgruppe, Küche, Badezimmer mit WC und Dusche sowie Betten mit Lattenrosten ein heimatliches Feeling auf-

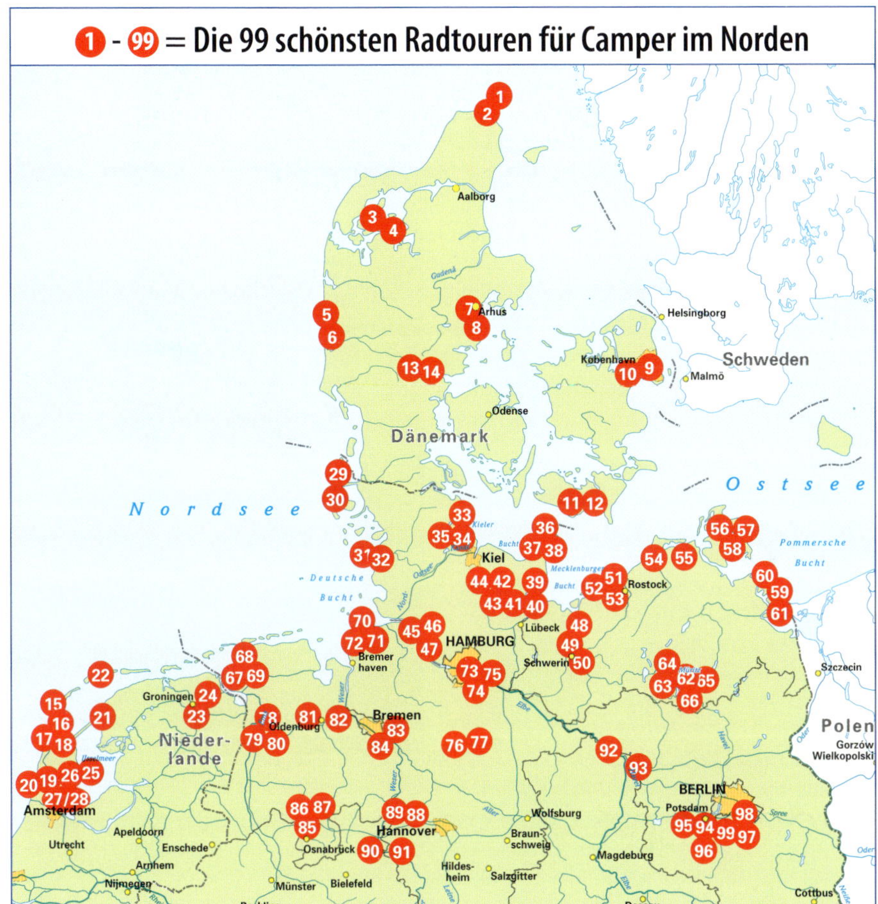

kommen. Auf dem Campingplatz wird rasch das Vorzelt aufgebaut, das für üppige Platzverhältnisse sorgt.

Andere Camper steigen mit dem berühmten „Bulli“ ein, bei dem die Sitzbänke mit wenigen Handgriff en zu Betten umfunktioniert werden können. Dem Platzangebot und dem Komfort sind gerade bei den Wohnmobilen nach oben keine Grenzen gesetzt: Vom praktischen ausgebauten Kastenwagen, der in der Stadt große Vorteile bietet, über Alkoven-Mobile, in denen wir über dem Fahrerhaus nächtigen, geht die Tendenz vielfach zu teilintegrierten Wohnmobilen. Hier wird die Fahrerkabine geschickt in den Wohnraum integriert, an den sich eine geräumige Küche, Badezimmer mit allen Extras und ein einladendes Schlafzimmer anschließen. Die Krönung des mobilen Reisens sind die sogenannten „Liner“, die gerne einmal die Ausmaße eines Reisebusses annehmen können. In diesem Luxus-Segment ist alles möglich: Ein Wohnzimmer, dass als „Slide-Out“ zur Seite vergrößert werden kann, Badezimmer mit separater Dusche, Schlafzimmer mit Queensbett und einer Garage, in der oftmals ein ganzes Auto Platz findet. Sogar Spezialanfertigungen mit einer Dachterrasse oder einer Outdoor-Ausstattung für Wüstensafaris sind möglich. Schnell wird hier ein größerer sechsstelliger Betrag fällig.

Aber es gibt auch noch die Puristen unter den Campern, die auf der grünen Wiese ihr

Zelt aufschlagen und die Heringe in den Boden bringen. Aber auch dabei gibt es inzwischen viele Varianten: Die einen sind mit wenigen Handgriffen fertig mit dem Aufbau: Dann steht das Wurf-, Trekking oder das Igluzelt. Wer´s etwas größer mag, baut das Familienzelt auf und noch eleganter geht's mit den „Faltern", die als kleiner Anhänger auch hinter weniger starken PKW gezogen werden. Mit wenigen Handgriffen erwächst daraus dann ein bis zu 40 qm großes Zelt mit Küche, Betten und anderen Extras.

Und nun kommt das ganz Besondere an der „Spezies Camper": Egal, ob er morgens aus dem kleinen Igluzelt krabbelt oder mit der Tasse Kaffee aus dem Vollautomaten vor seinem Luxusliner steht: Auf dem Campingplatz sind alle gleich – Statusdünkeln ist einem Camper völlig fremd! Und so kommen alle schnell miteinander ins Gespräch – sei es über das Wetter, die Ausstattung des Campingplatzes oder der nächste Tagesausflug. Soziale Interkation ohne eine Frage nach der Herkunft – das ist Camping!

Radeln und Campen

Und auch das eint die Camper: Viele haben ihr eigenes Fahrrad dabei: Auf dem Autodach, auf dem Anhänger, auf der Wohnwagendeichsel oder am Radträger am Heck des Wohnmobils.

Wer das eigene Rad nicht mitbringen mag, hat auf sehr vielen Campingplätzen oder zumindest in der näheren Umgebung die Möglichkeit, sich eines zu leihen. Alte Drahtesel wird man hier vergeblich suchen: Die Mieträder sind stets gut in Schuss und oftmals haben wir sogar die freie Auswahl: Trekking- oder Citybike, Mountainbike, Rennrad, E-Bike – für jeden Geschmack sollte sich da etwas finden lassen.

Damit die Symbiose aus Radeln und Campen perfekt gelingt, haben wir in diesem Buch ausschließlich Touren gewählt, die direkt an mindestens einem Campingplatz oder Wohnmobilstellplatz starten und an denen noch weitere Campingplätze liegen. Die meisten der Touren enden als Rundtour auch genau wieder dort, wo wir losgeradelt sind. Ab und an empfehlen wir Streckentouren, an deren Ende wir aber einfach in die Bahn steigen und uns zurück zum Camp bzw. zum Nachbarort zurückbringen lassen können.

Und noch etwas spricht für die Kombination aus Radeln und Campen: Die Camper wissen schon, wo es schön ist in dieser Republik. Aus dem Grunde ist es auch kein Zufall, dass unsere Radtouren in aller Regel in wunderschönen und touristisch bestens erschlossenen Regionen verlaufen.

Die Auswahl der Camps und der Touren

„Die 99 schönsten Radtouren für Camper im Norden" möchten wir Ihnen hier vorstellen. Doch wonach sollten diese ausgewählt werden? Ganz gleich, ob mit Zelt, Wohnwagen oder Wohnmobil – alle Camper haben eines gemeinsam: Sie reisen gerne, sehen den Weg schon als Ziel und scheuen auch weitere Entfernungen

Der nördlichste Punkt Dänemarks ist Grenen – auch hierher werden unsere Fahrräder rollen!

nicht. Aus diesem Grunde haben wir uns entschlossen, das „Einzugsgebiet" für dieses Buch über die deutschen Landesgrenzen hinaus zu ziehen. Aufgrund der vielen deutschen Gäste fiel die Wahl der Nachbarländer leicht, denn Dänemark und die Niederlande stehen bei deutschen Campern ganz hoch im Kurs.

Und so beginnen unsere Tourenvorschläge auch ganz hoch an der Nordspitze Dänemarks. In dem Skandinavischen Land stellen wir Ihnen dann in grober Nord-Süd-Richtung Regionen vor, die sich seit Jahren großer Beliebtheit erfreuen, wie die Gegenden um Kopenhagen, Billund oder Aarhus. Aber es sind auch einige Geheimtipps dabei, bei denen die Radwege noch nicht durch viele Touristen ausgefahren wurden – lassen Sie sich überraschen!

Die Niederlande sind DAS Ziel für deutsche Camper, die hier ideale Bedingungen vorfinden: Perfekt ausgestattete Campinganlagen die schon fast die Fläche von Kleinstädten bedecken, sind an der Tagesordnung. Einige davon stellen wir Ihnen im Norden der Niederlande vor, wie z.B. auf Texel oder Callantsoog. Aber wir möchten Sie auch neugierig machen auf „Mini-Camping", wie bei Enkhuizen oder Edam. Dies sind kleine Plätze mit nur wenigen Parzellen, die oft auf einem landwirtschaftlichen Betrieb untergebracht sind. Dass uns die Niederlande mit idealen Radel-Bedingungen empfangen, ist fast schon sprichwörtlich.

Auch in Deutschland orientieren wir uns von Nord nach Süd. In Schleswig-Holstein besuchen wir Touristen-Hotspots wie Sylt, Sankt-Peter-Ording oder Scharbeutz. In Mecklenburg-Vorpommern reihen sich erstklassige Camps an der Küste entlang, wie z.B. in Kühlungsborn, auf Usedom, auf Rügen oder rund um den Bodden. Natürlich dürfen auch Rad-Runden in den beliebten Regionen der Seenplatte nicht fehlen.

Flexibler geht es nicht – unser Ausgangspunkt für herrliche Fahrradtouren

Die Touren um die Seen leiten uns direkt weiter nach Brandenburg, wo wir atemberaubende Kreise um den Templiner oder den Woblitzsee drehen und den erstklassigen Havel-Radweg testen. Das große Bundesland Niedersachsen ist natürlich auch vertreten – hier beginnen unsere Vorschläge an der Nordsee mit Cuxhaven oder Norden, schweifen gen Süden nach Papenburg, führen uns in die Lüneburger Heide, umkreisen das Steinhuder Meer und folgen den Verläufen von Elbe oder Weser.

Die Auswahl der Camping- oder Wohnmobilstellplätze fiel mindestens genauso schwer. Denn da, wo es schön ist, gibt es auch reichlich Möglichkeiten für uns Camper, den perfekten Stellplatz zu finden. Erstklassige und mehrfach prämierte Plätze sind in den besuchten Regionen wahrlich kein Mangel, und daher ist die Auswahl letztendlich eine willkürliche Wahl – gleich um die Ecke des beschriebenen Platzes kann es durchaus einen ebenso guten oder vielleicht sogar besseren Platz geben. Aber genau dafür geben wir im Infoblock Hinweise auf Alternativen entlang der Strecke.

Bei genauem Hinsehen stellen wir aber fest, dass es in jedem Land bzw. in jedem Bundesland absolute Hot-Spots für Touristen gibt. Und an denen gibt es dann freilich auch eine entsprechende Infrastruktur, die nicht nur Hotels und Ferienwohnungen, sondern auch Camping- und Wohnmobilstellplätze umfasst. Nicht zuletzt haben die Städte und Gemeinden auch erkannt, dass Camper eine durchaus solvente Kundschaft darstellen: Sie genießen die Sehenswürdigkeiten genauso wie die kulinarischen Genüsse und bescheren den Betrieben vor Ort lukrative Einnahmen.

Auf eine ausführliche Auflistung aller Camps verzichten wir ganz bewusst, denn zum einen würde das den Umfang des Buches sprengen, zum anderen gibt es in unserer schnelllebigen Zeit immer wieder Camps die neu öffnen oder schließen. Ein Blick ins Internet oder ein Anruf bei den regionalen Touristeninformationen bringen hier Klarheit.

Zum Abschluss noch ein ganz wichtiger Hinweis: Klar, wir haben unser eigenes Bett dabei. Dennoch ist es auf vielen Camps uner-

lässlich, rechtzeitig einen Stellplatz zu reservieren. Das gilt sowohl für die Camping- als auch für die Wohnmobilstellplätze. Und das gilt für das ganze Jahr, denn in den Schulferien sind die Anlagen ohnehin sehr voll. Außerhalb dieser Zeiten kommen aber dann gerne die „nicht mehr schulpflichtigen Camper". Auch zu bestimmten Anlässen wie Weinlesen, Stadtfesten, Festivals etc. wird es sehr schnell voll auf den Anlagen.

Dieses Buch

Dieses Buch soll Ihnen „Appetit" machen auf die Kombination von Campen und Radfahren. Wir haben versucht, die schönsten Radwege Deutschlands rund um besondere Camping- und Wohnmobilstellplätzen ausfindig zu machen und sie anhand einer Kurzbeschreibung darzustellen. Dabei wurde versucht, einen Spagat gleich in mehrere Richtungen hinzubekommen: Klar, besonders schön sollten sie in jedem Falle sein – wenn das Buch schon diesen Titel trägt! Familienfreundlichkeit stand ebenfalls an oberer Stelle der Auswahlkriterien.

Zudem sollte aber auch eine einigermaßen gleichmäßige Verteilung der vorgestellten Touren in Deutschland erfolgen. Ihnen hat die Beschreibung Appetit auf mehr gemacht? Sehr schön – der BVA BikeMedia Verlag hält zu allen in diesem Buch beschriebenen Touren umfangreiches Material bereit. Mit ADFC-Regionalkarten, mit BVA - Radwanderkarten und Spiralo-Karten, in denen ausführliche touristische Informationen enthalten sind, dürfte die Streckenfindung kein Problem sein.

Zusätzlich haben Sie die Möglichkeit, die in diesem Buch als Kartentipp ausgewiesenen ADFC-Regionalkarten auch als App für Ihr Smartphone oder Tablet zu erwerben – inklusive GPS-Positionsanzeige und der Möglichkeit, GPX-Tracks zu importieren und aufzuzeichnen. Zu finden ist dies unter **http://www.fahrrad-buecher-karten.de/rk-digital**.

Weiteres Überblickswissen zu unserem Pedal-Hobby liefern die Sammelwerke wie z.B. „Die 75 schönsten Urlaubstouren Deutschlands", „Die 44 schönsten Wochenendtouren Deutschlands"; „Die 55 schönsten E-Bike-Touren Deutschlands", „Die 50 schönsten Radfernwege Deutschlands" und „Die 33 schönsten Flussradwege Deutschlands", „Die 111 schönsten Radtouren Deutschlands", oder „Die 50 schönsten Bahntrassen-Radwege Deutschlands".

Für eine schnelle Orientierung und Einstufung dienen die Infokästen zu Beginn jeder Beschreibung – wir haben sie „CamperTourenInfo" getauft. Hier finden Sie die wesentlichen Eckpunkte zu jeder Tour, wie z.B. Distanz, Wegbeschaffenheit, Hinweise auf Steigungen, Beschilderungen sowie Start- und Zielpunkt. Auf den meisten Strecken gibt es nur wenige Probleme, den rechten Weg zu finden. Wenn es komplizierter wurde, haben wir die Beschreibungen etwas genauer gestaltet. Auf eine allzu detaillierte Streckenbeschreibung wurde aus Platzgründen aber verzichtet.

Bei den meisten Radwegen ist zudem die Beschilderung so perfekt, dass man sich kaum verfransen kann. Eine gute Radkarte im Maßstab 1:75.000 (z.B. die ADFC-Regionalkarte des BVA) gehört aber immer ins Reisegepäck. Ein Hinweis ist besonders wichtig: Bitte betrachten Sie diese Distanz-Angaben als grobe Orientierung für Ihre Tour! Ein paar „Schlenker" zu Sehenswürdigkeiten, ein Abstecher in Innenstädte, einmal „verfahren" oder andere Kleinigkeiten führen schnell zu einer Abweichung der eigenen gefahrenen Kilometer.

Zu Gunsten der Übersicht ist jede Tour auf zwei Seiten reduziert. Die abgebildete Karte wird Ihnen im Zusammenspiel mit der in Blau gedruckten Streckenbeschreibung helfen, sich vor Ort zurecht zu finden. Ausführlicher werden die Sehenswürdigkeiten beschrieben – denn wir radeln ja nicht (nur) des Radelns wegen, sondern um die Gegend kennen zu lernen. Die Tipps weisen den Weg zu ausgefalleneren Attraktionen, die wir eventuell verpassen würden, weil sie etwas abseits liegen, nicht beschildert oder einfach wenig bekannt sind.

Der Spaß am Radfahren

„Mit dem Auto erlebt man Land und Leute wie im Kino, auf dem Rad ist man mittendrin und erfährt unzählige schöne Augenblicke und kleine Abenteuer" – diese Schwärmerei eines erfahrenen Reiseradlers trifft es auf den Punkt: Radfahren ist DIE Möglichkeit, unabhängig und frei von Ort zu Ort zu fahren und an den herrlichsten Stellen zu rasten. Wir lassen den hektischen Alltag, das Verkehrschaos der Städte hinter uns und genießen die Individualität der Freizeit. Selbst die vermeintlichen Nachteile des Radfahrens bzw. eines Radurlaubes erweisen sich, wenn wir ehrlich darüber nachdenken, als Vorteile: Die Möglichkeit, bei einem Regenschauer pudelnass zu werden oder bei Hitze den Schweiß über den Körper rinnen zu fühlen, lässt uns das Wetter viel intensiver wahrnehmen als beim Blick aus dem Fenster.

Mit Kindern radeln

Die meisten der beschriebenen Radwege sind wie geschaffen für Familien mit Kindern. Im Infoblock wird darauf hingewiesen, wenn viele Steigungen oder Straßen dagegen sprechen würden. Meist rollen wir auf breit ausgebauten Radwegen mit besten Fahrbahnuntergründen und nahezu keinem Straßenverkehr. Wenn der Nachwuchs selbst radelt, ist zu beachten, dass kleinere Kinder nicht auf Straßen, sondern auf dem Bürgersteig fahren müssen. Zwar sind die Touren mühelos auch mit kleineren Kindern zu bewältigen, doch verlangt der Nachwuchs auch nach anderen Beschäftigungsmöglichkeiten. Dies gilt vor allem dann, wenn Kleinkinder in entsprechenden Sitzen oder in einem Anhänger transportiert werden. Vergessen Sie niemals, die Kinder auf diesen Mitfahrgelegenheiten entsprechend zu sichern – der Helm dürfte ebenso selbstverständlich sein wie die Gurte. Vor allem in den Mitfahrgelegenheiten können sich die Kleinen nicht ausreichend bewegen, was bei niedrigen Temperaturen auch zu Unterkühlung führen kann – häufigere Pausen sind also angesagt!

In vielen Orten liegen immer wieder gut ausgestattete Spielplätze direkt am Wegesrand. Pausen werden ohnehin eingelegt, warum also nicht gleich hier? Aber es gibt noch viel mehr zu entdecken: Interessante alte Orte, die Spuren unserer Vorfahren, historische Technik und regionale Lebensarten in Museen, Tiere in Parks und Zoos und natürlich Badespaß in den Frei- und Hallenbädern der Region. Auf viele dieser Aktivitäten wird im Buch hingewiesen.

Beachten Sie auch, dass die Räder deutlich kleiner, oftmals auch einfacher ausgestattet sind. Weshalb diese Binsenweisheit? Nun, nicht selten werden Familien gesichtet, bei denen die Eltern mit 26´´-Mountainbikes oder 28´´-Tourenrädern und einer 21-Gang-Schaltung vorweg brausen und die Kinder auf ihren kleinen Rädern mit Dreigang-Schaltung hinterher hecheln. Hier ist der Ärger vorprogrammiert. Und genau den wollen wir ja mit diesem Familienausflug vermeiden! Sie werden sehen: Wenn wir auf die Kinder eingehen, werden diese schnell Spaß an der sportlichen Betätigung mit Mama und Papa an der frischen Luft finden.

Die beste Reisezeit

Unsere Radwege können ganzjährig gefahren werden, wobei der Winter eher selten die Wahl sein dürfte. In einigen Mittelgebirgs- oder Voralpenregionen könnte es zudem auch Probleme mit der Witterung geben. Ab Beginn des Frühlings kommt man vielfach bereits in den Genuss unseres milden Klimas – in den höher gelegenen Regionen und am stürmischen Meer kann es allerdings noch „frisch" werden. Dennoch ist der Frühling eine der optimalen Reisezeiten, vor allem wegen der nachstehenden Umstände: Im Sommer gibt es Wettergarantie. Es kann mitunter recht heiß werden, vor allem, wenn wir durch enge Täler radeln. Ein Nachteil der Sommer-Radeltour ist sicherlich, dass wir nun wahrlich nicht alleine unterwegs sind.

Es macht nur noch wenig Vergnügen, wenn wir ständig Acht geben müssen, uns nicht aus den Augen zu verlieren und mit keinem zu kollidieren. Der entspannte Plausch entfällt dann auch, denn nebeneinander radeln können Sie zur „Rushhour" getrost vergessen. Und gerade das ist ein unbestrittener Vorteil der Bahntrassen-Radwege. Daher der Tipp: Im Sommer auf die Wochentage ausweichen und an den Wochenenden auf die touristisch weniger überlaufenen Wege ausweichen – in diesem Buch werden Sie dafür reichlich „Stoff" finden.

Der Herbst ist als Radelzeit beliebt und empfehlenswert zugleich. Die Wege sind lange nicht mehr so überladen, die Temperaturen sind im „goldenen Herbst" zumeist ideal. In vielen Orten finden – wie schon im Mai / Juni – nach Ausklang der Sommerferien Feste statt, was unsere Touren noch kurzweiliger ausfallen lässt. Besonders beliebt sind Stadtfeste, Märkte, Schützenfeste, Kirchweihfeste und in den Weinregionen natürlich die unzähligen Weinfeste.

Doch Vorsicht: Auch auf dem Rad wird die Fahrtüchtigkeit durch den Genuss von Alkohol erheblich eingeschränkt. Nicht verschwiegen werden darf, dass im Herbst auch die Zeit der organisierten Reisen gekommen ist. So ist es z.B. nicht gerade einem entspannten Stadtbesuch zuträglich, wenn gerade mehrere Reisebusse ihre Ladung über den Ort ergossen haben.

Der Rat zum Rad

Die beschriebenen Touren stellen keine besonderen Ansprüche an Mensch und Material. Für längere Strecken, mit Gepäck oder bei gelegentlichen Steigungen ist es allerdings angenehm, ein paar mehr Gänge zur Verfügung zu haben. Wichtiger noch als die Anzahl der Gänge ist die Robustheit des Rades – was nützen die Gänge, wenn alle paar Kilometer Reparaturen vorgenommen werden müssen?

In den meisten größeren Städten, die wir tangieren, gibt es zwar Rad-Werkstätten, doch eine Panne tritt „bestimmt" während deren Mittagspause, nach Geschäftsschluss oder am Wochenende auf. Dass sich das Fahrrad in verkehrssicherem Zustand befindet, sollte Voraussetzung für jede Radeltour sein. Dazu gehören z.B. intakte Bremsen und Reifen, geschmierte Kette, Beleuchtung, Reflektoren, Schutzbleche, etc. Vor dem Fahrtantritt sollten Sie Ihr Fahrrad kurz durchchecken – es kostet Sie vor der Fahrt gerade einmal 5 Minuten, eine Panne kann den ganzen Tag kaputt machen. Hier die einfachen Handgriffe:

- Vorder- und Hinterrad abwechselnd vom Boden heben und daran rütteln bzw. seitlich wackeln, um festen Sitz und Lagerspiel zu testen
- Am Sattel drehen und ziehen – er muss absolut fest sitzen
- Kontrollieren, ob die Schnellverschlüsse der Bremsen geschlossen sind, ferner, ob die Bremshebel sich nicht bis zum Lenker ziehen lassen und selbständig zurückgehen
- Die Bremsbeläge auf Verschleiß prüfen
- Vorderbremse ziehen und das Rad nach vorne schieben, um das Steuerlager auf Spiel zu testen
- Durchtesten aller Gänge im Reparaturständer
- Luftdruck in den Reifen prüfen

Wenn es bei aller Vorbereitung doch zur Panne kommt, muss folgendes Bordwerkzeug mitgeführt werden:

Faltdecke (»Mantel«)	☐
Schläuche	☐
Pumpe	☐
Inbusschlüsselsatz	☐
Nippeldreher	☐
Ventilverlängerung	☐
Öl	☐
Deckenheber	☐
Flicken	☐
Gummilösung	☐
Flickzeug	☐

Noch ein Tipp zu diesem Thema: lassen Sie sich doch einfach von der Werkstatt Ihres Vertrauens mit den wichtigsten Handgriffen vertraut machen.

Und ein ganz wichtiger Hinweis noch: Hoffen wir, dass Sie es niemals brauchen, aber ein kleines Erste-Hilfe-Täschchen gehört IMMER ins Gepäck, auch bei jedem noch so kleinen Ausflug.

Bekleidung

Ein Blick in die Textilecke des Fahrradladens reicht aus, um zu erkennen: Das Angebot der Fahrradbekleidung ist unüberschaubar! Seit einigen Jahren bieten auch Discount-Märkte rechtzeitig zur Saison entsprechende Artikel an. Was Sie wählen, hängt nicht zuletzt auch von Geschmack und Geldbeutel ab, doch unbedingt zu empfehlen ist folgende Ausstattung:

- Helm (absolut unverzichtbar!)
- Radhose in kurzer und langer Version
- Radtrikot in kurzer und langer Version
- Handschuhe
- Radbrille (gegen UV-Strahlung und Insekten)
- Leichte, faltbare Regenjacke / -hose

Darüber hinaus gibt es weitere sinnvolle Accessoires, wie z.B. Funktionsunterwäsche, Radschuhe (mit Klickplättchen gegen das Abrutschen von den Pedalen), Windweste, Armlinge und Beinlinge.

Das braucht der Mensch: Essen und Trinken

Viele der im Buch vorgestellten Regionen stellen alles andere als touristisches Entwicklungsland dar. Vielmehr lebt häufig ein Großteil der Bevölkerung vom Geld der Besucher. Die Verpflegung ist aber auch in den eher ländlichen Gebieten kein Problem – in jedem größeren Ort gibt es Einkehr- und Einkaufsmöglichkeiten. Das Angebot reicht von Hausmannskost in rustikalem Ambiente bis zum Nobelrestaurant.

Nicht versäumen sollten Sie den Besuch der für die Region typischen Gaststätten, um die kulinarischen Genüsse der Gegend kennen zu lernen – nicht selten speist man hier sogar noch günstiger.

GPS

Immer mehr Freizeitradler nutzen die Vorteile der elektronischen Medien. Internet und GPS-Geräte gehören bei vielen schon zum Standard, wenn es darum geht, eine Fahrradtour vorzubereiten. So können die Touren präzise am PC bzw. am Notebook geplant und jeder Weg gefunden werden. Je exakter die Klicks im Internet, umso genauer das Ergebnis für die Länge der Tour und das passende Höhenprofil. Böse Überraschungen können so deutlich minimiert werden – und das alles, ohne jemals vorher da gewesen zu sein.

Auch für dieses Buch möchten wir Ihnen als zusätzliche Hilfestellung die Nutzung auf ihrem GPS-Gerät anbieten: Für jede der im Buch aufgeführten Touren finden Sie auf unserer Internetseite entsprechende Track-Daten für Ihr Mobilgerät. Mit Hilfe des Zugangscodes **CAMPN-01-102-545-RF** stehen Ihnen die Daten auf der Seite **www.fahrrad-buecher-karten.de/gps-tracks** kostenlos zum Download zur Verfügung.

Zeichenerklärung

Radrouten		Sonstige Objekte	
3	Radroute		Campingplatz (in Auswahl)
3	benachbarte Route		Wohnmobilstellplatz (Auswahl)
	Fähre für Radfahrer		Sehenswürdigkeit
			Flughafen, Flugplatz

Straßen		Flächen	
8	Autobahn		Bebauung
305	Fernstraße		Industriegebiet
	Hauptstraße		Wald
	Nebenstraße		Park
	Sonstige Straße		Freifläche
Bahnen			Weinberg
Bf	Bahnlinie mit Bahnhof		Sperrgebiet
Gewässer		**Grenzen**	
	See		Staatsgrenze
	Strom		
	Fluss		

In den Tourenkarten stecken viele nützliche Radler-Infos, die als Signaturen dargestellt werden. Bitte benutzen Sie diese Legende, um die Signaturen zu »entschlüsseln«.

Helfen Sie mit!

Die in diesem Buch enthaltenen Informationen wurden sorgfältig nach bestem Wissen und Gewissen zusammengetragen. Dennoch gibt es in unserer schnelllebigen Zeit ständig Veränderungen: Straßennamen und Wegführungen werden verändert, ebenso Anschriften und Öffnungszeiten. Helfen Sie uns mit, dieses Buch ständig aktuell zu halten, in dem Sie uns etwaige Änderungen unter karten@bva-bikemedia.de mitteilen. Unser Dank ist Ihnen so gewiss wie der Dank der anderen Leser!

Zum Abschluss bleibt nur noch eines:
VIEL SPASS BEIM RADELN!

Mit dem Bike bis ans Wasser

1 Wo die Wellen von Nord- und Ostsee aufeinander treffen

Von **Hulsig** über Skagen

CamperTouren Info

ca. 35 km ohne Abstecher, regionale Radweg-Beschilderung sowie teils als Fernradweg NR1. Keine größeren Steigungen. Die Route führt meist über separate Radwege, einige Passagen auf losem Untergrund.

Start / Ziel: Råbjerg Mile Camping, www.raabjergmilecamping.dk

Auswahl weiterer Camps entlang der Strecke: Camping Skagen, Grenen Camping, Poul Eeg Camping Skagen

Die erste Radtour in diesem Buch treiben wir im wahrsten Sinne des Wortes „auf die Spitze", denn wir sind ganz im Norden Dänemarks unterwegs. Von unserem tollen Camp starten wir auf dem Fernradweg NR1 und erreichen genau den Punkt, an dem sich die Wellen von Nord- und Ostsee vermischen. Auf dem Rückweg lernen wir Skagen kennen, wo wir uns mit frischem Fisch für die Rückfahrt stärken.

Unser Domizil auf Zeit liegt so hoch im Norden wie sonst kein anderer Campingplatz in diesem Buch. Aber nicht nur deshalb ist **Råbjerg Mile Camping** etwas ganz Besonderes: Auf der weitläufigen Anlage finden wir einen Stellplatz zwischen Hecken und in großen Nischen, wobei der größte Teil des Camps in weiten Bögen angelegt ist. Für Kurzweil sorgen ein Pool, ein Indoor-Wasserpark, Sauna Whirlpool, Minigolf, ein Spielplatz und natürlich das nahegelegene Meer. Wer den weiten Weg mit dem Camper hierher vermeiden möchte, logiert in den gut ausgestatteten und unterschiedlich großen Hütten.

Los geht's an unserem Camp, das wir an der querenden Straße namens Kandestedvej nach rechts verlassen. Noch vor dem Kreisel rechts, links, rechts, links und über die Straße geradeaus hinweg. Dann radeln wir erst rechts, dann links neben den Bahnschienen durch den Ort Hulsig. Die blauen Schilder des Radfernwegs NR1 geleiten uns durch ruhige Natur nach Skagen. Bis zur Nordspitze Dänemarks sind es dann nur noch einige Minuten.

Eine **Landzunge** namens Grenen markiert den nördlichsten Punkt Dänemarks – und

Noch nördlicher als der schöne Ort Skagen liegt nur noch...

hier gibt es richtig viel zu entdecken, wie das malerisch in den Dünen eingebettete **Kunstmuseum** oder das Grab des in Dänemark sehr beliebten Dichters Drachmann. Für ihn wurde in den Dünen eine **Gruft** angelegt, die mit einer schweren Tür aus Kupfer gesichert ist.

Tipp: An der Nordspitze Dänemarks identifizieren wir genau die Stelle, an der sich die Wogen der Meere vermischen. Hier können wir den einen Fuß in der **Ostsee** und den anderen in der **Nordsee** baden.

Das **Naturerlebniszentrum**, in dem wir Interessantes über die Zugvögel erfahren, die hier gerne rasten, ist bei dem **Leuchtturm** untergebracht. Seit 1858 steht der schlanke, graue Turm an dieser Stelle und ist mit 46 m Höhe der zweithöchste Dänemarks.

Weiter geht's von der Nordspitze wieder zurück durch Skagen. Der NR1 bringt uns wieder auf demselben Weg, auf dem wir herkamen, zurück nach Hulsig. Vom Bahnhof aus sind es nur noch wenige Minuten zurück zu unserem Campingplatz.

Auf unserer Rückfahrt statten wir dem Herz von Skagen noch einen Besuch ab. Das Herz der rund 7.500 Einwohner zählenden Stadt schlägt am **Hafen**, wo es in den alten

...die Landzunge Grenen

Fischpackhäusern den frischesten Fisch gibt. Schließlich sehen wir hier den größten Fischereihafen Dänemarks. Die Packhäuser sind nicht nur gut für einen Imbiss, sondern mit dem rot-weißen Anstrich geschaffen für ein Fotomotiv.

Viele Touristen kommen auch wegen der endlosen **Sandstrände** oder um sich der Kultur zu widmen. Ende des 19. Jhds. kamen viele Künstler hierher nach Skagen, um sich der Malerei zu widmen. Daher gehört es auch zu unserem Programm, das **Skagens Museum** zu besuchen, in dem deren Arbeiten ausgestellt sind.

Zum Abschluss schauen wir uns in Skagen die 1841 begonnene Kirche, den 1934 entstandenen **Wasserturm**, oder den **Bahnhof** mit seiner neoklassizistischen Fassade an.

Kartentipp:
ADFC-Radtourenkarte DK1 Dänemark/Jütland Nord,
1:150.000, ISBN 978-3-87073-940-9, € 9,95

2 An Skagerrak und Kattegat

Von **Hulsig** über Skiveren

CamperTouren Info

ca. 39 km ohne Abstecher, regionale Radweg-Beschilderung sowie teils als Fernradweg NR1 und NR5. Keine größeren Steigungen. Die Route führt meist über separate Radwege, einige Passagen auf losem Untergrund.

Start / Ziel: Råbjerg Mile Camping, www.raabjergmilecamping.dk

Auswahl weiterer Camps entlang der Strecke: Skiveren Camping, DCU-Camping Ålbæk Strand, Bunken Strand Camping

Auf nur 39 km erleben wir bei dieser Rundtour völlig unterschiedliche Naturphänomene: Zunächst tangieren wie die Råbjerg Mile, eine bis zu 40 m hohe Wanderdüne, die pro Jahr 15 m wandert. Nachdem wir der Nordsee, die sich hier Skagerrak nennt, einen Besuch abgestattet haben, rollen wir hinüber zum Kattegat und blicken auf die Wogen der Ostsee.

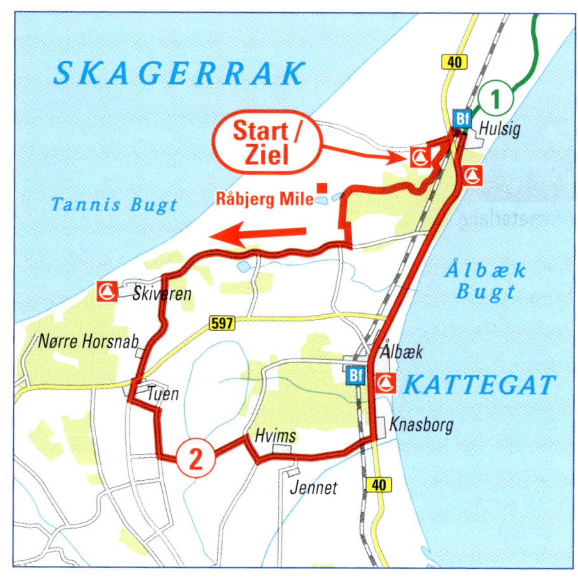

Unser Råbjerg Mile Camping bietet eine echte Rarität: Für Kinder wird auf der Anlage eine ganze Menge geboten. Wer aber Wert auf extra viel Ruhe legt, bucht einen Platz in der „**Erwachsenenzone**". Hier sind die „Senioren" unter sich, können entspannen und auf Wunsch mit den Nachbarn einen Kaffee oder einen Wein genießen. Eine gute Idee, diese Teilung vorzunehmen, denn so sind Streitigkeiten unter Campern, bei denen auch jeder eine andere Definition von Ruhe hat, von Vornherein ausgeschlossen.

Los geht's an unserem Camp, das wir an der querenden Straße namens Kandestedvej nach rechts verlassen. Noch vor dem Kreisel recht, links, rechts, geradeaus und um den Campingplatz herum. Wir treffen auf die Bahngleise und bleiben auf dieser Seite. Der Fernradweg NR1 führt uns kurvig durch das weite Land, bis wir in Skiveren auf die Nordsee treffen.

Tipp: Wir radeln durch die sogenannte Råbjerg Mile. Sagenhafte 120 ha bedeckt diese riesige Wanderdüne, die bis zu 40 m in die Höhe ragt. Trotz der erstaunlichen Maße bewegt sich die Düne um 15 m pro Jahr! Das war mehr als Grund genug, die Råbjerg Mile schon im Jahr 1900 unter Naturschutz zu stellen.

Kilometerlang und teils sehr hoch sind die Dünen in Dänemarks Norden

Bei Skiveren blicken wir auf die Fluten der Nordsee, die hier im hohen Norden schon recht wild sein können. Dafür sind die **Dünen** hier besonders hoch, die **Strände** scheinen endlos lang, sind sehr breit und so fest, dass sie an einigen Stellen sogar mit PKW befahren werden dürfen.

Dieses wunderbare Umfeld genießen die Gäste der großen **Campinganlage** hier in Skiveren.

Weiter geht's weg von der Küste via Nørre Horsnab, Tuen, Hvims und Jennet nach Knasborg. Hier treffen wir nicht nur auf die Ostsee, sondern auch auf den Radfernweg NR5, dem wir nach links an der Küste entlang nach Ålbæk folgen. Auch hinter Ålbæk bleiben wir auf dem NR5, der uns nach Hulsig begleitet. Hier biegen wir vor dem Bahnhof zweimal links ab und rollen geradeaus über die Straße, dahinter rechts-links-rechts-links und zurück zum Camp.

Im ersten Teil unserer Radtour waren wir bereits am **Skagerrak**. So nennt man den Bereich der Nordsee, der an den Küsten Westdänemarks, Südnorwegens und Westschwedens liegt. Nun rauschen neben uns die Wellen vom **Kattegat**. Dieser Begriff beschreibt den Teil der Ostsee zwischen Ostdänemark und Schweden. Das Meer ist hier eine international bedeutsame Schifffahrtsstraße, denn jeder „Pott", der nicht durch den Nord-Ostsee-Kanal fährt, muss hier entlang, um die Anrainerstaaten der Ostsee zu erreichen. Schon toll, zwei so bekannte und bedeutende Meere auf nur einer Radtour hautnah erleben zu dürfen!

Auf unserem Rückweg kommen wir durch den Ort Ålbæk, in dem rund 1.500 Menschen leben. Bei der **Kirche** lohnt sich ein Blick ins Innere, denn das Chorgestühl, die Decke und die Kanzel wurden im Blau der benachbarten Ostsee ausgemalt.

Kartentipp:
ADFC-Radtourenkarte DK1 Dänemark/Jütland Nord,
1:150.000, ISBN 978-3-87073-940-9, € 9,95

3 Entspannte Runde auf der Insel Mors

Von **Nykøbing Mors** über Biergby

CamperTouren Info

ca. 46 km ohne Abstecher, regionale Radweg-Beschilderung sowie teils als Fernradweg NR2. Keine größeren Steigungen. Die Route führt meist über separate Radwege, einige Passagen auf losem Untergrund.

Start / Ziel: Jesperhus Camping, www.jesperhus.dk

Auswahl weiterer Camps entlang der Strecke: Morsø Camping

Wir sind auf der Insel Morsø unterwegs, die zum Glück immer noch abseits der Touristenrouten liegt. Und so können wir oftmals ganz allein das Radeln in der Landschaft genießen, die in sanften Wellen modelliert ist. Damit es nicht zu „langweilig" wird, gönnen wir uns etwas städtisches Feeling bei einem ausführlichen Besuch der „Insel-Hauptstadt" Nykøbing Mors.

Hier ist richtig ´was los: Unser Stellplatz liegt auf einem saftigen Rasen, eingebettet in hohe, schattenspendende Bäume. Wir sind auf **Jesperhus Camping**, das einer großen Ferienanlage angeschlossen ist. Jung und Alt amüsieren sich bei ausgefallenen Themenshows, im Abenteuer-Schwimmbad „Hugos Badeland" mit Riesen-Rutschen, lachen bei der „Hugo-Show", verirren sich im Labyrinth oder schauen sich exotische Tiere im „Jungel Zoo" an.

Los geht's an unserem Camp, das wir an der Ausfahrt nach links auf der Straße „Legindvej" verlassen. Nachdem wir später die breite Straße unterquert haben, zweigen wir links ab in die Straße „Sallingsundvej". Wir sind nun auf dem Fernradweg NR2, der uns nach Nykøbing Mors geleitet.

Nykøbing Mors gilt als Hauptort der **Insel Mors**, die auf dänisch „Morsø" genannt wird. Die rund 9.000 Einwohner zählende Stadt ist der Verwaltungssitz für die ganze Region, was wir an der recht quirligen Innenstadt bemerken. Doch hektisch wird es hier nie, denn die Dänen sind für ihre absolute Gelassenheit weltbekannt.

Tipp: Ein Besuch im **Dansk Stoberimuseum** überrascht uns, denn hier im Gießereimuseum erfahren wir, dass es rund um Nykøbing Mors einst eine rentable Eisenindustrie gab.

Endlose und meist menschenleere Küsten auf der Insel Mors

Nykøbing Mors blickt auf eine lange und teils bewegte Geschichte zurück. Das erkennen wir auch in der **Altstadt**, deren Häuser meist um 1900 herum erbaut wurden.

Mehr über die Geschichte der Stadt erfahren wir im Historischen Museum, auf dänisch „**Morslands Historiske Museum**". Es ist im altehrwürdigen Johanniterkloster Dueholm untergebracht.

Weiter geht's von Nykøbing Mors, das wir vom Hafenbecken aus über die Straße „Nygade" verlassen. Auch die Schilder des Radwegs NR2 weisen uns den Weg, der fast schnurgeradeaus aus der Stadt hinausführt. Der NR2 geleitet uns über Tødsø nach Bjergby, hinter dem wir rechts abzweigen, weiter rechts und via Flade, Sønder Dråby, Skarum und Alsted zurück nach Tødsø zu radeln. Von hier aus nehmen wir denselben Weg über Nykøbing Mors wieder zurück zum Camp, auf dem wir herkamen.

Mors ist die größte **Insel** im Limfjord und bedeckt eine Fläche von rund 363 qkm, was uns bei dieser Größe nie das Gefühl gibt, auf einer Insel unterwegs zu sein. Die meisten Touristen steuern die Küsten Dänemarks an. Daher können wir unseren Aufenthalt auf der Insel und die Radtouren oftmals recht allein genießen. Die in sanften Wellen modellierte Landschaft steigt bis maximal 89 m an, was uns beim Radeln vor keine größeren Hindernisse stellt. Das Bild der Insel ist sehr abwechslungsreich: **Buchen- und Fichtenwälder** wechseln sich ab mit Heideflächen und ganz im Norden beeindrucken hohe **Klippen**, die steil ins Meer hinabfallen.

Unsere Tour wird immer wieder von kleinen Ortschaften unterbrochen, die alle ihren eigenen Charme haben. So begeistert uns beispielsweise in Tødsø eine kleine **Kirche**. Im Innern präsentiert sie unter einer kräftigroten Holzdecke einen kunstvoll gearbeiteten Altar.

Kartentipp:

ADFC-Radtourenkarte DK1 Dänemark/Jütland Nord, 1:150.000, ISBN 978-3-87073-940-9, € 9,95

4 Am schönen Limfjord

Von **Nykøbing Mors** über Sundsøre

CamperTouren Info

ca. 78 km ohne Abstecher, regionale Radweg-Beschilderung sowie teils als Fernradweg NR2 und NR12. Sehr hügeliger Verlauf, keine größeren Steigungen. Die Route führt meist über separate Radwege, einige Passagen auf losem Untergrund.

Start / Ziel: Jesperhus Camping, www.jesperhus.dk

Auswahl weiterer Camps entlang der Strecke: Sallingsund Camping, Glyngøre Camping, Nøreng Camping, Salling Camping, Wohnmobilstellplatz Roslev

Es erwartet uns eine sehr naturverbundene Tour, die uns immer wieder ans Ufer des herrlichen und riesigen Limfjordes bringt. Nachdem wir die recht lange Tour durch weite und recht einsame Landschaften hinter uns gebracht haben, freuen wir uns wieder auf die Action in unserem Camp.

Die Ferienanlage **Jesperhus**, bietet uns nicht nur einen komfortablen Campingplatz, sondern auch eine ganze Reihe von Mietobjekten: Vom Familienzelt beginnend über „Hugos Jungelhytter" (Hütten), Holzhütten unterschiedlicher Größe, „Piratenhütten", Piratenhäusern bis hin zum luxuriösen Ferienhaus für 8 Personen findet hier jeder das Richtige für den eigenen Geschmack.

Los geht's an unserem Camp, das wir wieder an der Ausfahrt nach links auf der Straße „Legindvej" verlassen. Nachdem wir später die breite Straße unterquert haben, zweigen wir dieses Mal rechts ab in die Straße „Sallingsundvej". Wir sind wieder auf dem Fernradweg NR2, der uns nach kurzer Zeit nach rechts abbiegen und mit einer schwungvollen Schleife auf die Brücke über den Sallingsund führt. Hinter der Brücke schräg links und um den Campingplatz herum. Der NR12 geleitet uns durch Glyngøre, Grynderup, Nøreng, Selde, Junget, nach Sundsøre.

Gleich zu Beginn wartet eine Mutprobe auf uns, denn wir rollen über die Brücke namens **Sallingsundbroen**. Auf hohen, dünnen Stelzen überquert sie den Sallingsund und überspannt dabei eine Länge von rund 1,5 km. Zum Glück ist Dänemark eines der fahrradfreundlichsten Länder der Erde und so rol-

Geschäftiges Treiben am Hafen von Glyngøre

len wir ganz entspannt auf einem separaten Radweg.

In Glyngøre steuern wir den Hafen an, wo das **Limfjordens Hus** auf uns wartet. Die architektonische Symbiose aus Glas und Holz beherbergt die Touristeninformation, wo wir uns mit Prospekten eindecken können. Das ist zu viel Ballast beim Radeln? Na, dann genießen wir einfach die tolle Aussicht über den Glyngøre **Hafen** auf den **Limfjord** oder kehren vorzüglich ein, um frische Produkte aus der Region zu speisen.

Weiter geht's von Sundsøre auf dem Fernradweg NR12 via Thise, Breum, Jebjerg, Roslev, Sønderup, Toustrup und Vile zurück zur Brücke, die uns über den Sallingsund bringt. Auf der anderen Seite auf derselben Strecke zurück, auf der wir herkamen. So sind wir rasch wieder zurück auf unserem Campingplatz.

Der **Limfjord** ist auf unserer Radrunde immer wieder gut in Sicht. Rund 1.500 qkm bedeckt das Wasser dieses riesigen Sundes, der im Osten mit dem Kattegat verbunden ist. Die Landschaft rund um den Limfjord ist höchst unterschiedlich – genau wie der Fjord gerne sein Gesicht wechselt: An der einen Stelle ist er von einer stattlichen Breite, an anderen Stellen wähnen wir ihn eher als Fluss.

Tipp: Mit der Fähre können wir von Sundsøre nach Hvalpsund übersetzen. Nach der kleinen Kreuzfahrt erwartet uns ein kleines Dorf mit gerade einmal 640 Einwohnern und sonnengelb getünchten Häusern. Bis ins Jahr 1969 gab es hier übrigens die kleinste Eisenbahnfähre Dänemarks, bis deren Betrieb eingestellt wurde.

Kurz bevor wir zurück an unserem Camp ankommen, sichten wir die Schilder vom **Jesperhus Blomsterpark**, der ein Teil unserer Ferienanlage ist. Wie der Name erahnen lässt, dreht sich hier alles um Blumen. Millionen von Blumen bzw. Blüten sind hier zu sehen – teils zu außergewöhnlichen Kunstwerken arrangiert. Schmetterlinge und exotische Vögel geben dem ganzen noch einen agilen Touch.

Kartentipp:
ADFC-Radtourenkarte DK1 Dänemark/Jütland Nord,
1:150.000, ISBN 978-3-87073-940-9, € 9,95

5 Mal an der Nordsee, mal am Fjord entlang

Von **Hvide Sande** über Søndervig

CamperTouren Info

ca. 24 km ohne Abstecher, regionale Radweg-Beschilderung sowie teils als Fernradweg NR1 und NR4. Keine größeren Steigungen. Die Route führt meist über separate Radwege, einige Passagen auf losem Untergrund.

Start / Ziel: Nørre Lyngvig Camping, www.lyngvigcamping.dk

Auswahl weiterer Camps entlang der Strecke: Søndervig Camping

Um die Region rund um unseren herrlich gelegenen Campingplatz Nørre Lyngvig Camping zu genießen, drehen wir zwei sehr unterschiedliche Runden: Diese erste Runde verläuft ganz entspannt entlang der Dünen und durch kleine Ortschaften. Die Landzunge, auf der wir unterwegs sind, ist so schmal, dass wir ebenso rasch an der Nordsee, wie am Ringkøbing Fjord sein können.

Was für eine grandiose Lage: Unser **Nørre Lyngvig Camping** liegt auf einer schmalen Landzunge zwischen dem Ringkøbing Fjord und der offenen Nordsee, von der uns nur ein Dünengürtel trennt. Der breite und kilometerlange Sandstrand lädt zu Spaziergängen oder zum Sandburgen bauen ein, während Surfer und Kitesurfer hier ein optimales Revier finden. Der Campingplatz bietet in den Dünen zwar keinen Schatten, dafür ist er riesengroß, so dass zum Nachbarn immer reichlich Abstand gewahrt werden kann – sofern das gewünscht ist. Und so suchen wir auch vergeblich nach Platznummern, Parzellengrößen, Buchungen und anderen Dingen, die auf vielen Camps heute üblich sind. Wenn das Wetter einmal zu rau ist, relaxen wir im Schwimmbad, dessen Glasdach den Blick ins Freie zulässt. Auf der Anlage können wir auch „Hütten" mieten, die sich in den Dünen verstecken und eigentlich erstklassige Ferienhäuser sind.

Los geht's an unserem Camp, das wir durch die Anlage hinweg zum Meer hin verlassen. Vorbei an Klegod, Tyvmose erreichen wir Søndervig.

Rund um Klegod dreht sich alles um das entspannte **Strandleben** – die Besucher wählen aus einem großen Angebot von Unterkünften und können dann direkt vor der Tür Sand genießen, soweit das Auge reicht.

Tipp: Von Søndervig aus können wir einen kleinen **Abstecher** ins Zentrum von Ringkøbing unternehmen, das wir bei der nächsten Tour aber auch noch besuchen werden.

38 m ragt der schlanke Lyngvig Fyr empor

Auch nach Søndervig kommen die Gäste wegen des einzigartigen Strandes, wobei hier die ersten **Badegäste** schon im 19. Jh. einkehrten. Kein Wunder, dass es heute mehr Ferienunterkünfte als Wohnungen für die Einheimischen gibt. Weniger schön war die Geschichte des Ortes im 2. Weltkrieg, als Søndervig in den Bau des **Atlantikwalls** einbezogen wurde. „Heeresküstenbatterie Søndervig" wurde die Anlage genannt, von der wir noch heute am Strand einige Bunkerreste finden können.

Weiter geht's von Søndervig durch Tyvmose, Klegod und Nørre Lyngvig zurück zu unserem Campingplatz in den lauschigen Dünen.

Wenn wir zur rechten Zeit hier sind, haben wir die einzigartige Chance, dem Sandskulpturen-Festival beizuwohnen. Kaum zu glauben, welch filigrane und meterhohe Kunstwerke hier aus mehreren 1.000 Tonnen Sand entstehen.

Bei Nørre Lyngvig müssen wir uns den **Lyngvig Fyr** näher ansehen, der auch gar nicht zu übersehen ist: Schließlich ragt der glänzend weiße und schlanke Leuchtturm 38 m in die Höhe. Damit er noch weiter in die Welt leuchten kann, wurde er im Jahre 1906 auf einer 18 m hohen Düne erbaut. Der Anlass war allerdings weniger schön, denn zuvor war hier ein Dampfschiff auf Grund gelaufen. Wer durch die wenigen Kilometer der Radtour nicht ausgelastet ist, kann auf den Turm hinaufsteigen. Nachdem wir 39 Stufen vom Nebengebäude über eine Holztreppe aufgestiegen sind, warten weitere 149 Stufen auf uns. Doch die Mühen lohnen sich: Die **Aussicht** von der Plattform ist grandios!

Kartentipp:
ADFC-Radtourenkarte DK2 Dänemark/Jütland Süd/Fünen, 1:150.000, ISBN 978-3-87073-941-6, € 9,95

6 Fjorden Rundt

Von **Hvide Sande** über Bork Haven

CamperTouren Info

ca. 98 km ohne Abstecher, regionale Radweg-Beschilderung sowie teils als Fernradweg NR1. Keine größeren Steigungen. Die Route führt meist über separate Radwege, einige Passagen auf losem Untergrund.

Start / Ziel: Nørre Lyngvig Camping, www.lyngvigcamping.dk

Auswahl weiterer Camps entlang der Strecke: Søndervig Camping, Skaven Strand Camping, DANCAMPS Holmsland

Diese Tour setzt eine gewisse Kondition bzw. die Kraft eines E-Bikes voraus. Zwar gibt es keine Steigungen, doch die Tour füllt mit ihren fast 100 km einen ganzen Urlaubstag. Zur Belohnung gibt es herrliche Ausblicke auf Dünen, Meer und den Ringkøbing Fjord, den wir einmal komplett umrunden – wie der Name der Tour bereits verrät.

Wir campieren nur unweit des kleinen Ortes Hvide Sande. In dem **Fischerort** geht es oft quirlig zu, doch nur wenige Meter abseits des Ortskerns herrscht herrliche Ruhe und Weitläufigkeit in den unendlichen Dünen. Wassersportler können wählen zwischen den teils peitschenden Winden und Wellen der Nordsee oder den deutlich gemäßigteren Bedingungen im Ringkøbing Fjord. Wer ein schönes Fotomotiv sucht, findet es mit dem schlanken Leuchtturm Lyngvig Fyr.

Los geht's an unserem Campingplatz links Richtung Norden, die wir hinter der Lyngvig Kirke links Richtung Nordsee verlassen. Am Leuchtturm rechts sind wir schon direkt auf dem Fernradweg NR1, der uns durch Klegod, Tyvmose nach Søndervig geleitet. Hier biegen wir zunächst rechts ab und rollen dann rechts auf dem NR4 am Ufer des Ringkøbing Fjordes entlang. So tangieren wir Ringkøbing, Velling, Halby und Stauning. Wir verlassen den NR4 nach rechts und fahren über Skaven Strand, Hemmet Strand und Bork Havn, um nach Falen zu gelangen.

Hier am Hafen von Ringkøbing schmeckt es besonders gut!

Rund 10.000 Menschen genießen die herrliche **Altstadt** von Ringkøbing mit ihren teils sehr pittoresken Häusern, die exakt rechtwinklig um den **Marktplatz**, genannt „Torvet", liegen. Von hier blicken wir auch auf die im 14. Jh. erbaute Kirche und erkennen, dass der Turm unten schlanker ist als oben. Mehr über die spannende Historie der Stadt erfahren wir im **Ringkøbing-Skjern Museum**.

Tipp: Ein Besuch im **Fiskeriets Hus** müssen wir unbedingt einplanen, denn hier erleben wir eine spannende Mischung aus Aquarium und Museum. Das Fischerhaus ist aufgeteilt in ein Süß- und ein Salzwasseraquarium, wobei wir in letzterem vor allem die „Bewohner" entdecken, die nebenan in der Nordsee schwimmen. Darunter Steinbutt, Plattfische oder Haie. Kinder sind vom Streichelbecken fasziniert – wo kann man auch schonmal eine Krabbe, einen Seestern oder einen Fisch anfassen?

Wir radeln am größten Süßwassersee Dänemarks entlang: Der **Ringkøbing Fjord** bedeckt eine Fläche von rund 300 qkm und ist dabei nur bis zu 1,5 m tief. Dadurch hat er sich zu einem angesagten Revier für **Windsurfer** entwickelt. Und wer hier gut mit dem Board zurecht kommt, kann gleich auf die „nebenan" tosende Nordsee umsteigen.

Bei Bork Havn und bei Falen werden wir in die Zeit der **Wikinger** entführt – hier bekommen wir einen Eindruck, wie die Vorfahren der Dänen gefischt und gelebt haben.

Weiter geht's von Falen, das wir am Grubehus vorbei verlassen, um kurze Zeit später wieder auf die Nordsee zu treffen. Ab hier sind wir wieder auf dem Fernradweg NR1 unterwegs, der uns durch Nymindegab, Bjerregård, Hvide Sande und Sønder Lyngvig zurück zum Campingplatz führt.

Die Tour ist zwar lang, doch landschaftlich so schön und abwechslungsreich, dass die Zeit im Nu verflieg. Und noch eines müssen wir stets im Hinterkopf behalten: Wir rollen durch eine Region, in der die Bewohner laut Umfragen die **höchste Zufriedenheit aller Dänen** haben. Und Dänemark liegt ohnehin seit vielen Jahren an der Weltspitze, was das Glücklichsein angeht. Das liegt bestimmt an „**Hygge**", das hierzulande für Herzlichkeit, Lebensfreude, aber auch für Gelassenheit steht. Da sollten wir uns schleunigst anpassen!

Kartentipp:
ADFC-Radtourenkarte DK2 Dänemark/Jütland Süd/Fünen, 1:150.000, ISBN 978-3-87073-941-6, € 9,95

7 Historisches und topmodernes liegen dicht beieinander

Von **Aarhus** über Vejlby

CamperTouren Info

ca. 32 km ohne Abstecher, regionale Radweg-Beschilderung sowie teils als Fernradweg NR5. Eine kurze, aber „knackige" Steigung im zweiten Teil der Radrunde. Die Route führt meist über separate Radwege, einige Passagen auf losem Untergrund.

Start / Ziel: DCU-Camping Aarhus - Blommehaven, www.camping-blommehaven.dk

Auswahl weiterer Camps entlang der Strecke: Aarhus Camping I/S, Wohnmobilstellplatz am Hafen von Aarhus

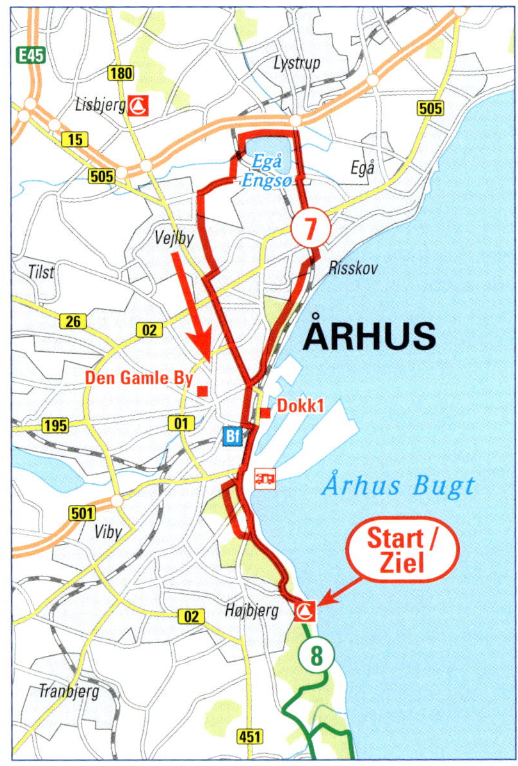

Auf dieser Tour dreht sich alles um Aarhus. Die zweitgrößte Stadt Dänemarks begeistert uns mit ihrem Spagat zwischen der Wahrung von Traditionen und dem Blick in die Zukunft.

In der deutschen Übersetzung nennt sich der **DCU-Camping Aarhus – Blommehaven** „Aarhus-Pflaumengarten". Das umschreibt sehr schön in welch´ schöner Umgebung wir hier logieren, denn das Camp liegt im weitläufigen Marselisborg-Wald, wobei wir von mehreren Stellplätzen aus eine Aussicht auf die Bucht von Aarhus genießen können.

Los geht's an unserem Camp, das wir über die Zufahrtsstraße namens „Ørneredevej" verlassen, die sich gemeinsam mit dem Radfernweg NR5 durch´s Grün und dann in Wassernähe entlang schlängelt. So gelangen wir ins Herz von Aarhus.

Aarhus ist viel mehr als „nur" die zweitgrößte Stadt Dänemarks. Aarhus ist einfach unglaublich: Im Stadtzentrum erheben sich rund um den stolzen **Dom zu Aarhus** prachtvolle historische Gebäude, wie das **Konzerthaus** oder die Häuserzeile, die sich malerisch als **Boulevard** im funkelnden Wasser des Flusses **Aarhus Å** spiegelt.

Tipp: Einen krassen Gegensatz zu den modernen Gebäuden der Stadt bietet **Den Gamle By**. Das im Westen von Aarhus gelegene Freilichtmuseum widmet sich der städtischen Geschichte und Kultur. Hier wurden historische Gebäude, die sonst wegen Neubauten verschwunden wären, wieder aufge-

Auf dem Dach des ARoS Aarhus Kunstmuseum erwarten uns außergewöhnliche Ein- und Ausblicke

baut. Wenn wir durch die Straßen mit ihren Fachwerkfassaden schlendern und auf die Windmühle blicken, kommt nie das Gefühl auf, in einem Museum zu sein.

Ganz aus Glas hingegen präsentiert sich das **Musikhuset Aarhus** und nur einen Steinwurf davon entfernt erhebt sich das **ARoS Aarhus Kunstmuseum**. Durch den spektakulären Treppenturm gelangen wir auf das Dach des topmodernen Gebäudes. Hier drehen wir eine Runde im Glasbogen, der Rundumsicht ermöglicht und zudem noch bunt illuminiert ist.

Weiter geht's von Aarhus, das wir am Bahnhof bzw. am Hafen vorbei den Schildern des Radfernwegs NR5 folgend verlassen. So bleiben wir auf den nächsten Kilometern stets in der Nähe der Bahnschienen, wobei wir zunächst links, dann rechts von diesen rollen. Später schräg rechts Jasminvej, in der Rechtskurve geradeaus den Weg hinein und geradeaus auf die HØrgårdsvej. Die geht nach Querung der vierspurigen Straße in die Lystrupvej über. Am großen Kreisel geradeaus, dann umrunden wir den See gegen den Uhrzeigersinn und bleiben dabei diesseits der Autobahn. Nachdem wir die Bahn gequert haben, weg vom See und auf der Straße „Skejby Nordlandsvej" rechts. Noch vor dem Kreisel links und dann in grober Richtung stets geradeaus, um wieder in die Innenstadt von Aarhus zu gelangen. Ab hier bzw. ab dem Hafen folgen wir dem Hinweg zurück zu unserem Camp.

Wir umrunden den See namens **Egå Engsø**, der durch die Flutung von Flächen entstand, die zuvor mit viel Mühen entwässert wurde. So wurde ein einzigartiges Ökosystem wiederhergestellt.

Tipp: Die Runde nördlich von Aarhus verläuft teils über Straßen und zudem mit einer kurzen, aber deutlichen **Steigung**. Es ist also eine Überlegung wert, auf diese „Extratour" zu verzichten, dafür ein paar mehr Stunden in Aarhus zu verweilen.

Zurück in Aarhus steuern wir den Hack Kampmanns Plads an der **Uferpromenade** an. Hier wartet das nächste architektonische Highlight: Dort, wo einst der Industriehafen war, bietet „**Dokk1**" Platz für ein Kulturzentrum und eine Bibliothek.

Kartentipp:
ADFC-Radtourenkarte DK1 Dänemark/Jütland Nord,
1:150.000, ISBN 978-3-87073-940-9, € 9,95

8 Naturerlebnisse im Süden von Aarhus

Von **Aarhus** über Ajstrup

CamperTouren Info

ca. 23 km ohne Abstecher, regionale Radweg-Beschilderung sowie teils als Fernradweg NR5. Sehr hügeliger Verlauf, aber keine größeren Steigungen. Die Route führt meist über separate Radwege, einige Passagen auf losem Untergrund.

Start / Ziel: DCU-Camping Aarhus - Blommehaven, www.camping-blommehaven.dk

Auswahl weiterer Camps entlang der Strecke: CampOne Ajstrup Beach

Von unserem Campingplatz aus starten wir gen Süden und rollen an der Aarhus Bugt entlang. Der Wald reicht bis ans Meer heran, was eine ganz besondere Atmosphäre für diese Radtour ausmacht. Bei unserer Rückfahrt stellen wir fest, dass der Marselisborger Wald nicht nur sehr groß ist, sondern auch ein königliches Schloss versteckt.

In diesem Urlaub logieren wir mit wahrlich exklusiver „Nachbarschaft", denn unweit unseres Camps liegt **Marselisborg Slot**, das seit dem Jahre 1967 von der königlichen Familie als „Sommerschloss" genutzt wird. Standesgemäß lautet die Adresse „Kongevejen 100", die Residenz liegt also am Königsweg. Strahlend weiß und mit feinstem Stuck verziert liegt es eingebettet im weitläufigen Grün der Natur.

Schon im 16. Jh. gab es an dieser Stelle ein Herrenhaus, das unter dem Namen „Havreballegård" in den Geschichtsbüchern geführt wurde. Wenn wir zeitgleich mit den Majestäten in der Gegend sind, können wir uns um 12 Uhr den Wachwechsel der **Garde** ansehen. Wenn gerade kein blaues Blut hinter den Zäunen fließt, ist der großartige **Park** für uns zugänglich – dann können wir hier posieren und uns fühlen wie die Könige.

Los geht's an unserem Camp, das wir dieses Mal in südlicher Richtung über die Zufahrtsstraße namens „Ørneredevej" zwischen den beiden Anlagenbereichen hindurch verlassen, um auf dem Radfernweg NR5 zu radeln. Dabei rollen wir auf teils sehr hügeliger Strecke stets in der Nähe des Wassers nach Ajstrup.

Hirsche blicken in Dyrehaven gerne zum Schloss

Die außergwöhnliche Kirche von Ajstrup

Wir rollen entlang der **Aarhus Bugt** (Bucht), die mit einer Fläche von rund 150 km^2 zum Kattegat gehört. Bis zur Küste hin reicht der **Mindepark**. Wenn wir genau hinsehen, entdecken wir ein **Denkmal**, das an die gefallenen Nordschleswiger erinnert, die im 2. Weltkrieg als deutsche Soldaten dem Irrsinn zum Opfer fielen.

Tipp: Nur wenige Radel-Minuten weiter auf dem NR5 liegt der **Norsminde Fjord**, an dem es recht beschaulich zugeht. An dem kleinen **Jachthafen** allerdings kann es bei schönem Wetter auch mal etwas voller werden, wenn Radler und andere Ausflügler in diese Idylle kommen, um frische Fischgerichte in einer wunderschönen Umgebung zu genießen.

Das kleine Örtchen Ajstrup hat sich zu einem beliebten Urlaubsziel entwickelt. Die Gäste wissen den tollen **Sandstrand**, aber auch die vielfältigen Unterkünfte hier zu schätzen. Vom Campingplatz bis zum perfekt ausgestatteten Ferienhaus gibt es hier alles.

Weiter geht's von Ajstrup, das wir beim Campingplatz auf der Straße Namens Ajstrup Strandvej ins Landesinnere hin verlassen. Am Kreisel rechts auf die Elmosevej, die sich durch mehrere kleine Dörfer schlängelt und hinter Fulden wieder auf den Radfernweg NR5 trifft. Ab hier radeln wir auf derselben Strecke zu unserem Campingplatz retour, auf der wir herkamen.

Auf unserer Rückfahrt bekommen wir einen sehr guten Eindruck von der großen Ausdehnung der **Marselisborger Wälder**. In einem Bereich des Waldes können wir Wildschweine und Hirsche im **Wildpark Dyrehaven** beobachten, während uns ein anderer Teil des Waldes mit exotischen **Vögeln** und Pflanzen überrascht. Dieser Bereich liegt an der Straße Skovridervej.

Kartentipp:
ADFC-Radtourenkarte DK1 Dänemark/Jütland Nord,
1:150.000, ISBN 978-3-87073-940-9, € 9,95

9 Zu Besuch in der dänischen Hauptstadt

Von **Ishøj** über Kopenhagen

CamperTouren Info

ca. 46 km ohne Abstecher, regionale Radweg-Beschilderung sowie teils als Fernradweg NR4, NR2, NR9, EV10 bzw. Europaradweg 10. Keine größeren Steigungen. Die Route führt meist über separate Radwege, einige Passagen auf losem Untergrund.

Start / Ziel: Ishøj Strand Camping, www.ishojstrand.dk

Auswahl weiterer Camps entlang der Strecke: Tangloppen Camping, Wohnmobilstellplatz Copenhagen Motor Home Camp, Hundige Strand Familiecamping, City Camp, København Autocamper Park, WoMo Svanemøllehavnen, Charlottenlund Fort Camping, DCU Camping Absalon

Um Kopenhagen, das hierzulande „København" geschrieben wird, auch nur einigermaßen genießen zu können, brauchen wir eigentlich viele Tage. Zum Glück liegt unser Camp gleich vor den Toren der Stadt, so dass wir der Hauptstadt am Ufer entlang radelnd mehrmals einen Besuch abstatten können.

Mit der Wahl unseres **Ishøj Strand Camping** liegen wir goldrichtig, denn wir campen direkt vor den Toren der dänischen Hauptstadt, die wir mit den Fahrrädern schnell erreichen werden. Und auch zum Strand oder zu den Liegeplätzen der Sportboote sind es nur wenige Schritte. Das Gelände bietet etwas für jeden Geschmack: Wer Ruhe sucht, findet einen herrlichen Stellplatz inmitten hoher Büsche und Bäume. Familien werden sich eher nach einer Parzelle an den Spielplätzen umsehen.

Los geht's an unserem Camp, das wir über den Weg „Strandparkstein" zum Strand hin verlassen, um dort links abzubiegen. Hier rollen wir bereits auf dem Radfernweg NR4, der uns zunächst geradeaus immer am Wasser entlang und später als EV10 weiterführend ins Herz von Kopenhagen bringt.

Kopenhagen ist unglaublich schön und abwechslungsreich. Nicht umsonst ist es eine der **am schnellsten wachsenden Städte** in Nordeuropa – schon heute wohnen hier weit

Das maritime Flair von Kopenhagen zieht uns ganz schnell in seinen Bann

mehr als 1 Million Menschen. Und die bekommen nicht nur eine erstklassige Infrastruktur, sondern auch Kultur mit mehr als **50 Museen** in der Innenstadt, historischen Gebäuden aber auch hypermodernen Bauten geboten.

Tipp: Wer nicht genügend Zeit im Gepäck hat, um Kopenhagen mehrmals zu besuchen, sollte auf die Extra-Runde verzichten, dafür **länger verweilen** und dann direkt wieder am Wasser entlang zurück zum Camp fahren. Denn wir sollten immer an „**Hygge**“ denken – die dänische Kunst der Gelassenheit, die zur Zufriedenheit führt!

Als erstes steuern wir die **Schlossinsel** an, wo wir die **Börse** mit ihren filigranen Kupferdächern und dem Turm aus vier Drachen entdecken. Direkt daneben erhebt sich das **Christiansborg Slot**, in dem das dänische Parlament tagt. Ein weiteres Ziel sollte der weitläufige **Rådhuspladsen** sein, an dem sich das Rathaus erhebt. Von hier aus besuchen wir das **Charlottenburg Slot**, das **Amalienburg Slot**, das **Kastellet** mit seinen Verteidigungsanlagen und stellen rasch fest: Es ist unmöglich, die Attraktionen der Stadt mit nur einem Besuch kennenzulernen!

Weiter geht's von Kopenhagen, das wir am Tivoli vorbei auf dem Radfernweg NR2 entlang des breiten H.C. Andersens Boulevard verlassen. Unser Radweg folgt dieser Ausfallstraße, um kurz vor Beginn der Autobahn am See Midtmosen links abzubiegen und als NR9 die Autobahn zu kreuzen. Auf den nächsten Kilometern radeln wir meist parallel zu einer Schnellstraße und kreuzen später eine weitere Autobahn. Schließlich treffen wir am Ufer wieder auf den Radfernweg NR4 bzw. EV10, dem wir nach rechts folgen, um zurück zu unserem Campingplatz zu gelangen.

Wir kommen vorbei am **Tivoli**, der mitten in Kopenhagen für eine Symbiose aus kulturellen Höhepunkten und Action sorgt. Theater, Freilichtbühnen, Aquarium, das größte Kettenkarussell der Welt, zahlreiche Fahrgeschäfte, Lichtershow und vieles mehr ziehen täglich viele Besucher in den Bann.

Kartentipp:
ADFC-Radtourenkarte DK3 Dänemark/Kopenhagen/Seeland, 1:150.000, ISBN 978-3-87073-942-3, € 9,95

10 Mekka der Festival-Fans

Von **Ishøj** über Roskilde

CamperTouren Info

ca. 53 km ohne Abstecher, regionale Radweg-Beschilderung sowie teils als Fernradweg NR6 bzw. EV10. Hügelige Tour mit drei kurzen, aber kräftigen Steigungen. Die Route führt meist über separate Radwege, einige Passagen auf losem Untergrund.

Start / Ziel: Ishøj Strand Camping, www.ishojstrand.dk

Auswahl weiterer Camps entlang der Strecke: Tangloppen Camping, Wohnmobilstellplatz Copenhagen Motor Home Camp, Hundige Strand Familiecamping, Camping Roskilde, Roskilde Camping

Auf einer hügeligen Strecke erreichen wir Roskilde, das uns in die Zeiten der Wikinger, aber auch in die Hochzeit der kirchlichen Macht entführt.

Wie an der langen Liste der Camps entlang der beiden Radrunden zu erkennen ist, gibt es rund um die Hauptstadt eine ganze Reihe von **Campingmöglichkeiten**, so dass sich immer etwas finden lassen sollte. In der Hauptsaison sollte aber besser vorgebucht werden.

Unser Campingplatz gehört zur Anlage von **Danhostel**. Wie so oft auf den Anlagen hier in Dänemark können wir unser rollendes Heim auch zuhause lassen, denn das Hostel bietet auch Familienzimmer zu einem guten Preis. Und selbst, wenn das Wetter einmal nicht zum Radeln einlädt, kommen wir von unserem Feriendomizil mit Bus oder Bahn schnell in die Kopenhagener Innenstadt.

Los geht's an unserem Campingplatz, das wir wieder über den Weg „Strandparkstien" zum Strand hin verlassen, um dort dieses Mal rechts abzubiegen. Hier rollen wir bereits auf dem Radfernweg NR6 bzw. EV10, der uns immer am Wasser entlang nach Hundige bringt. Hier zweigen wir mit dem NR6 rechts ab und verlassen das Meer. Auf stetig leicht ansteigender Strecke radeln wir durch Hundige, queren die Autobahn, passieren Kildebrønde sowie Vindinge und rollen hinunter nach Roskilde.

Bei eingefleischten Rockfans ist Roskilde seit 1971 eine feste Größe, denn damals stieg das erste **Festival**, das inzwischen mit 100.000 Headbangern eine der meistbesuchten Veranstaltungen der Welt ist.

Weitaus weniger bekannt ist, das Roskilde einst eine der „**geistlichen Hauptstädte**" Europas war. Die Kirche sorgte über lange Zeit für Wohlstand, was sich mit der Reformation 1536 änderte: Alle Klöster und 11 Kirchen wurden in Roskilde aufgelöst.

Roskilde war einst eine der „geistlichen Hauptstädte" Europas

Und doch ist der Dom von Roskilde bis heute das wichtigste Bauwerk der Stadt: Die „**Domkirke**" lässt durch ihre Dimensionen erahnen, welche Macht hier einst konzentriert war. Der Dom wird auch künftig die letzte Ruhestätte der dänischen Königsfamilie sein – die wertvoll ausgestatteten Gräber sind fast alle zu besichtigen. Bis auf das Grab, das für den noch lebenden König bzw. die noch lebende Königin vorgehalten wird.

So gingen die Wikinger auf Weltreise

Tipp: Natürlich geht die Geschichte Roskildes noch viel weiter zurück. Sehr bedeutsam war auch die Zeit der Wikinger. Die können wir am besten mit einem Besuch im **Vikingeskibsmuseet** nachvollziehen. In einer Halle am malerischen Ufer des Fjordes werden 5 Wikingerschiffe präsentiert, die geborgen restauriert wurden.

Bevor wir zurückradeln, schauen wir uns die **Altstadt** von Roskilde an, die uns rund um das Rathaus mit seinem mehr als 500-jährigen Turm eine Reise ins Mittelalter beschert. Wer dann etwas Ruhe braucht, besucht den **Byparken** mit einer herrlichen Aussicht über Stadt und Bucht.

Weiter geht's von Roskilde, das wir auf der gleichen Strecke wie auf dem Hinweg, also mit einer kurzen, aber doch recht steilen Steigung, wieder verlassen. In Vindinge biegen wir links ab und radeln via Reerslev, Torslunde, Ishøj Landsby und Ishøj wieder zurück zu unserem Campingplatz.

Der Ort Vindinge blickt auf eine lange Geschichte zurück, von der auch die Kirche berichten kann, die uns von der Dachgestaltung her beeindruckt. Noch gemütlicher wird es in Torslunde, dessen Kirche schon im 13. Jh. begonnen wurde und uns heute „zweifarbig" empfängt.

In dem Ort Ishøj liegt ganz in der Nähe unseres Campingplatzes „**Arken**" ein Museum für moderne Kunst, das auch selbst in modernstem Glanz erstrahlt.

Kartentipp:
ADFC-Radtourenkarte DK3 Dänemark/Kopenhagen/Seeland,
1:150.000, ISBN 978-3-87073-942-3, € 9,95

11 Idylle pur auf Lolland

Von **Nysted** über Maribo

CamperTouren Info

ca. 62 km ohne Abstecher, regionale Radweg-Beschilderung sowie teils als Fernradweg NR7, NR8 sowie EV10. Keine größeren Steigungen. Die Route führt meist über separate Radwege, einige Passagen auf losem Untergrund.

Start / Ziel: Nysted Strand Camping, www.nystedcamping.dk

Auswahl weiterer Camps entlang der Strecke: Maribo Sø Camping, Wohnmobilstellplatz in Nysted (Autocamper Plads)

Wir drehen eine Runde auf unserer Urlaubsinsel Lolland und merken direkt: Die Insel ist wie geschaffen zum Entschleunigen: Gute Luft, viele Seen, weite Felder und Wiesen und entspannte Menschen – was wollen wir mehr?

Campingurlaub mit Ruhe und Entspannung – im Einklang mit der Natur. Der eigene Slogan beschreibt perfekt, was uns bei unserem Urlaub auf dem **Nysted Strand Camping** erwartet. Unser Stellplatz liegt wahlweise auf einer großen Wiese, direkt am Wasser oder unter turmhohen Laubbäumen. Die Anlage ist nicht besonders groß, bietet uns aber alle Annehmlichkeiten, die wir heutzutage von einem Campingplatz erwarten. Mit direktem Strandzugang und allerhand Spiel- und Sportmöglichkeiten wird es auch garantiert niemandem langweilig!

Los geht's an unserem Camp, das wir zum Wasser hin verlassen, um dem Verlauf der Küstenlinie nach rechts zu folgen. Nachdem wir die Bucht umrundet haben, rollen wir an der Burg Aalholm Slot vorbei. Die kleinen Örtchen Stubberup, Kallehave, Herritslev, Øster Ulslev und Bursø durchfahren wir, bis wir auf den Radfernweg NR7 treffen, dem wir nach rechts in die Ortsmitte von Maribo folgen.

Schon kurz nach dem Losradeln finden wir das erste Fotomotiv: **Aalholm Slot** liegt malerisch auf einer kleinen Insel im Nysted Fjord. Schon seit dem 13. Jh. gibt es die Burg, die damit eine der wenigen Burgen in Dänemark ist, die noch aus dem Mittelalter erhalten blieben.

Aalholm Slot liegt malerisch am Nysted Fjord

Farbspiele auf Lolland

Tipp: Das Bild neben uns bleibt schön, wechselt aber von Feldern und Wiesen hin zu weiten Seen: So liegt zunächst der See namens **Røgbølle Sø** direkt an unserem Wegesrand und wenige Minuten später der See **Søndersø**. Der ist weit verzweigt und präsentiert uns sogar mehrere kleine und große Inseln.

Im Jahr 1416 wurde ein Brigittenkloster an der Stelle geründet, an der sich heute die Stadt Maribo befindet. Daher steuern wir auch als erstes die **Klosterkirche** an und staunen über das Aussehen: Treppengiebel, wohin wir blicken, aber nur ganz wenige Fenster. Die Kirche stammt aus dem Jahr 1803, als hier das Bistum für die Inseln Lolland und Falster eingerichtet wurde.

Wir sind auf der **Insel Lolland** unterwegs, die bei einer Fläche von rund 1.241 qkm gerade einmal knapp 60.000 Einwohner beherbergt. Da die Insel nur knapp über 25 m aus dem Wasser ragt, wurde sie mit 70 km langen **Deichen** vor Überflutungen geschützt. Besucher, die hier Urlaub machen, suchen und finden reichlich Ruhe.

Weiter geht's von Maribo, das wir links um den Bahnhof herum und dann links auf der Straße namens Maglemervej verlassen. Wir sind hier auf dem Europaradweg 10, der uns aus der Stadt hinaus und dann durch Maglemer bzw. Hunseby nach Sakskøbing geleitet. Hier biegen wir rechts ab, queren die Autobahn und rollen durch die Orte Kartofte, Fjelde, Store Musse, Herritslev und Stubberup wieder zurück zu unserem Campingplatz in Nysted.

Bei unserer Rückkehr nehmen wir uns Zeit, um unseren pittoresken Urlaubsort Nysted so richtig zu genießen: Segel- und Motorboote schaukeln in dem kleinen Hafen auf dem Wasser, kleine, rot getünchte **Bootshäuser** spiegeln sich im Wasser und in den kleinen Gassen reihen sich hübsche kleine Häuser, viele von ihnen mit **Fachwerk**, aneinander. Und wenn wir unsere Blicke übers Meer schweifen lassen, erblicken wir den **Fehmarnbelt** und bei klarem Wetter vielleicht den **Offshore-Windpark** auf Rødsand, der etwa 10 km von der Küste entfernt liegt.

Kartentipp:
ADFC-Radtourenkarte DK3 Dänemark/Kopenhagen/Seeland,
1:150.000, ISBN 978-3-87073-942-3, € 9,95

12 Tolle Stadt am Guldborgsund

Von **Nysted** über Nykøbing Falster

CamperTouren Info

ca. 57 km ohne Abstecher, regionale Radweg-Beschilderung sowie teils als Regionalradweg RR38, Fernradweg NR8 sowie EV10. Keine größeren Steigungen. Die Route führt meist über separate Radwege, einige Passagen auf losem Untergrund.

Start / Ziel: Nysted Strand Camping, www.nystedcamping.dk

Auswahl weiterer Camps entlang der Strecke: Falster City Camping, Wohnmobilstellplatz in Nysted (Autocamper Plads)

Auf dieser Tour machen wir einen kleinen Abstecher zur Nachbarinsel Falster. Dabei ist auch etwas städtisches Feeling angesagt, denn Nykøbing Falster präsentiert sich als hübscher, quirliger Ort zu beiden Seiten des Guldborgsunds.

Wer die Anreise mit dem eigenen Wohnwagen oder Wohnmobil vermeiden möchte, weil die Fähre von Fehmarn aus den Urlaub verteuert, mietet sich einfach eine der **Hütten oder Bungalows**, die es auch hier auf der Anlage von Nysted Strand Camping gibt. Dabei sind die aus Holz gefertigten Hütten teilweise schon etwas Besonderes, denn gerade Wände gibt es hier nicht. Im Zusammenspiel mit den naturfarbenen Holzwänden im Innern und den doch sehr guten Ausstattungen ergibt sich ein ganz besonderes Urlaubsfeeling.

Los geht's an unserem Camp, das wir über die Zubringerstraße Skansevej verlassen. Am Wohnmobilstellplatz rechts in die Sdr. Kongemarksvej und direkt wieder rechts in die Rødsandsrevle, die uns geradewegs zum Ufer bringt, dem wir nach links folgen. Der Regionalradweg RR38 bringt uns durch Vantore Strandhuse, Tagense, Frejlev Enghave, Frejlev, Toreby und Sundby nach Nykøbing Falster.

Bevor wir die Brücke erreichen, rollen wir durch Sundy, das bereits zum Stadtgebiet von Nykøbing Falster gehört. Damit breitet sich die rasch wachsende Stadt auf gleich zwei Inseln aus. Bei unserer Ankunft in Nykøbing Falster haben wir die Insel Lolland bereits verlassen und sind auf der **Insel Falster** angekommen, die rund 514 qkm groß ist.

Nykøbing Falster blickt auf eine lange Geschichte zurück: Schon im 12. Jh. gab es eine Stadtbefestigung, die später zu einem Schloss, dann zu einem Witwensitz der Königinnen und dann als „Unterkunft" für Staatsgäste, wie dem russischen Zar, diente. Später

So sah es hier im Mittelalter aus

wurde Schloss Nykøbing abgerissen und ist daher nur noch eine Ruine.

Daher widmen wir uns lieber der Altstadt, in der wir gleich mehrere gut erhaltene Fachwerkhäuser entdecken. Mehr über die Geschichte von Stadt und Region erfahren wir im „**Middelaldercentret**", einem Park, der uns in ein mittelalterliches Dorf entführt. Das spannende Museum liegt im Stadtteil Sundby, also auf unserem Weg wieder zurück zum Camp. Wer es lieber etwas „lebendiger" mag, besucht den **Guldborgsund Zoo**, der neben putzigen Tieren auch einen Botanischen Garten präsentiert.

Tipp: Im Hollands Gård (Holländer-Hof) steigen wir auf den 43 m hohen **Wasserturm** und genießen eine unglaubliche Fernsicht über beide Inseln und sehr viel Wasser.

Der **Guldborgsund** trennt die Inseln Lolland und Falster voneinander. Während er hier, wo wir über ihn radeln, mit bis zu 6 m Tiefe noch schiffbar ist, kann der Sund im weiteren Verlauf nur noch von Yachten genutzt werden.

Weiter geht's von Nykøbing Falster einfach auf demselben Weg wieder retour, auf dem wir herkamen, also durch Sundby, Toreby,

Was ist schöner? Das Wasserschloss oder der Park?

Frejlev, Frejlev Enghave, Tagense und Vantore Strandhuse wieder zurück nach Nysted. Hier steuern wir den Campingplatz an, wo unser mobiles Heim auf uns wartet.

Unterwegs kommen wir an einem **Herrenhaus** namens „**Fuglsang**" vorbei. Mitten in einem gepflegten Park gelegen, lockt uns das altehrwürdige Anwesen mit einem Café, einer Gallerie und eine Bed & Breakfast-Unterkunft.

Die großen Touristenströme verlaufen nur auf der Autobahn über die Insel Lolland hinweg, denn auf Lolland gibt es nicht so lange Sandstrände, wie in anderen Landesteilen Dänemarks. Dafür aber genießen wir eine Region, die zum Entschleunigen einlädt mit vielen **Seen** und noch mehr Landwirtschaft.

Kartentipp:
ADFC-Radtourenkarte DK3 Dänemark/Kopenhagen/Seeland,
1:150.000, ISBN 978-3-87073-942-3, € 9,95

13 Heimat der Legosteine

Von **Billund** über Grindsted

CamperTouren Info

ca. 48 km ohne Abstecher, regionale Radweg-Beschilderung sowie teils als Regionalradweg RR23. In der zweiten Hälfte stetig ansteigende Strecke, aber nur mit insgesamt 60 m Höhenunterscheid. Die Route führt meist über separate Radwege, einige Passagen auf losem Untergrund.

Start / Ziel: LEGOLAND® Holiday Village, www.legoland.dk

Auswahl weiterer Camps entlang der Strecke: Grindsted Aktiv Camping, Wohnmobilstellplatz in Billund (Autocamper Plads)

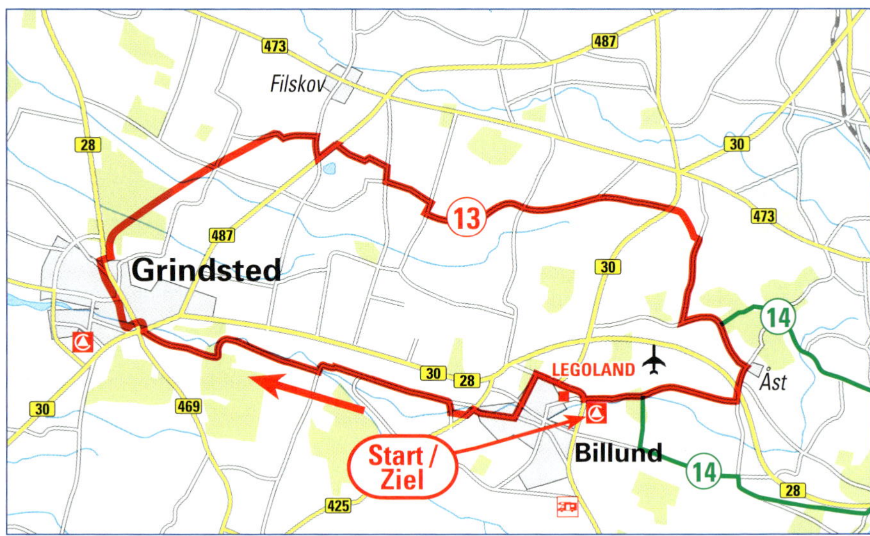

Na klar: In Billund kann sich niemand dem Charme der kleinen Kunststoff-Formteile entziehen: Im LEGOLAND® werden die kleinen Steine zur Perfektion gebracht, so dass wir in echte Traumwelten eintauchen können. Da tut es uns gut, auch mal eine Runde mit den Fahrrädern durch die ruhige Natur zu drehen.

Auch wenn es auf den ersten Blick so scheint: Das **LEGOLAND® Holiday Village** ist nicht nur etwas für Familien mit Kindern, denn das Feriendorf bietet viel Spaß, Unterhaltung und beste Unterkünfte für alle Altersgruppen. Welche Augen strahlen auch nicht verzückt, wenn wir die friedlichen Tiere im Minizoo sehen? Wer nicht im gemieteten Indianerzelt oder in einer der gut ausgestatteten Holzunterkünfte schlafen möchte, bringt sein eigenes Zuhause mit. Unser Essen brutzeln wir dann auf dem Grillplatz, wählen unser Essen am Buffet des Restaurant Pirates Inn aus, oder nehmen uns was Schmackhaftes von Captain´s Take Away mit.

Los geht's an unserem Feriendorf, das wir vom Kreisel aus über die Ellehammers Allee und dann nach rechts über die Nordmarksvej verlassen. Während wir um das Legoland herumfahren, ist etwas Aufmerksamkeit gefragt. Hinter den letzten Parkplätzen am Kreisel links, dann schnurgerade zum nächsten Kreisel. Hier geradeaus, ein Stück weiter rechts in die Straße Mølleparken. An der querenden Straße links. Gleich wieder rechts und kurz darauf rechts und abermals links. So gelangen wie schließlich nach Grindsted.

Billund, das eine Gemeinde mit dem Ort Grindsted bildet, den wir noch kennenlernen werden, beherbergt rund 26.000 Einwohner. Wer ein Foto schießen möchte, auf dem LEGO® nicht zu sehen ist, wendet sich dem Haus „**Billund Kro**." zu. Vor der farbenfrohen Fassade wehen die dänischen Fahnen im Wind.

Im Legoland geht´s rund

Tipp: Zu Beginn unserer Tour bekommen wir einen guten Eindruck von den Dimensionen von „**LEGOLAND®**". Für einen Besuch des ungemein interessanten Parks sollten wir einen kompletten Urlaubstag einplanen. Allein das „**Miniland**", in dem original getreue Landschaften und Städte aus aller Welt mit den kleinen Kunststoffteilen errichtet wurden, fasziniert Jung und Alt. Die Grachten von Amsterdam, der Eiffelturm, die höchsten Wolkenkratzer der Welt und rund 50 weitere Attraktionen lassen die Zeit im Nu verfliegen.

Unübersehbar ist die Hubertuskirche

In Grindstedt steuern wir die strahlend weiße **Kirche** an, die mit ihrem kontrastreichen Dach herrlich in der Sonne glänzt. Es ist schon erstaunlich: Sowohl hier als auch in Billund wurde der Bahnverkehr schon vor vielen Jahren eingestellt – dafür gibt es in Billund den zweitgrößten Flughafen des Landes.

Weiter geht's von Grindsted, das wir parallel zur B28 verlassen, am Kreisel weiter geradeaus und bei einem Teich erst rechts über die B28 hinweg, dann schwenkt unser Radweg als Regionalradweg RR23 nach rechts. Noch vor dem Ort Filskov rechts und im Zick-Zack auf einer kleinen Straße durch die weite Natur. Nachdem wir die B30 geradeaus überquert haben, steuern wir Richtung Åst, queren erneut die B28 und lenken dann wieder rechts Richtung Billund. Hier ist unsere Ferienanlage nicht zu verfehlen.

Klar, in Billund ist LEGO überall präsent. Doch neben den Kunststoff-Formteilen gibt es auch richtig „harte Sachen": Im teils üppigen Grün der Stadt gibt es einen **Skulpturenpfad**. Hier werden höchst unterschiedliche Werke von verschiedenen Künstlern gezeigt.

Kartentipp:
ADFC-Radtourenkarte DK2 Dänemark/Jütland Süd/Fünen, 1:150.000, ISBN 978-3-87073-941-6, € 9,95

14 Schöner Wohnen in der Welle

Von **Billund** über Vejle

CamperTouren Info

ca. 73 km ohne Abstecher, regionale Radweg-Beschilderung sowie teils als Regionalradweg RR34 bzw. RR36. Hügeliger Verlauf, in der zweiten Hälfte eine kurze, aber sehr kräftige Steigung. Die Route führt meist über separate Radwege, einige Passagen auf losem Untergrund.

Start / Ziel: LEGOLAND® Holiday Village, www.legoland.dk

Auswahl weiterer Camps entlang der Strecke: Fårup Lake Camping at Jelling, Velje City Camping, Randbølda Camping, Wohnmobilstellplatz in Billund (Autocamper Plads)

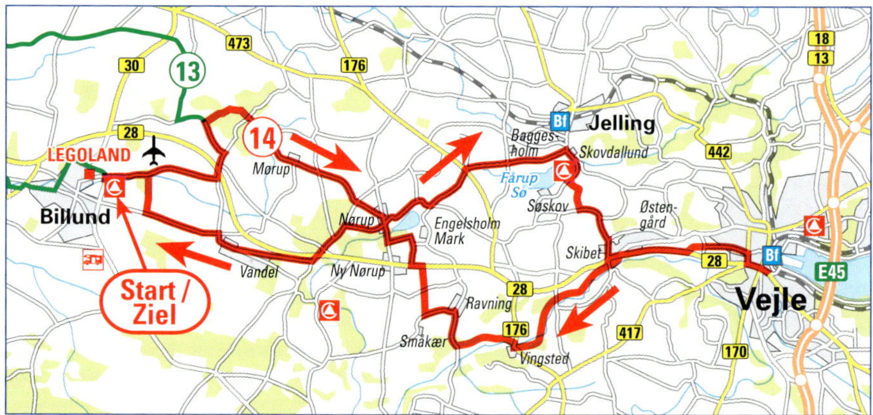

Und wieder fällt es schwer, sich von Billund zu verabschieden. Doch dieses Mal ist das Ziel besonders lohnenswert, denn in Vejle stehen wir mit großen Augen am Hafen und blicken auf „Bølgen", eine topmoderne Wohnanlage in Form zweier Wellen. Ob hier noch eine Wohnung für uns frei ist?

Ole Kirk Christiansen, ein gelernter Tischlermeister, verdiente seinen Unterhalt mit der Herstellung von Bügelbrettern und Leitern, bevor er 1932 das erste Holzspielzeug auf den Markt brachte. Die dänischen Wörter „leg godt" – „spiel gut" wurde zum Firmennamen „**LEGO®**". Im Jahr 1947 wurde die erste Spritzgießmaschine angeschafft, um Spielzeug aus Kunststoff herzustellen. Als 1958 der Baustein mit den Noppen erfunden wurde, war der Siegeszug der Firma nicht mehr aufzuhalten. LEGO® zählt inzwischen zu den weltweit umsatzstärksten Spielzeugherstellern der Welt. So werden von rund 10.000 Beschäftigten in 30 Ländern „Legosteine" produziert, die vermutlich in keinem Kinderzimmer Europas fehlen.

Los geht's an unserem Feriendorf, das wir vom Kreisel aus über die Ellehammers Allee, dann nach rechts über die Nordmarksvej und direkt wieder rechts über die Firhøjevej verlassen. Wir sind hier auf dem Regionalradweg RR34, der sich mit der kleinen Straße durch die Weite des Landes schlängelt, später die B28 kreuzt, bei Møllebjerg rechts abknickt und durch Mørup, Nørup, Baggesholm, Skovdallund (hier eine kurze, deutliche Steigung), Søskov und Østengård nach Vejle führt.

Schöner als in der „Welle" kann man wohl kaum wohnen

Bei Skovdallund kommen wir am **See Fårup Sø** vorbei, der sich als ein beliebtes Ziel für Angler entwickelt hat. Der See ist bis zu 11 m tief und damit einer der tiefsten Seen des Landes.

Tipp: Dänemark steht seit Jahrzehnten für Aufbruch und Modernisierung. Das merken wir ganz besonders an den ausgezeichneten Fahrradbedingungen, die wir hier vorfinden. Noch deutlicher wird dies aber am Hafen: Hier steht seit 2011 eine Wohnanlage in Form mehrerer Wellen, der „**Bølgen**" genannt wird. Mutiger kann Architektur kaum sein – und schöner kann man wohl auch kaum wohnen!

Eine schöne alte **Windmühle** ist das Wahrzeichen von Vejle, weil wir sie schon von weitem nicht übersehen können. Ansehen müssen wir uns auch die **St.-Nicolai-Kirche**, die öfters verändert wurde, von der Grundsubstanz her aber noch aus dem 13. Jh. stammt.

Weiter geht's von Fejle, das wir genauso auf dem Regionalradweg RR36 verlassen, wie wir es erreicht haben. Bei Skibet verlassen wir die B28 nach links, denn der RR36 geleitet uns durch Vingsted Mølle, Småkær, Ravning, Ny Nørup bis Engelsholm. Hier verlassen wir den RR36 und fahren links, links rechts über Vandel wieder zurück nach Billund. Hier steuern wir den Ferienpark an, wo unsere Tour am Campingplatz endet.

Ganz in der Nähe unserer Strecke fand man im Jahre 1835 eine **Moorleiche** und war der Überzeugung, man hätte endlich Gunnhild gefunden. Die Königin der Wikinger galt als vermisst – Nachforschungen ergaben allerdings, dass die Dame im Jahr 490 v.Chr. hingerichtet wurde und es eben nicht Gunnhild war.

Kartentipp:
ADFC-Radtourenkarte DK2 Dänemark/Jütland Süd/Fünen,
1:150.000, ISBN 978-3-87073-941-6, € 9,95

15 Wer sind eigentlich die Jutter?

Von **De Cocksdorp** über De Koog

CamperTouren Info

ca. 38 km ohne Abstecher, gute, regionale Radweg-Beschilderung. Keine größeren Steigungen. Die Route führt meist über separate Radwege, einige Passagen auf losem Untergrund.

Start / Ziel: Ferienpark De Krim, www.krim.nl

Auswahl weiterer Camps entlang der Strecke: Sluftervallei 110, Slufterhoeve, Het Legaat, Camping Hoeve, Boerencamping, Farm Camping Hoogfliet, Camping De Driehoerk, Texelcamping The Shelter, Kogerstrand

Unser Camping-Domizil bietet so viele Annehmlichkeiten, dass wir gar nicht auf die Räder steigen und losradeln mögen. Doch die Insel Texel ist so schön und abwechslungsreich, dass wir einfach mehr davon sehen müssen.

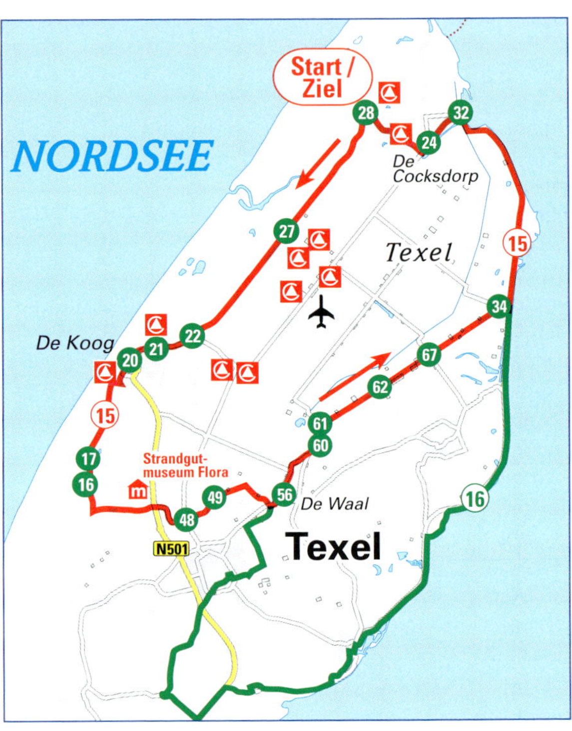

Mit fünf Sternen wurde unser **Campingplatz De Krim** auf Texel ausgezeichnet. Das passt, denn neben Top-Sanitärgebäuden erwarten uns auf der 31 ha großen Anlage Freibad, Indoor-Pool, Fitnessraum, Bowlingbahnen, Kletterpark, Supermarkt, Frisör- und Kosmetiksalon, ein riesiges Indoor-Spielparadies und vieles mehr. Und wenn die Campingküche kalt bleiben soll, haben wir die Auswahl an mehreren Restaurants.

Los geht´s am Campingplatz, den wir an der Ausfahrt nach rechts über den Roggeslootweg verlassen. Der Weg führt uns mit mehrfach Abbiegen durch die Ferienanlage und dann als Krimweg zum Radwegweiser (Knotenpunkt) 28. Hier zweigen wir links ab und rollen auf den nächsten Kilometern immer geradeaus, auch beim Schild 27, bei 22 rechts, 21 und 20 geradeaus. So erreichen wir De Koog.

Sie sind ein wichtiger Blickfang und ein beliebtes Fotomotiv für jeden Texel-Besucher: die unzähligen, gemütlich grasenden **Schafe**. Sie sorgen dafür, dass wir uns hier mit dicken Decken, Wollsocken, **Pullovern** und vielem

Die Insel Texel scheint ein einziger großer Sandkasten zu sein

mehr versorgen können, falls es denn doch mal zu kalt oder zu windig wird. Wegen des rauen Klimas auf der Insel gehören die Schafe übrigens zu einer besonders widerstandsfähigen Rasse.

Tipp: Natürlich steht **Lammfleisch** auf vielen Speisekarten der Restaurants auf Texel. Und die salzige Luft sorgt für einen unverwechselbaren Geschmack. Wer die Tierchen lieber lebendig auf dem Deich stehen sieht, kostet den exzellenten **Texeler Boerenkaas**, der aus Schafs- und Ziegenmilch hergestellt wird. Die Zutaten lassen schon erahnen, dass es ein eher kräftiger Käse ist.

Zum Nachtisch oder zum Kaffee genießen wir den hier sehr beliebten **Spekulatiuskuchen** und nach der Tour widmen wir uns den ebenfalls meist süßen Schnäpsen und **Likören**. Sie merken: An Kalorienmangel werden wir bei dieser Tour eher nicht leiden!

Weiter geht´s von De Koog, das wir weiter am Meer entlang verlassen. Von unserem letzten Schild 20 radeln wir vorbei an den Knotenpunkten 17 und 16 geradeaus und wenig später an der Wegekreuzung links. Linkerhand liegt das Maritiem- en Juttersmuseum Flora. Über die querende N501 geradeaus hinweg und mit rechts-links Abbiegen zum Wegweiser 48. Nun geradeaus, auch bei Nr. 49. Später kommen wir zu den Toren des Ortes De Waal, wo wir mehrmals, auch bei 56, links abbiegen. Vorbei an 60 (geradeaus) und 61 (rechts), 62 und 67 (jeweils geradeaus), 34 (rechts, links), 32 (links), und 24 (links) gelangen wir zurück zu unserem Campingplatz.

Wir kommen am **Maritiem- en Juttersmuseum Flora** vorbei, wo wir mehr über die „Jutter" genannten „**Strandräuber**" erfahren. Früher gehörte es zum Überleben der Inselbewohner, nach einem Sturm an den Strand zu gehen und zu schauen, was angespült wurde. Neben vielen Rettungsringen, Fendern usw. sind wir doch überrascht, was sich so alles am Strand finden lässt!

Kartentipp:
ADFC-Regionalkarte Nord-Holland/Amsterdam,
1:75.000, ISBN 978-3-96990-008-6, € 9,95
Digital für Smartphones und Tablets:
www.fahrrad-buecher-karten.de/rk-digital

16 Texels (heimliche) Hauptstadt

Von **De Cocksdorp** über Den Burg

CamperTouren Info

ca. 48 km ohne Abstecher, gute, regionale Radweg-Beschilderung. Keine größeren Steigungen. Die Route führt meist über separate Radwege, einige Passagen auf losem Untergrund.

Start / Ziel: Ferienpark De Krim, www.krim.nl

Auswahl weiterer Camps entlang der Strecke: Camping Ora et Labora, Camping De Waal, Minicamping Keijser, Camping Akebuurt, Camping Vrij en Blij, Farm Camping „The Hall", Camping Texelsun, Willemshoeve, Camping Molenzicht, Camping Noorderwaard-Texel

Nachdem wir entspannt durch die Mitte der Insel geradelt und in Den Burg eingekehrt sind, radeln wir entlang der Ostküste Texels. Hier ist bei jeder Kurbelumdrehung Bewunderung angesagt, denn das Land wurde dem Meer mit viel Mühen abgerungen.

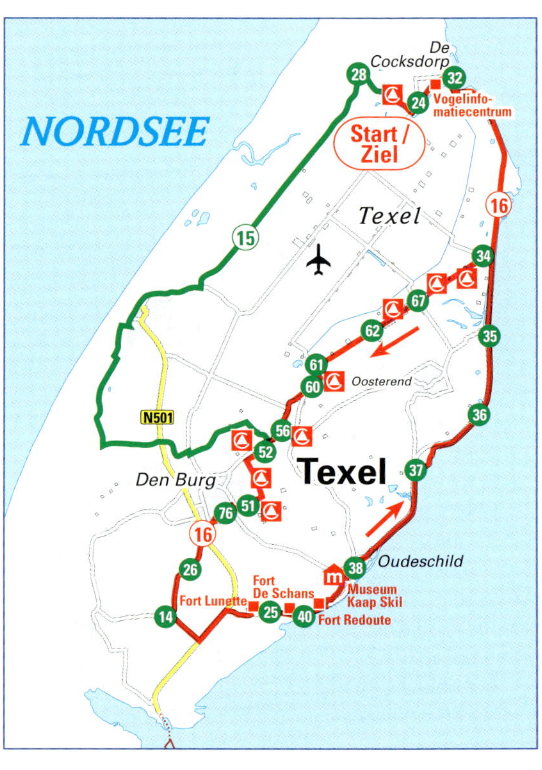

Texel gehört ebenso wie die Inseln Vlieland, Terschelling, Ameland und Schiermonnikoog zu den „**Waddenlanden**". Texel ist nicht nur die **älteste, größte und beliebteste Insel**, sondern auch die mit der größten Infrastruktur.

„Der hohe Berg" – so wurde Texel einst genannt. Das lag daran, dass sich vor rund 100.000 Jahren ein bis zu 15 m hoher Hügel in der Nordsee formte. Später sprach man vom „t gouwden Boltje", dem **goldenen Hügel**, was viel schöner klang. Es waren Bauern, die Wälle um ihre Wiesen herum errichteten, um diese vor den Naturgewalten der Nordsee zu schützen. Wer genau hinsieht, erkennt noch an einigen **Bauernhöfen** Mauern aus Erdklumpen, die in Form von Ziegel zu den Barrieren aufgeschichtet wurden.

Und dennoch gab es immer wieder große Überschwemmgen auf Texel.

Los geht´s am Campingplatz, den wir dieses Mal an der Ausfahrt nach rechts über den Roggeslootweg verlassen, um kurz darauf links auf den Postweg und dann rechts

Beschaulich geht es im Hafen von Oudeschild zu

über die Molenlaan abzubiegen. So rollen wir durch De Cocksdorp, zweigen bei Radschild 32 rechts und dann direkt wieder links ab. Beim Knotenpunkt 34 queren wir den Kanal zu unserer Rechten und zweigen wenig später schräg links ab. Bei 67 und 62 geradeaus, bei 61 links, 60, 56 und 52 geradeaus und hinein nach Den Burg.

Den Burg gilt als „Insel-Hauptstadt" und ist bekannt für seine **Brauerei**. Auf dem **Steenplatz** vor den herrlichen Hausfassaden suchen wir uns einen Platz im Café oder im Biergarten und genießen das quirlige Treiben.

Weiter geht´s von Den Burg (über 51 und 50), das wir ab Schild 76 über die Emmalaan und am Kreisel geradeaus verlassen. Bei Schild 26 geradeaus, 14 links, an der N501 ein Stück links und kurz darauf rechts am Fort De Schans vorbei. Bei 25 erreichen wir die Küste, deren Verlauf wir nach links folgen. Die Schilder 40, 38, 37, 36, 35 und 32 stehen auf unserer Liste, wobei wir bei 32 links abbiegen, bei 24 geradeaus radeln und dann mit einmal rechts Abbiegen wieder zu unserem Ferienpark De Krim gelangen.

Fort De Schans, Fort Lunette, Fort Redoute - die **Befestigungsanlagen** von Texel machen noch heute deutlich, welch strategische Bedeutung Texel einst hatte. Unter Napoleon wurden die Wehranlagen angelegt, die bis heute durch ihre Details beeindrucken.

Tipp: Ein Abstecher führt nach Oudeschild, wo wir uns das geschäftige Treiben im **Waddenhaven Texel** mit den herrlichen, sich im Wasser wiegenden Booten anschauen. Der Hafen blickt auf eine lange Geschichte zurück, denn im 17. Jh. lagen hier die großen niederländischen Schiffe vor Anker, bevor sie sich auf die Reise in die Überseegebiete machten. Ganz in der Nähe finden wir das Museum **Kaap Skil**, ein Museum zur Schifffahrt.

Auf unserem Weg (beim Knotenpunkt 36 links ins Landesinnere) kommen wir an Oosterend vorbei, einem der ältesten Orte mit einer der ältesten Kirchen auf Texel. Rund um das **Gotteshaus** finden wir schöne alte **Fischerhäuser**.

In De Cocksdorp wurde das **Vogelinformatiecentrum** eingerichtet. Auf Texel brüten mehr als 300 unterschiedliche Vogelarten, von denen einige zu den bedrohten Tierarten zählen.

Kartentipp:
ADFC-Regionalkarte Nord-Holland/Amsterdam,
1:75.000, ISBN 978-3-96990-008-6, € 9,95
Digital für Smartphones und Tablets:
www.fahrrad-buecher-karten.de/rk-digital

17 Ausflug in die maritime Geschichte der Niederlande

Von **Callantsoog** über Den Helder

CamperTouren Info

ca. 40 km ohne Abstecher, gute, regionale Radweg-Beschilderung sowie teils als Fernradweg LF-Kustroute. Keine größeren Steigungen. Die Route führt meist über separate Radwege, einige Passagen auf losem Untergrund.

Start / Ziel: Camping Tempelhof, www.tempelhof.nl

Auswahl weiterer Camps entlang der Strecke: Strandcampingoase, Camping De Rozentuin, Juul de Wit, Hoeve Waarom, Camping en Camperplaats Julianadorp Aan Zee, Camping Duinszoomhoeve, Camping Dark Dunes, Camping Duinhoeve, Camping Uizzicht Den Helder

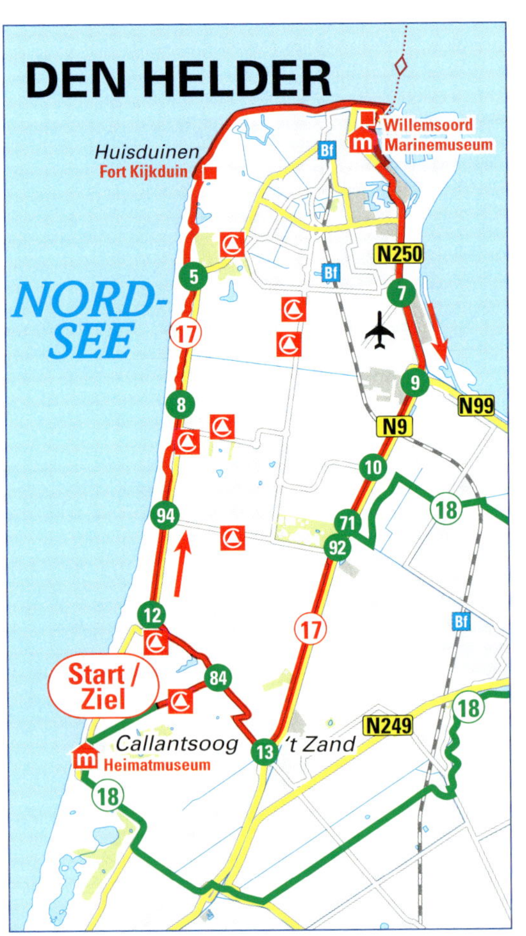

Auf dem ersten Teil unserer Tour folgen wir dem Nordseeküsten-Radweg, der uns an prächtigen Dünen und vorgelagerten Sandstränden vorbeiführt. Mit Blick über den „Marsdiep" auf Texel kommen wir nach Den Helder, wo wir uns der Geschichte der Seefahrt hingeben können.

Auf dem erstklassigen **Camping Tempelhof** campieren wir inmitten weitläufiger Blumenfelder. Die Sanitäranlagen lassen eigentlich kaum Wünsche offen, doch wer es noch komfortabler möchte, mietet direkt neben dem Stellplatz sein privates Bad.

Los geht´s am Campingplatz, den wir an der Ausfahrt nach rechts über den Abbestederweg verlassen. Beim Knotenpunkt 84 biegen wir links ab und in Groote Keeten, bei Schild 12, rechts. Nun sind wir am Fernradweg LF-Kustroute, der uns an der Küste entlangführt. So rollen wir ganz entspannt bei den Schildern 94 und 08 geradeaus, bei 05 links, umrunden die Nordspitze Hollands und gelangen ins Zentrum von Den Helder.

Fort Kijkduin wurde auf Geheiß Napoleons errichtet. Wenn wir uns einer der Führungen anschließen, entdecken wir Bunkeranlagen und verzweigte **unterirdische Gänge**. Ein Bereich des Bunkers wird als **Seeaquarium** genutzt.

Die Fahrräder werden hier gesichert – und dann ab ins Wasser!

Beim Dorf **Huisduinen** erhebt sich **De Lange Jaap**. Der 69 m hohe Leuchtturm ist eines der Wahrzeichen der Region und steht an der langen Zeepromenade, einem 10 km langen Deich. Die sichtbare Insel Texel ist durch die Wasserstraße namens **Marsdiep** von uns getrennt.

In Den Helder steuern wir **Willemsoord** an, eine ehemalige Schiffswerft, die uns mit einer ganzen Reihe historischer Gebäude aus dem 19. Jh. empfängt. Sie wurden aufwändig saniert, so dass Platz ist für ein Spieleland und Einkehrmöglichkeiten mit Biergärten. Wenn wir uns hier niederlassen, blicken wir direkt auf die historischen Schiffe, die im **Museumshafen** vor sich hindümpeln. Einige von ihnen sind begehbar und eröffnen uns tiefe Einblicke in das einst beschwerliche Arbeiten auf hoher See.

Tipp: Direkt neben der ehemaligen Werft gibt es seit 1966 das **Marinemuseum**, das sich der Geschichte der Kriegsmarine ab 1813 anhand zahlreicher Exponate widmet. Besonders imposant ist das 1966 erbaute **U-Boot „Tonjin“**, das übersetzt den Namen „Thunfisch“ trägt. Die Innenstadt von Den Helder empfängt uns mit einer **Fußgängerzone** sowie mit Shopping- und Einkehrmöglichkeiten. In den **Dünen** von Den Helder entstanden zwischen 1980 und 2006 interessante Stahlskulpturen.

Weiter geht´s von Den Helder, das wir entlang der N250, dem Rijksweg, verlassen. An den Schildern 07, 09, 10, 71, 92 jeweils geradeaus und am Schild 13 im Ort t´Zand rechts. Kurz darauf rechts und direkt wieder links und bei Schild 84 nochmals links. So kommen wir zurück zu unserem Campingplatz.

Callantsoog hat sich zu einem beliebten **Urlausort** entwickelt. Hinter dem breiten und langen **Sandstrand** erheben sich die bewachsenen Dünen. Auf einem typischen westfriesischen Bauernhof finden wir **das Heimatmuseum „Tante Jaantje“**.

Kartentipp:
ADFC-Regionalkarte Nord-Holland/Amsterdam, 1:75.000, ISBN 978-3-96990-008-6, € 9,95
Digital für Smartphones und Tablets:
www.fahrrad-buecher-karten.de/rk-digital

18 Hollands Kroon

Von **Callantsoog** über Den Oever

CamperTouren Info

ca. 76 km ohne Abstecher, Verkürzung möglich, gute, regionale Radweg-Beschilderung sowie teils als Fernradweg LF-Kustroute. Keine größeren Steigungen. Die Route führt meist über separate Radwege, einige Passagen auf losem Untergrund.

Start / Ziel: Camping Tempelhof, www.tempelhof.nl

Auswahl weiterer Camps entlang der Strecke: Camping de Tulpenweide, Camping ´t Loze Vissertje, Camping De Pauwen, Camping Zeezicht, Camping Wadding Sea, Camping de Wierde, Camping Zonnehove, Wohmmobilstellplatz in Den Oever

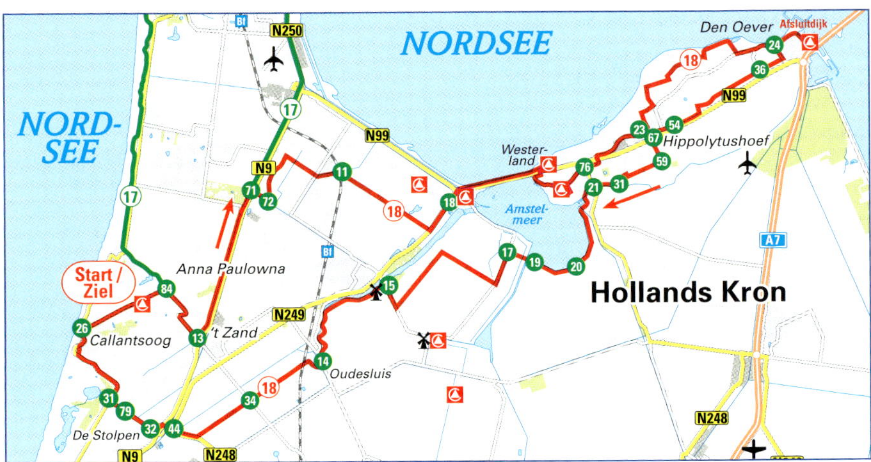

Auf dieser recht langen Radtour rollen wir einmal quer durch die Nordspitze des Landes, die auch „Hollands Kroon" genannt wird. Das unbestrittene Highlight der Tour wartet in Den Oever: Der Abschlussdeich, durch den einst das Ijsselmeer geschaffen wurde, soll angeblich sogar aus dem Weltall zu sehen sein.

Der 5-Sterne-Campingplatz **Tempelhof** liegt etwa 1,5 km vom Strand entfernt und bietet vieles, um uns die Zeit angenehm zu gestalten, wie mehrere Restaurants, Spielplätze und wenn das Wetter mal nicht mitspielt, gehen wir ins platzeigene Hallenbad oder wärmen uns in der Saune auf.

Los geht´s am Campingplatz, den wir an der Ausfahrt nach rechts über den Abbestederweg verlassen. Bei Radschild 84 biegen wir rechts ab und nach einem rechts-links-Knick bei Schild 13 in t´Zand links. Nach kurzer Strecke an der N9 entlang bei 71 rechts, bei 72 links, kurze Zeit später rechts, an 11 erneut rechts, an der N249 link, am Punkt 18 vorbei und dann rechts über den Amsteldiepdijk nach Westerland und dann den Schildern der LF-Kustroute folgend bis Den Oever.

Anna Paulowna ist der Name einer ehemaligen **Königin**, die ihre Wurzeln in Russland hatte und sich eigentlich Pawlowna schrieb.

Das Den Oever Lighthouse ist außergwöhnlich

Sie zeichnete sich als Namensgeberin des Ortes aus, der nahe unserer Route liegt.

Tipp: Wer die Tour verkürzen möchte, kann an der N249 rechts (statt links) abzweigen, trifft bei Anna Paulowna auf der anderen Seite des Flusses auf den Knotenpunkt 15 und folgt der beschriebenen Route Richtung Knotenpunkt 14 zurück zum Camp.

Wir sind in der Gemeinde „Hollands Kroon“ unterwegs und rollen am Ufer des **Amstelmeers** entlang.

Im Hafen von Den Oever kaufen wir frischen Fisch im Brötchen und widmen uns dann der **Windmühle** „De Hoop“ an der Hofstraat, die vermutlich woanders erbaut und erst 1845 an diese Stelle versetzt wurde.

Der 32 km lange und 90 m breite **Afsluitdijk** verbindet die Provinzen Friesland und Nordholland. Der Anlass zum Bau dieses Damms war, dass sich die sogenannte **Suiderzee** durch die steigenden Meeresspiegel ausdehnte und eine riesige Bucht formte. Hinzu kamen die immer wiederkehrenden Sturmfluten in der Region. Um Mensch und Tier vor den Naturgewalten zu schützen und zugleich Neuland für Acker- und Wohnungsbau zu schaffen, wurde zwischen 1927 und 1932 der **Deich** errichtet.

Direkt neben dem Abschlussdeich erhebt sich das knallrote „**Den Oever Lighthouse**“ Der Leuchtturm wurde 1885 erbaut, aber erst zu einem späteren Zeitpunkt an die Stelle gerückt, an der wir ihn heute finden. Ebenfalls unübersehbar ist das „**Monument op de Afsluitdijk**“, das uns durch seine tollkühne Architektur begeistert.

Weiter geht´s von Den Oever, das wir an der Küste entlang über die Knotenpunkte 24, 36, 54 und 67 verlassen. Bei Hippolytushoef kreuzen wir unseren Hinweg und umrunden im Uhrzeigersinn das Amstelmeer. Die Schilder 19, 17, 16, 15, 14 und 34 weisen uns zuverlässig den Weg durch Oudesluis nach De Stolpen. Hier queren wir etwas unübersichtlich die N9 (über die Punkte 44 und 32), rollen bei Schild 79 geradeaus und zweigen bei Schild 31 rechts und kurz darauf links ab. Entlang der N502 erreichen wir Callantsoog, wo es bei 28 schräg rechts durch den Ort geht, und radeln schnurgeradeaus zurück zu unserem Campingplatz.

Nachdem wir die Küste verlassen haben, rollen wir auf dem Radweg LF10, der als **Waddenzeeroute** quer durch Nordholland zur Küste hin verläuft. Auf unserem Rückweg entdecken wir am Wegesrand immer wieder schöne **Windmühlen**, so auch rund um Oudesluis.

Kartentipp:
ADFC-Regionalkarte Nord-Holland/Amsterdam, 1:75.000, ISBN 978-3-96990-008-6, € 9,95
Digital für Smartphones und Tablets:
www.fahrrad-buecher-karten.de/rk-digital

19 Diese Tour rockt!

Von **Alkmaar** über Heerhugowaard

CamperTouren Info

ca. 28 km ohne Abstecher, gute, regionale Radweg-Beschilderung. Keine größeren Steigungen. Die Route führt meist über separate Radwege, einige Passagen auf losem Untergrund.

Start / Ziel: Camping Alkmaar, www.campingalkmaar.nl

Auswahl weiterer Camps entlang der Strecke: Camping De Zonnehoeve

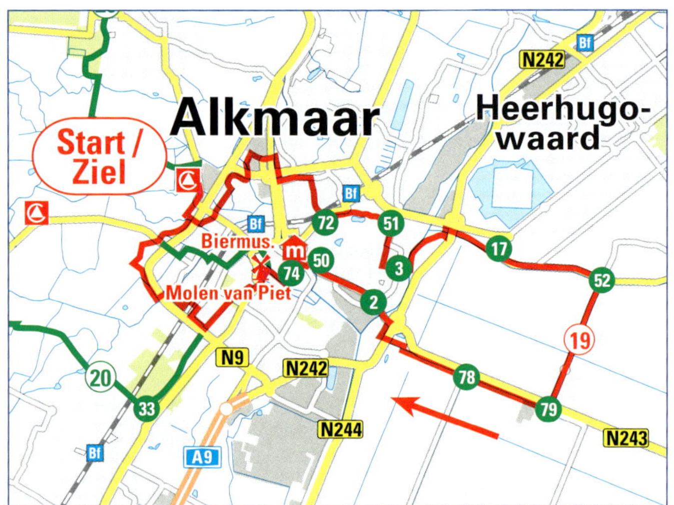

Wir drehen eine Runde um Alkmaar und stürzen uns dann in diese quirlige, liebens- und lebenswerte Stadt. Wir besuchen das Käsemuseum, das Biermuseum und Musikfans zieht es ins Beatles-Museum.

Klein und überschaubar, vor allem aber naturverbunden und ruhig. So lässt sich **Camping Alkmaar** treffend beschreiben, das aber zugleich direkt vor den Toren dieser großartigen Stadt liegt. Die Stellplätze von Wohnmobilen und Wohnwagen sind räumlich voneinander getrennt und meist mit grünen Büschen umgeben.

Los geht´s am Campingplatz, den wir an der Ausfahrt nach rechts über den Robonsbosweg verlassen, um kurz darauf links auf den Steeslootpad abzubiegen. Hinter der vierspurigen Straße geht es schräg links in den Oude Hoeverweg, am Kreisel geradeaus, über den Kanal und weiter auf dem Beethovensingel. Links in die Verdistraat und um das Wohngebiet herum. Vor dem nächsten Kanal zweimal links, über die Schnellstraße, dahinter rechts über den Kanal, die Havinghastraat entlang, die rechts abknickt. Geradeaus über den nächsten Kanal, dahinter rechts und hinter der Brücke links in die Muiderwaard. Nach der nächsten Kanalquerung rechts, beim Knotenpunkt 72 links in die Molenkadei. Vor der Brücke bei 51 rechts auf den Heerenweg, später links in t´Wuiver und über das Wasser. Hinter der letzten Brücke links und am Schild 17 geradeaus. Wir sind nun vor den Toren von Heerhugowaard.

Die Kleinstadt Heerhugowaard liegt etwas links von unserem Weg. Bekannt ist sie durch ihre **Naherholungsanlagen** Blaue Loper und Geestmer Ambacht, deren Mittelpunkt jeweils ein See bildet.

Weiter geht´s beim Schild 52 nach rechts, ebenso bei 79. An 78 geradeaus und immer

In die Altstadt von Alkmaar muss man sich ganz einfach verlieben!

weiter über die Punkte 2, 50 und 1 in die Innenstadt von Alkmaar. Die verlassen wir über die 74, vorm Kanal rechts, links über den Kanal und sofort wieder rechts, 2. Straße links und der Ausschilderung Richtung Knotenpunkt 33 folgend an der Bloemenklok vorbei. Vor der Schnellstraße rechts auf die Regulierslaan, rechts Westerweg, links Kalkovensweg, links Mondriaanstraat, rechts Picassolaan, links Aert de Gelderlaan, hinter der Schnellstraße rechts in den Meerweg und am Wasser entlang. Bei den Sportanlagen rechts-links, dann links-rechts über die Schnellstraße und weiter auf dem Olympiaweg. Nun treffen wir wieder auf den Steeslootpad, wo wir links und gleich wieder rechts abbiegen, um zurück zum Camp zu gelangen.

In der Mitte von Alkmaars **Grachten-Altstadt** mit zahllosen historischen Häusern erhebt sich die **Grote Kerk**. Die **Fußgängerzone** führt am spätgotischen **Stadthuis** vorbei. Ein Abstecher führt zur **Molen van Piet**. Die Getreidemühle aus dem Jahre 1769 ist bis heute in Familienhand und immer noch in Betrieb, um Korn zu mahlen.

Tipp: Zwischen April und September steigt freitags auf dem **Waagplein** der **historische Käsemarkt**. Rund 50 Tonnen Käse werden auf dem Platz positioniert und beprobt, es wird verhandelt und per Handschlag ein Verkauf besiegelt. Dann kommen die ganz in weiß gewandeten **Käseträger** mit ihren Strohhüten und bis zu 160 kg schweren Käsetragen, um die verkauften Käse abzutransportieren.

Mehr über die Käseproduktion erfahren wir im **Käsemuseum**, das sich direkt am Waagplein befindet. Gleich in der Nähe liegt das **Nationale Biermuseum De Boom**.

Etwas außerhalb der Innenstadt steht das erstklassige **Beatles-Museum**. Für Freunde des Rock´n´Roll ist der Besuch ein absolutes Muss, denn hier dreht sich alles um die „Fab 4", die seinerzeit die Musikwelt revolutionierten.

Kartentipp:
ADFC-Regionalkarte Nord-Holland/Amsterdam,
1:75.000, ISBN 978-3-96990-008-6, € 9,95
Digital für Smartphones und Tablets:
www.fahrrad-buecher-karten.de/rk-digital

20 Naturerlebnisse in den Schoorlser Duinen

Von **Alkmaar** über Bergen aan Zee

CamperTouren Info

ca. 40 km ohne Abstecher, gute, regionale Radweg-Beschilderung sowie teils als Fernradweg LF-Kustroute. Keine größeren Steigungen. Die Route führt meist über separate Radwege, einige Passagen auf losem Untergrund.

Start / Ziel: Camping Alkmaar, www.campingalkmaar.nl

Auswahl weiterer Camps entlang der Strecke: Boerencamping Amara Hoeve Bergen, Camping Markiess, Roompot Kustpark Egmond aan Zee, Boerderijcamping " De Tuintjes", Camping De Zonnehoeve

Wir radeln aus dem wunderbaren Alkmaar durch die beeindruckenden Schoorlser Duinen und erreichen nach kurzer Zeit die Nordsee.

Alkmaar lädt uns ein, uns den Café oder das Bier schmecken lassen und zugleich die wunderbare Symbiose aus **historischen Gebäuden** und gut gelaunten Menschen zu betrachten.

Los geht´s am Campingplatz, den wir an der Ausfahrt nach links verlassen, um dem Straßenverlauf des Bergerwegs zu folgen. Links in den Groeneweg, der später rechts abzweigt. Nachdem wir zwei Kanäle überquert haben, links in den Paddenpad, rechts in die Sluislaan, rechts in die Maasdamerlaan, die uns nach Bergen bringt. Den Ort verlassen wir bei Schild 49 nach links. Bei 48 rechts und 13 geradeaus und sofort links-links-rechts nach Schoorl. Hier bei 45 links und durch das Naturreservaat der Schoorlse Duinen über den Punkt 47 zur Küste. Bei 46 links und auf der LF-Kustroute nach Bergen aan Zee.

Wir folgen auf den ersten Kilometern den Radwegschildern des **Oeverlandradwegs**, der einmal quer durch Nordholland nach Amsterdam führt. Später begleitet uns die LF-Kustroute, eine von vier LF-Routen, auf die die Stiftung Fietsplatform das LF-Netzwerk in den kommenden Jahren ausrichten wird..

Tipp: Das Herzstück unserer Radrunde ist das **Naturreservaat der Schoorlse Duinen**. Sagenhafte 5 km breit sind die Dünen in dieser Region, darunter auch die 54 m hohe Radardüne, die zugleich die höchste Düne Hollands ist. Die Region steht aus gutem Grund unter Schutz, daher bitte unbedingt

Bis zu 5 km breit sind die unter Naturschutz stehenden Dünen

auf den Wegen bleiben, um dieses fragile Stück Natur nicht zu gefährden!

Im Jahr 1906 wurde Bergen aan Zee gegründet, um den Einwohnern des Ortes Bergen ihr eigenes **Seebad** zu verschaffen. Wir können in eines der zahlreichen Cafés oder Restaurants einkehren, oder das **Seeaquarium** besuchen.

Weiter geht´s von Bergen aan Zee weiter auf der LF-Kustroute, der Noordzeeroute, erst entlang der Küste, dann durch´s Hinterland, über die Punkte 8, 5 und 4 nach Egmond aan den Hoef. Bei Schild 31 links und via 32 und 33 nach Heiloo, wo wir wieder links abbiegen, um zurück nach Alkmaar zu gelangen. Hier bei Schild 73 links über den Kanal und links aus dem Kreisel heraus auf den Westerweg. Rechts Fritz-Conijnlaan, die einen rechts-links-Schlenker vollzieht und über den Kanal verläuft. Dahinter links Jan de Heemstraat, rechts Bloemaertlaan, links Van de Veldelaan, rechts Terborchlaan, hinter der Schnellstraße bzw. dem Parkplatz rechts auf den Olympiaweg, der auf den Steeslootpad trifft, wo wir

Die Schlosskapelle von Egmond ist bestens erhalten

links und gleich wieder rechts abbiegen, um zurück zu unserem Camp zu gelangen.

In Egmont aan de Hoef hatten einst die Grafen van Egmont ihren Sitz, was wir noch heute an der **Schlossruine** erkennen können. Gar nicht weit entfernt liegt **Egmont aan Zee**. Kleine Häuschen gruppieren sich zu einem hübschen Ortskern und auch einen strahlend weißen und schlanken **Leuchtturm** gibt es.

Kartentipp:
ADFC-Regionalkarte Nord-Holland/Amsterdam,
1:75.000, ISBN 978-3-96990-008-6, € 9,95
Digital für Smartphones und Tablets:
www.fahrrad-buecher-karten.de/rk-digital

21 Ehrfürchtiges Staunen am Abschlussdeich

Von **Harlingen** über Franeker

CamperTouren Info

ca. 48 km ohne Abstecher, gute, regionale Radweg-Beschilderung sowie teils als Fernradweg LF-Kustroute. Keinerlei Steigungen. Die Route führt meist über separate Radwege, einige Passagen auf losem Untergrund.

Start / Ziel: Recreatie „De Zeehoeve", www.zeehoeve.nl

Auswahl weiterer Camps entlang der Strecke: Camping Mounewetter B.V., Camping De Skuorre (Franeker)

Unser Campingplatz liegt direkt am Deich und damit direkt an der teils wilden, teils malerischen Nordsee. Von hier aus machen wir uns auf auf eine Entdeckungstour, die zunächst direkt an der See entlang und dann durchs Hinterland führt. Hier ist es so ruhig und beschaulich, dass wir direkt tiefenentspannt sind.

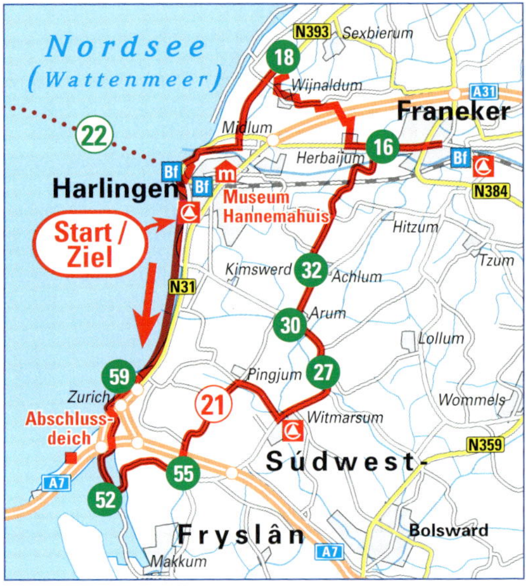

Wer Wasser mag, ist auf unserem **Campground „De Zeehoeve"** genau richtig: Der Platz ist vom Wasser umschlungen, direkt hinterm benachbarten Deich rauscht die Nordsee, es gibt eigene Anlageplätze und eine Trailerrampe für die Camper, die ihr Boot dabeihaben, und auch der quirlige Hafen von Harlingen ist nicht weit entfernt. Auch den Kindern wird es auf gleich drei Spielplätzen nicht langweilig – und wenn es dann noch mit Papa oder Opa auf dem Campingplatz zum Angeln geht, ist das Urlaubserlebnis perfekt. Übrigens: Wer sich entscheiden muss „Wohnwagen oder Boot am Haken", der kann auf dem Platz auch ein Chalet oder eine Wanderhütte mieten.

Los geht´s am Campingplatz, den wir an der Ausfahrt am besten schiebend geradeaus über die Straße hinweg und auf den Deich hinauf verlassen. Dort treffen wir auf den Radfernweg LF-Kustroute, dem wir nach links folgen. Beim Radschild 59 geradeaus, dann kommen wir am Abschlussdeich vorbei, der Rechterhand beginnt. Am Schild 52 biegen wir links ab, bei 55 wieder links und hinter der Autobahnquerung im Ort Pingjum rechts. In Witmarsum zweigen wir links ab, ebenso bei Schild 27. Es geht durch ruhige Natur und an den Radschildern 30 rechts, 32 links, nach vielem „Zick-Zack" erreichen wir Schild 16, wo es rechts ins Zentrum von Franeker geht.

Die Grote Kerk wacht über den Hafen von Harlingen

Unser Radweg folgt dem Verlauf des Deichs mit dem Namen „Caspar de Roblesdijk". Jenseits der N31 liegt Kimswerd mit seiner schönen **St. Laurentiuskerk** und der stolzen **Windmühle De Eendracht**.

Auf dem Weg liegt auch der unglaublichen Abschlussdeich. Er trennt auf 32 km das Ijssel- vom Wattenmeer. Wer mag, kann dem **Afsluitdijk** ein Stück auf dem **Fernradweg LF10** folgen – doch Vorsicht! Hier haben wir „gefühlt" immer Gegenwind, so dass dieser Abstecher vermutlich recht anstrengend wird.

Weiter geht´s von Franeker, das wir wieder zum Radschild 19 zurück verlassen. Dort geradeaus und hinter der Ortschaft Herbaijum rechts. Vor der Autobahn biegen wir links ab, um diese dann auch zu kreuzen: Durch Wijnaldum und mit Linksabbiegen bei Schild 18 erreichen wir Harlingen. Wenn wir nun noch den Schildern des Fernradwegs LF-Kustroute folgen, gelangen wir wieder auf den Deich, an dem Linkerhand unser Campingplatz wartet.

Kartentipp:
ADFC-Radtourenkarte NL1 Niederland Nord, 1:150.000, ISBN 978-3-87073-946-1, € 9,95

Harlingens erhaltene Altstadt begeistert uns mit prachtvollen **Giebelhäusern**. Mittendrin erheben sich das **Stadthuis** mit seinem prunkvollen Ratssaal und die 1775 erbaute **Grote Kerk**. Sie steht genau an der Stelle, wo Harlingen auf einer Warft gegründet wurde.

Tipp: Im malerischen Hafen von Harlingen dümpeln **historische Segelboote**, während um das Becken herum die Touristen flanieren und einkehren, um die regionale Küche zu genießen.

In einem der ältesten Häuser der Stadt finden wir das **Museum Hannemahuis**. Schiffsmodelle, Gemälde und vieles mehr entführen uns in eine vergangene Zeit.

22 Seltene Vögel und Pflanzen auf Terschelling

Von **Harlingen** über Terschelling

CamperTouren Info

ca. 28 km ohne Abstecher, gute, regionale Radweg-Beschilderung sowie teils als Fernradweg LF-Kustroute. Keinerlei Steigungen. Die Route führt meist über separate Radwege, einige Passagen auf losem Untergrund.

Start / Ziel: Recreatie „De Zeehoeve", www.zeehoeve.nl

Auswahl weiterer Camps entlang der Strecke: Camping Cnossen (Terschelling)

Eine Kreuzfahrt mit Radrunde – so könnte man diesen Tourenvorschlag umschreiben: Wir steigen in Harlingen auf die Fähre und lassen uns nach Terschelling bringen. Die Insel ist nicht allzu groß, so dass wir sie einmal der Länge nach abradeln können.

Harlingen ist die einzige Stadt am niederländischen Wattenmeer mit einem **Hafen**. Das eröffnet Freizeitskippern die Gelegenheit, von hier aus zu Törns auf dem Wattenmeer zu starten.

Los geht´s am Campingplatz, den wir wieder an der Ausfahrt schiebend geradeaus über die Straße hinweg und auf den Deich hinauf verlassen. Dieses Mal folgen wir dem Radfernweg LF-Kustroute nach rechts und kommen nach wenigen Minuten zum Hafen von Harlingen. Hier steigen wir auf die Fähre und setzen über nach Terschelling.

Die Fähre bringt uns in etwa 2 Stunden nach Terschelling, die zu den sogenannten „**Nederlandse Waddeneilanden**" gehört. Zu der Inselkette zählen auf niederländischem Territorium 14 Inseln bzw. „Hochsande", von denen fünf bewohnt sind. Alle entstanden einst durch Sandbänke und verändern sich aufgrund der Wind- und Wasserbewegungen ständig. Die Seite zur Nordsee wird durch weitläufige **Strände**, **Dünen** und **Deiche** geprägt.

Weiter geht´s auf Terschelling. Im Ort West-Terschelling gehen wir an Land und rollen über die Willem-Barentszkade am Wasser entlang. Mit einem Links-Rechts-Knick fahren wir

„Brandaris“ blickt auf Stadt…

auf der Burgemeester-van-Heusdenweg weiter, der in den Hoofdweg übergeht. Der Straße, die später mehrfach den Namen wechselt, folgen wir auch durch die Orte Baaiduinen, Midsland, Landerum, Formerum, Lies und Hoorn nach Oosterend. Wie der Name erahnen lässt, haben wir das zugängliche Ende der Insel erreicht. Hier kehren wir um und folgen derselben Strecke wieder retour. Wer mag, zweigt nach Landerum rechts ab und fährt noch einen „Schlenker“ um Midsland herum, bevor wir wieder auf den Hoofdweg treffen und diesem zurück nach West-Terschelling folgen. Die Fähre gondelt uns zurück nach Harlingen, wo wir nur noch dem LF-Kustroute ein Stückchen folgen müssen, um zurück zu unserem Campingplatz zu gelangen.

Der unübersehbare, 55 m hohe Leuchtturm namens „**Brandaris**“ wurde schon 1594 gebaut und ist damit einer der ältesten Leuchttürme des Landes. Im **Heimatmuseum** von West Terschelling können wir uns über die Geschichte der Insel informieren. Da erfahren wir auch etwas über die Rolle im „Atlantikwall“. Es gibt auch noch ein sichtbareres Überbleibsel – den **Bunker** namens „Tiger“, der als Museum ausgebaut wurde.

Mehr als 600 verschiedene **Pflanzen** und zahlreiche **Vogelarten** sind auf der Insel zu entdecken. Auch **Zugvögel** wissen die exponierte Lage der Insel auf ihrer langen Reise zu schätzen. Überraschend ist, dass wir auf der Insel weitläufige **Acker- und Weideflächen** vorfinden, die natürlich durch **Deiche** geschützt werden müssen. Auch Mischwaldgebiete werden wir während unserer Radtour auf der Insel entdecken.

…und Polder

Tipp: Einen spannenden Ausflug „in die Tiefe“ unternehmen wir beim Besuch des **Wrakkenmuseums** in Formerum. Hier ist ausgestellt, was Taucher vom Meeresgrund mit ans Licht brachten.

Endlose Spaziergänge sind am 30 km langen **Sandstrand** von Terschelling möglich, der einen Kilometer tief ist und von einer **Dünenkette** geschützt wird.

Kartentipp:
ADFC-Radtourenkarte NL1 Niederland Nord, 1:150.000, ISBN 978-3-87073-946-1, € 9,95

23 Polder und Plassen

Von **Groningen** über Meerwijck

CamperTouren Info

ca. 50 km ohne Abstecher, gute, regionale Radweg-Beschilderung sowie teils Beschilderung als LF14. Keine größeren Steigungen. Die Route führt meist über separate Radwege, einige Passagen auf losem Untergrund.

Start / Ziel: Camping Stadspark, www.campingstadspark.nl

Auswahl weiterer Camps entlang der Strecke: Camping Groningen International, Camping Break Out Groningen, Natuurbad en Camping Engelbert, Camping Hof Van Kolham, Mini Camping De Veenborg, Camping De Rolke

Wir campieren inmitten üppiger Natur direkt vor den Toren Groningens. Auf unserer Rundtour lernen wir die herrliche Altstadt, aber auch das entspannende Umland kennen.

Der **Camping Stadswald** hält genau das, was er uns verspricht: Eine naturverbundene Unterkunft in direkter Nähe zur Innenstadt Groningens. Hinter den beiden einladenden Empfangshäuschen finden wir idyllische Stellplätze auf satt-grünen Wiesen, beschattet von hohen Bäumen.

Los geht´s am Campingplatz, den wir an der Ausfahrt nach links verlassen, um an der nächsten Ecke nochmals links abzubiegen. Nachdem wir die breite Straße gekreuzt haben, wieder links und wenig später im Koeriersterweg rechts. Nun wird´s etwas umständlich. Vor der Rechtskurve links versetzt weiter, hinter der breiten Straße dreimal rechts, um über die Bahnschienen zu gelangen. Dahinter zweimal rechts und vor der Bahn links. Wir rollen vor dem Bahnhof her und folgen einige Zeit den Bahngleisen, bis wir an dem kleinen Bahnhof beim Europapark die Schienen nach rechts queren können. Dahinter links auf „Helperzoom". Beim Knotenpunkt 81 links, hinter den Schienen rechts (Duinkerkenstraat). An 79 fahren wir rechts, bei 78 in einer Schleife ebenfalls rechts und weiter zum Knotenpunkt 28 in Meerwijk.

Unsere Radtour führt uns direkt vorbei an der wunderbaren Innenstadt von Groningen, die uns mit einer tollen Symbiose aus Jung und Alt empfängt: Durch die **Unis** sind viele junge Menschen auf den Straßen. Die meisten Gebäude der Stadt hingegen entführen uns mit ihren **historischen Fassaden** in eine längst vergangene Epoche.

Tipp: Die Groninger Innenstadt lädt zum Shoppen und Einkehren ein. Herestraat, Zwanestraat, Grote Kromme Elleboog und Folkingestraat markieren die nachweislich **schönste Einkaufszone des ganzen Landes**.

Auf einer Runde durch die Stadt kommen wir vorbei an den **Martinitoren**, der auch liebe-

Erstklassige Liegeplätze in Groningen

voll der „Alte Graue" genannt wird, und an der **Martinikerk** deren Turm 97 m in die Höhe ragt. Wenn wir auf die Aussichtsplattform hinaussteigen, können wir uns einen perfekten Überblick über Groningen und die Region verschaffen. Direkt nebenan entdecken wir mit dem **Grote Markt** den zentralen Marktplatz.

An der **Oude Boteringestraat** finden wir die ältesten und schönsten Häuser der Stadt. Natürlich sehen wir uns auch das Gebäude der **Reichsuniversität** an, die die zweitälteste Uni des Landes ist.

Unseren Wissensdurst stillen wir im **Universitätsmuseum** und im **Groninger Museum**, das in einem modernen Gebäude auf einer Museumsinsel am Hafen untergebracht ist.

Weiter geht´s von Meerwijk, das wir bei Schild 28 über den Jachthavenweg verlassen, dann links Meerweg, kurz darauf rechts über den Kanal und weiter über den Meerweg bis Schild 25. Kurz vor dem Punkt 52 rechts, hinter 53 rechts, bei 55 rechts, vor der 54 links in die Zuiderstraat (oder der Wegweisung über Punkt 54 zur 57 folgen), im Zick-Zack durch das Schutzgebiet, bei 57 links, 87 rechts (LF14), 81 schräg rechts, 78 geradeaus. Wir folgen weiter den Schildern des Fernradwegs LF14, die uns später über die Autobahn hinwegbringen. Direkt dahinter links, den Kanal queren und rechts weiter Richtung Groningen fahren. Der LF14 führt uns am Ufer des Hoomsemeers entlang und knickt am Knotenpunkt 04 rechts ab wieder zum Kanal. Nachdem wir die N7 unterquert haben, biegen wir an der vorletzten Brücke vor den Bahnschienen links in den Parkweg ein. Der Weg führt weiter geradeaus, durch den Stadspark und am Ende rechts wieder retour zu unserem Camp.

Kartentipp:
ADFC-Radtourenkarte NL1 Niederland Nord,
1:150.000, ISBN 978-3-87073-946-1, € 9,95

Unserer Tour führt uns durch das Landschaftsschutzgebiet von **Kropswolderbuitenpolder**. Dass man rund um Meerwijk gut entspannen kann, merken wir auch am Campingplatz und am **Yachthafen**. Hier stechen die Skipper in See, wenn sie auf dem **Zuidlaardermeer** ihrem Hobby frönen.

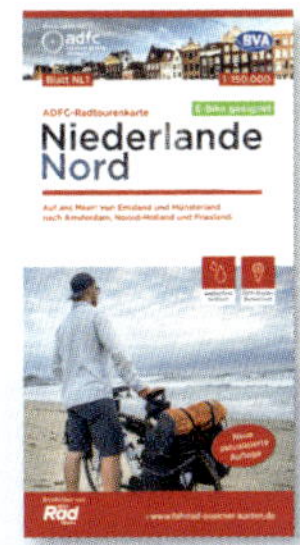

24 Hängende Küchen in Appingedam

Von **Groningen** über Delfzijl

CamperTouren Info

ca. 78 km ohne Abstecher, gute, regionale Radweg-Beschilderung sowie teils Beschilderung als LF9. Keine Steigungen. Die Route führt meist über separate Radwege, einige Passagen auf losem Untergrund.

Start / Ziel: Camping Stadspark, www.campingstadspark.nl

Auswahl weiterer Camps entlang der Strecke: Camperplaats P Kardinge, Camping Ekenstein, Camping Break Out Groningen, Wohnmobilstellplatz in Appingedam und Delfzijl

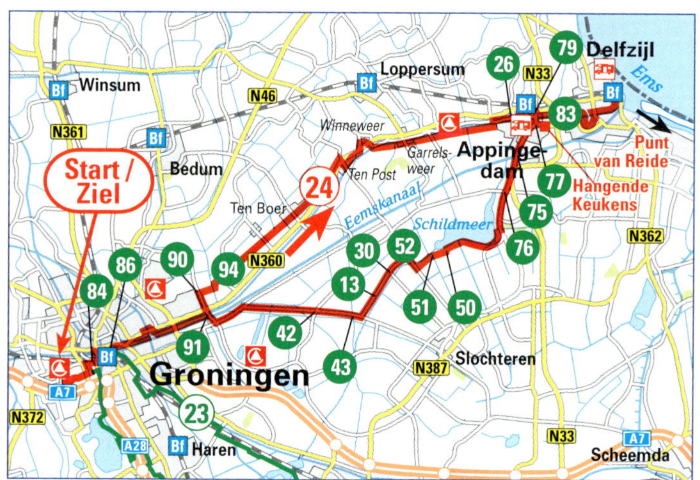

Von unserem Camp bei Groningen führt uns diese Tour am Eemskanal entlang zum Dollart. Unterwegs verstehen wir genauer, was unter „hängenden Küchen" zu verstehen ist.

Groningen war schon immer ein wichtiger Handelsplatz – und so gibt es bis heute mehrere **Märkte** verteilt in der Stadt. Besonders eindrucksvoll ist das am **ehemaligen Fischmarkt**, auf dem inzwischen insbesondere Lebensmittel und Blumen angeboten werden. Auch die ehemalige **Getreidebörse** steht hier, wobei diese inzwischen von einer großen Supermarktkette genutzt wird.

Los geht´s wieder am Campingplatz, den wir an der Ausfahrt nach links verlassen, um an der nächsten Ecke nochmals links abzubiegen. Ab hier folgen wir der Ausschilderung des LF9 Richtung Bahnhof über den Knotenpunkt 84 zur 86. Hier biegen wir links ab und fahren über das Museumseiland zum anderen Ufer des Kanals. Dort angekommen rechts, am Kreisel geradeaus und dann, von zwei kleinen Links-Schlenker abgesehen, immer auf am Wasser entlang. Dabei folgen wir den Schildern des Fernradwegs LF9, der Maasroute. Beim Punkt 91 links, bei 90 rechts und dann (nach einem Links-Rechts-Knick) schnurgerade via 94 nach Ten Boer und weiter über Ten Post, Winneweer und Garrelsweer nach Appingedam.

Kaum gestartet, passieren wir das **Museums-Eiland**, um dann für mehrere Kilometer dem Eemskanal zu folgen.

In Appingedam entdecken wir die **Hangende Keukens van Appingedam**. Hier hängen die Küchen aus Raumnot an der Häuserfassade heraus, direkt über dem Wasser des Damsterdieps – einfach klasse!

Aber auch der Rest von Appingedam kann sich sehen lassen, denn rund um die **Nicolaikerk** finden wir eine Altstadt, die uns wie lebendiges Mittelalter vorkommt.

Historisches in Appingedam

Weiter geht´s von Appingedam auf dem Fernradweg LF10 über die Knotenpunkte 26, 79 und 83 nach Delfzijl. Von hier auf dem Hinweg wieder retour nach Appingedam, dort am Kreisel links, weiter über die Punkte 77, 75 und 76 und im Uhrzeigersinn um das Schildmeer herum. Die Radschilder 50, 51, 52, 30, 13, 43, 42 und 91 geleiten uns wieder zurück nach Groningen. Auf der anderen Seite des Kanals fahren wir am Knotenpunkt 91 links und nehmen den Hinweg wieder zurück zum Camp.

In Delfzijl sind wir an der Mündung der Ems, die hier Eems genannt wird, angekommen. Der Fluss, der hier eine lange Reise durch

Delfzijls Hafen profitiert vom Zugang zum Meer

weite Teile Deutschlands hinter sich hat, durchfließt an dieser Stelle auch eine etwa 90 qkm große Bucht, die „**Dollart**" genannt wird.

Wenn wir schon hier sind, steuern wir den **Punt van Reide** an. Der ist rund 3 km lang sowie 800 m breit und bildet eine Halbinsel aus, die den **Dollart** ganz offiziell „abschließt".

Tipp: Wer die Tour erheblich verkürzen möchte, steigt in Delfzijl einfach in die **Bahn** und lässt sich bequem nach Groningen zurückbringen.

Schon seit dem 13. Jh. gibt es an der Stelle, wo unsere Streckentour endet, im Groninger Marschgebiet eine kleine Stadt namens Delfzijl. Genau genommen war es stets eine Art „Vorhafen" von Groningen. Aufgrund der guten Lage entwickelte sich eine florierende **Hafenstadt** mit Industriebetrieben. Kennen Sie noch die Kriminalromane mit Inspektor Maigret? Der Autor Goerges Simenon schuf diese Figur einst hier im Hafen auf einem Segelschiff, woran noch heute ein **Denkmal** erinnert.

Ebenfalls in Hafennähe liegen das **Heimatmuseum** und das **Seeaquarium**, in dem wir heimische Fische kennenlernen können.

Kartentipp:
ADFC-Radtourenkarte NL1 Niederland Nord, 1:150.000, ISBN 978-3-87073-946-1, € 9,95

25 Was ist eigentlich ein Flessenscheepjes Museum?

Von **Wijdenes** über Enkhuizen

CamperTouren Info

ca. 30 km ohne Abstecher, gute, regionale Radweg-Beschilderung sowie teils Beschilderung als LF15 bzw. LF-Zuiderzeeroute. Keinerlei Steigungen. Die Route führt meist über separate Radwege, einige Passagen auf losem Untergrund.

Start / Ziel: De Kampeertuin, www.dekampeertuin.nl

Auswahl weiterer Camps entlang der Strecke: Camping TuinGoed Bonatèr, Camping De Gouwe Stek, Camping De Vest

Los geht´s am Campingplatz, den wir an der Ausfahrt nach links und den rechts über den Noorderuitweg verlassen. Bei Radschild 67 links und an der Windmühle vorbei immer geradeaus. So erreichen wir in Oosterleek die Küste des Markermeers, wo wir an Schild 09 links abzweigen. Der Radfernweg LF-Zuiderzeeroute führt uns über die Knotenpunkte 10, 47, 28, 12 und 30 immer in der Nähe des Wassers ins Herz von Enkhuizen.

Diese Tour führt uns im ersten Teil meist an der Küstenlinie des Markermeers entlang in die sehenswerte Innenstadt von Enkhuizen. Das „Radeln nach Zahlen" führt uns dann wieder zurück zu unserem Minicamping.

Wir logieren ganz entspannt auf dem „**Minicamping De Kampeertuin**". Gerade einmal 25 Stellplätze befinden sich hier in einem alten Obstgarten. Im Schatten der Birnbäume finden auch große Wohnmobile bzw. Wohnwagen ausreichend Platz. An einem erfrischenden Blumengarten vorbei erreichen wir die modernen Sanitäranlagen.

Wir rollen durch kleine und größere Ortschaften und immer wieder entdecken wir schöne **Windmühlen**. Die kleineren **Bauernhofanlagen**, die noch in typischer „Pyramidenform" errichtet wurden, sind inzwischen oft in der Hand von „Privatiers", da die moderne Landwirtschaft größere Flächen fordert.

Enkhuizen kann auf eine lange und sehr bewegte Geschichte zurückblicken. Nachdem es die Stadt mit der Heringsfischerei und später mit der Seefahrt zu einer 25.000 Einwohner zählenden, wohlhabenden Metropole brachte, verfiel Enkhuizen als unbedeutende Stadt an der abgeschnittenen Zuiderzee. Erst die **Touristen** und der Gartenbau im Innen-

Enkhuizens lange Geschichte ist an jeder Ecke greifbar

land verhalfen der Stadt zu neuer Blüte. Mehr über die Historie erfahren wir im spannenden **Zuiderzeemuseum**.

Tipp: In Enkhuizen lohnt es sich, das **Flessenscheepjesmuseum** anzusehen, das man mit „Buddelschiffmuseum" übersetzen kann. Hier stehen wir staunend vor den Glasflaschen und bewundern die filigran gearbeiteten Schiffe im Innern. Natürlich erfahren wir im Museum auch, wie die Schiffe in die Flasche gelangen und mehr über die Geschichte des Hobbies, was viel Geduld und ruhige Finger erfordert.

Das wichtigste Ziel von Enkhuizen ist der **Hafen**, wo historische Ausflugsschiffe und topmoderne Yachten in den Wellen gleiten. Überstahlt wird die Szenerie vom **Drommedaristoren**, das noch heute die Hafeneinfahrt bewacht. Zu einem Enkhuizen-Besuch gehört es außerdem, sich in einem der Cafés oder Restaurants am Hafen niederzulassen und sich in aller Ruhe das geschäftige Treiben auf und neben dem Wasser anzusehen.

Von hier aus sind wir rasch in der Innenstadt mit der langen **Fußgängerzone**, der Wester- und der Zuiderkerk, dem allein stehenden Koepoort und dem **Stadhuis** aus dem 17. Jh. Wem noch der Sinn nach Bildung steht, besucht das **Waagmuseum** und kann mit etwas Glück eine Wechselausstellung mit moderner Kunst besuchen.

Weiter geht´s von Enkhuizen, das wir ab Radschild 30 nach links über den Radfernweg LF-Zuiderzeeroute verlassen. Schnurgerade geht es hinaus aus der Stadt. Bei 48 links in die Julianastraat, vor dem Bahnhof rechts, dann links über den Kanal auf den Houterweg. Bei 46 rechts, am Schild 11 links, dann rechts auf den Hemweg, der uns zurück zu unserem Minicamping bringt.

Auf einem Großteil unseres Weges begleiten uns die Schilder des **Fernradweges („Fietsroute") LF-Zuiderzeeroute**, die den Küstenverlauf des **Ijsselmeers** nachzeichnet. Wer also noch mehr von diesem besonderen „Binnenmeer" kennenlernen möchte, kann den Schildern in beiden Richtungen noch für viele Kilometer folgen.

Kartentipp:
ADFC-Regionalkarte Nord-Holland/Amsterdam,
1:75.000, ISBN 978-3-96990-008-6, € 9,95
Digital für Smartphones und Tablets:
www.fahrrad-buecher-karten.de/rk-digital

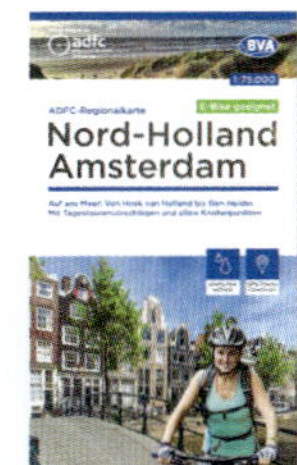

26 Das legendäre Hoofdtoren

Von **Wijdenes** über Hoorn

CamperTouren Info

ca. 26 km ohne Abstecher, gute, regionale Radweg-Beschilderung sowie teils Beschilderung als LF-Zuiderzeeroute. Keine Steigungen. Die Route führt meist über separate Radwege, einige Passagen auf losem Untergrund.

Start / Ziel: De Kampeertuin, www.dekampeertuin.nl

Auswahl weiterer Camps entlang der Strecke: Camping De Appelhoek, Wohnmobilstellplatz in Hoorn

An dem ruhigen Markermeer vorbei erreichen wir schon nach kurzer Zeit die großartige Stadt Hoorn. Dass Hoorn auf eine lange Seefahrer-Tradition zurückblicken kann, erkennen wir am quirligen Hafen und an den stolzen Gebäuden überall in der Stadt.

Unsere Touren rund um den Minicamping führen uns durch die Region **West-Friesland**, die von viel **Landwirtschaft** geprägt wird. Oftmals reichen die Weiden, auf denen vorwiegend Kühe und Schafe weiden, bis an den Rand des **Marker- bzw. Ijsselmeers**, das mit kleinen Stränden zur Abkühlung einlädt.

Los geht´s am Campingplatz, den wir an der Ausfahrt nach links und den rechts über den Noorderuitweg verlassen. Beim Radschild 67 geradeaus und in Kraaienburg bei 80 rechts. So gelangen wir auf den Radfernweg LF-Zuiderzeeroute, dem wir am Ufer des Markermeers entlang ins Herz von Hoorn folgen.

Wohin wird wohl die Reise gehen?

Von den 53 qkm der Stadtfläche von Hoorn sind 33 qkm mit **Wasser** bedeckt – und dennoch leben hier mehr als 70.000 Menschen. Und die genießen eine einzigartige Mischung aus historischen Gebäuden und maritimem Flair am Hafen.

Die Geschichte von Hoorn begann erst so richtig im Jahre 1602, als die **Niederländische Ostindien-Kompanie**, kurz VOC genannt, gegründet wurde. Sie war ein Zusammenschluss verschiedener Kompanien, die dafür sorgte, dass Handel, Festungsbau, Landerwerb aber auch Kriegsführung zusammengeführt wurden. Das meiste Geld wurde auf der „Gewürzroute" zwischen Europa und Hinterindien in die Kassen gespült. Hier in Hoorn war einer der Sitze der VOC, was den Wohlstand der Bürger garantierte.

Übrigens: Der Name **Kap Hoorn** geht auf den hier beheimateten Seefahrer Willem Cornelisz Schouten zurück, der seinerzeit den südlichsten Punkt Südamerikas entdeckte und dem einfach den Namen seines Heimathafens gab.

Tipp: Die Stadt Hoorn bietet uns gleich mehrere interessante Museen, wie das **Westfries Museum** mit der Historie der umliegenden Region und das **Museum van de Twintigste Eeuw**. Es präsentiert uns Entwicklungen, die sich vorwiegend im 20. Jh. entwickelten.

Das alte Zentrum von Hoorn ist fast noch so erhalten, wie es im 17. Jh. entstand. Eines der eindrucksvollsten Gebäude ist das **Hoofdtoren**: Der „Hauptturm" wacht seit 1532 über den Hafen. Toll ist der Blick von hier über den Hafen hinüber zur **Oude Doelenkade**.

Auch rund um „**De ronde Steen**", einem der größeren Plätze von Hoorn, lässt es sich vor alten Hausfassaden trefflich einkehren. Dabei blicken wir dann auch auf die **Historische Käsewaage**.

Am berühmten Hooftoren wiegen unzählige historische Schiffe im Wasser

Die **Grote Kerk** wird inzwischen im Erdgeschoss als Kaufhaus genutzt, während die oberen Etagen als Wohnungen vermietet sind – ja, hier in den Niederlanden wird gerne unkonventionell gedacht!

Weiter geht´s durch Hoorn über den Knotenpunkt 59, links am Bahnhof vorbei auf der Straße Keern und über die Schienen hinweg. Über die breite vierspurige Straße geradeaus und beim Schild 60 rechts. Im Ort Zwaag folgen wir den Schildern zum Knotenpunkt 81 und biegen rechts ab. An Schild 64 geradeaus, bei 63 links und bei 65 rechts. So radeln wir direkt wieder zu unserem Campingplatz zurück.

Eine schöne Alternative ist es auch, auf dem Hinweg wieder zurück zu radeln. Dann haben wir nochmals die Möglichkeit, Blicke auf das Markermeer zu erhaschen. Unsere

Route verläuft über den Radfernweg LF-Zuiderzeeroute, der auf 440 Kilometern um das Ijsselmeer, die ehemalige Zuiderzee, führt.

Kartentipp:
ADFC-Regionalkarte Nord-Holland/Amsterdam,
1:75.000, ISBN 978-3-96990-008-6, € 9,95
Digital für Smartphones und Tablets:
www.fahrrad-buecher-karten.de/rk-digital

27 Vier traumhafte Orte in einer kurzen Rad-Runde

Von **Edam** über Monnickendam

CamperTouren Info

ca. 31 km ohne Abstecher, gute, regionale Radweg-Beschilderung sowie teils Beschilderung als LF-Zuiderzeeroute. Keine Steigungen. Die Route führt auf den ersten und letzten Metern über eine recht befahrene Straße ohne Radweg, dann meist über separate Radwege, einige Passagen auf losem Untergrund.

Start / Ziel: Camping Zeevangshoeve, www.zeevangshoefe.nl

Auswahl weiterer Camps entlang der Strecke: Camping De Dijk, Camping Strandbad Edam, Boerencamping Weidevogelzicht, Camping Katwoude, Camping De Leek, Camping Jachthaven Uitdam, Wohnmobilstellplatz in Volendam

Nachdem wir die ersten wenigen Pedalumdrehungen auf schwieriger Trasse hinter uns gebracht haben, rollen wir auf besten Trassen durch Edam, Volendam, Monnickendam und Marken. Dabei tauchen wir immer wieder ein in typisch-niederländische Bilderbuch-Idylle

Mini-Camping ist angesagt – einmal mehr genießen wir die Vorzüge auf einer überschaubaren Anlage: „**Camping Zeevangshoeve**" hat nur wenige Stellplätze, die mit kleinen Wasserläufen, hohen Bäumen und Büschen aufgelockert werden. Saubere Sanitäranlagen und eine familiäre Atmosphäre sind es, die dieses kleine Camp auszeichnen.

Los geht´s am Campingplatz, den wir an der Ausfahrt nach rechts verlassen. Wir radeln zwar auf dem Radfernweg LF-Zuiderzeeroute, doch zunächst vermissen wir einen separaten Radweg. Hinter der Rechtskurve bzw. hinter dem Hafen links über den Steg und direkt wieder links, dann am Deich entlang und schon wird es besser. Bei den Radschildern 98 und 99 geradeaus, am Ortsende von Volendam weiter links am Deich entlang. Die Schilder des LF-Zuiderzeeroute sowie die Knotenpunkte 56 und 55 weisen uns den Weg nach Monnickendam.

Nachdem wir das Ufer des Markermeers erreicht haben, rollen wir auf dem LF-Zuiderzeeroute, der den Verlauf des Markermeers nachzeichnet und bestens ausgebaut ist. Und so kommen wir rasch in den nächsten Ort.

Radtour in die Vergangenheit - nach Marken…

…und Monnickendam

Mönche gründeten im 12. Jh. den Ort Monnickendam, der im Jahre 1355 die Stadtrechte erhielt. Durch seine perfekte Lage in der damaligen Zuiderzee entwickelte sich ein florierender **Hafenort**, der später seine Bedeutung verlor. Heute ist Monnickendam bekannt für seine **Fischräucherei.** Bei unserer Stadtbesichtigung kommen wir auch am **Waterlandsmuseum De Speeltoren** mit einer Reitergruppe vorbei, die zu jeder Stunde am Spielturm aktiv wird.

Weiter geht´s von Monnickendam, das wir am Wasser entlang weiter über den Radfernweg LF-Zuiderzeeroute verlassen. Bei Schild 54 links, bei 53 und 52 geradeaus und dann links über den Damm nach Marken. Hier steuern wir den Hafen an, steigen mit den Fahrrädern auf´s Schiff und lassen uns nach Volendam schaukeln. Dort folgen wir dem Hinweg stets an der Küstenlinie entlang zurück zu unserem Minicamping.

Rund 1,6 km lang und 36 m breit ist der **Deich**, über den wir nach Marken rollen. Unser Ziel ist ein Ausflug in längst vergangene Zeiten.

Tipp: Ein Abstecher bringt uns zum **Leuchtturm Paard van Marken**. Der strahlend weiße Turm wurde 1839 erbaut und gibt mit dem grünen Wohnhaus ein herrliches Fotomotiv.

Auf der 2,68 qkm großen Insel wohnen knapp 2.000 Menschen, die jedes Jahr von rund 1 Million Gästen aufgesucht (oder besser „heimgesucht"?) werden. Wir sollten also möglichst nicht an Sonn- oder Feiertagen hierher kommen!

Es ist aber auch einfach schon hier: Das einstige **Fischerdorf Marken** konnte so erhalten werden, wie es einst aussah: Pittoreske, meist **grün gestrichene und mit Holz verkleidete Häuser** gruppieren sich um den **Hafen**, der nicht nur von „unserer" Fähre, sondern auch von Wassersportlern gerne genutzt wird.

Kartentipp:
ADFC-Regionalkarte Nord-Holland/Amsterdam,
1:75.000, ISBN 978-3-96990-008-6, € 9,95
Digital für Smartphones und Tablets:
www.fahrrad-buecher-karten.de/rk-digital

28 Markermeer und endlose Felder

Von **Edam** über Purmerend

CamperTouren Info

ca. 40 km ohne Abstecher, gute, regionale Radweg-Beschilderung sowie teils Beschilderung als LF-Zuiderzeeroute. Keine Steigungen. Die Route führt auf den ersten und letzten Metern über eine recht befahrene Straße ohne Radweg, dann meist über separate Radwege, einige Passagen auf losem Untergrund.

Start / Ziel: Camping Zeevangshoeve, www.zeevangshoefe.nl

Auswahl weiterer Camps entlang der Strecke: Camping De Dijk, Camping Strandbad Edam, Boerencamping Weidevogelzicht, Wohnmobilstellplatz in Volendam

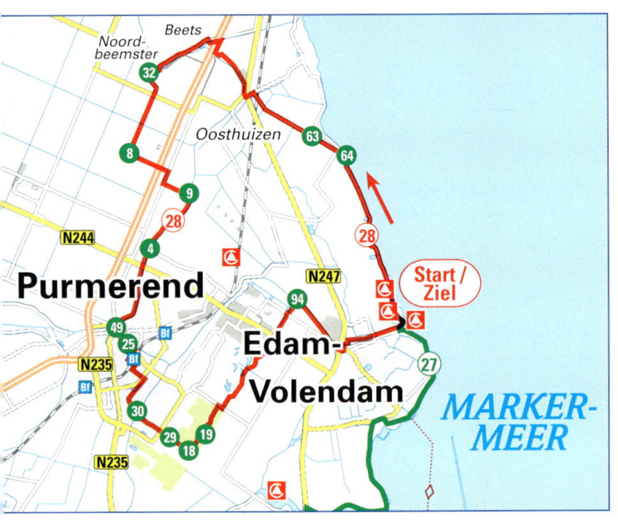

Nachdem wir eine Runde durch die sehr ruhige Natur gedreht haben, tauchen wir ein in das mittelalterliche Flair unseres Urlaubsortes Edam. Wer zur rechten Zeit hier ist, kann sogar den historischen Käsemarkt besuchen.

Der Bauernhof an unserem Minicamping wird noch bewirtschaftet. Schafe, Ziegen, Kühe und andere Tiere sorgen für gute Laune. Die Anlage wird mit kleinen Grachten aufgelockert, so dass die ländliche Idylle stets erhalten bleibt. Zum **Badestrand** am Markermeer sind es nur wenige Schritte über Straße und den Deich hinweg.

Los geht´s am Campingplatz, den wir an der Ausfahrt nach links verlassen, um auf den ersten Kilometern leider wieder einen Radweg zu vermissen, obwohl wir dem LF-Zuiderzeeroute folgen. Bei Schild 64 schräg links und in Warder bei 63 geradeaus. In Oosthuizen links, dann beim Knotenpunkt 10 rechts und am Kanal entlang der Beschilderung zum Punkt 33 folgen. Hier links, durch Beets und weiter zum Schild 32. Links, bei 8 wieder links und hinter der Autobahn rechts-links, bei 9 rechts und bei 4 geradeaus nach Purmerend.

Nachdem wir den Küstenweg verlassen haben, radeln wir durch den kleinen Ort Warder mit der hübschen **Kerkje van Warder**.

Purmerend kann auf eine lange Geschichte zurückblicken, denn schon im 15. Jh. gab es die Stadtrechte. Rund um den **Kaasmarkt** gesellen sich mehrere **historische Gebäude**, unter ihnen das **Alte Rathaus**. Topmodern hingegen ist die **Fußgängerbrücke**, die sich mit einem tollkühnen Schwung über eine andere Brücke und einen Kanal erhebt.

Weiter geht´s von Purmerend, das wir von Schild 49 über den Kanal hinweg und den Schildern 25 (rechts), 30 (über den Kanal rechts-links), 29 (geradeaus), 18 (links), 19

Edam hat viel mehr zu bieten, als „nur" guten Käse

(geradeaus) und 94 (rechts) durchfahren bzw. verlassen. So gelangen wir nach Edam, wo wir via 95 und 97 stets am Kanal entlang radeln, um den Hafen rechts liegen lassend zurück zu unserem Camp zu gelangen.

In Edam werden noch heute die Käselaibe per Boot gebracht und auf dem **Käsemarkt** feilgeboten. Neben dem Käsehandel war die Heringsfischerei und auch der Schiffsbau eine wichtige Einnahmequelle in der Stadt. Denn hier in Edam wurden Teile der Kriegsflotte zusammengebaut, die später einen Sieg gegen die Engländer erringen sollte.

Tipp: Bei der Geschichte und dem Städtenamen gehört der Besuch der **Käsewaage** natürlich zum Pflichtprogramm. Hier erfahren wir alles darüber, wie aus Milch der köstliche Käse entsteht.

Die teils engen kopfsteingepflasterten und von tollen historischen Wohnhäusern gesäumten Gassen von Edam erkunden wir am besten per Pedes. Dabei entdecken wir das **Radhuis** am Damplein. Gleich gegenüber liegt die **Damsluis**, die Schleusenbrücke mit filigranem Geländer. Die **Grote Kerk**, auch Nicolaas Kerk genannt, präsentiert aufwändige Glasmalereien. Die vielen Grachten führen auch zum alten **Hafen**, wo die Skipper gerne festmachen, weil sie hier quasi mitten in der Stadt sind.

Edam geht nahtlos in Volendam über, das uns viele Fotomotive beschert, denn die Bewohner tragen gerne noch **Tracht** und präsentieren sich damit gerne vor den **historischen Häusern**. Mehr darüber erfahren wir im **Volendams Museum**, das u.a. mit einem Mosaik aus 11 Millionen Zigarrenbändern eines der unkonventionellsten Museen der Niederlande ist.

Kartentipp:
ADFC-Regionalkarte Nord-Holland/Amsterdam,
1:75.000, ISBN 978-3-96990-008-6, € 9,95
Digital für Smartphones und Tablets:
www.fahrrad-buecher-karten.de/rk-digital

29 Traumhaft campen in Kampen

Von **Kampen** über List

CamperTouren Info

ca. 26 km ohne Abstecher, gute, regionale Radweg-Beschilderung. Keine größeren Steigungen. Die Route führt meist über separate Radwege, einige Passagen auf losem Untergrund.

Start / Ziel: Campingplatz Kampen, www.campen-in-kampen.de

xxx

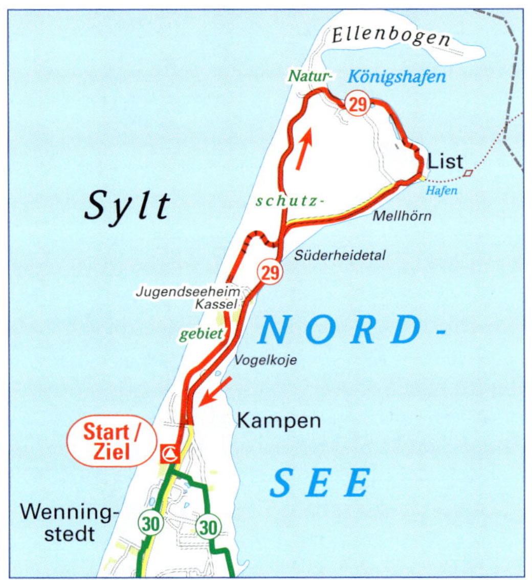

Kampen und List – zwei der wichtigsten touristischen Hotspots auf Sylt stehen auf unserer Besuchsliste während dieser Rundtour in den Norden der Insel. Die Etappen zwischen den Orten verlaufen durch wunderbare Natur, die uns deutlich macht, warum so viele Besucher immer wieder gerne auf „DIE INSEL" kommen.

Campen-in-Kampen – Treffender könnte die Internetadresse vom **Campingplatz Kampen** nicht sein. Wir beziehen unser Domizil auf Zeit direkt am Rande der Dünenlandschaft auf dem „Roten Cliff" und in direkter Nähe zur Ortsmitte von Kampen.

Los geht´s am Campingplatz, den wir an der Ausfahrt nach links verlassen, um dem Weg immer weiter geradeaus durch die weitläufige Landschaft zu folgen. Nach etwa 7,5 km treffen wir nach einer Rechts-Linkskurve auf eine Querstraße, auf die wir links abbiegen und in der anschließenden Kurve erneut links in die Weststrandstraße fahren. So radeln wir in sanften Schwüngen durch das Naturschutzgebiet und an der Jugendherberge vorbei nach List.

Bei Wenningstedt können wir an einer **geologischen Führung** an der einzigartigen **Dünenlandschaft** des **Roten Kliffs** teilnehmen, das in der Sonne wirklich rot glänzt. Auch das **Quermarkenfeuer** (Leuchtturm) liegt am Wegesrand.

Tipp: An der Nordschleife unserer Tour sichern wir die Fahrräder und machen uns per Pedes auf den Weg auf die Halbinsel, die sich „**Ellenbogen**" nennt. Die schmale **Sand- und Dünennehrung** umschließt den **Königshafen**, benannt nach einer Seeschlacht. Zugleich sind wir hier am **nördlichsten Punkt Deutschlands**.

List ist das nördlichste deutsche **Seebad**. Mittels Fähre können wir einen Ausflug zur nahe gelegenen dänischen Insel **Rømø** unternehmen oder uns „**List Vegas**" widmen, den farbenprächtigen, teils luxuriösen **Imbissbuden** am **Lister Hafen**. Das Schlürfen von **Austern** und **Champagner** gehört hier zur Tagesordnung.

Würdevoll erhebt sich der Leuchtturm von List aus den Dünen

Weiter geht´s von List, das wir entlang der Listlandstraße durch Mellhörn verlassen. Bei Süderheidetal bleiben wir neben der Straße, die erst eine Links-, dann eine Rechtskurve vollzieht, um in Meeresnähe an Vogelkoie vorbei nach Kampen zu verlaufen. Von der Hauptstraße zweigen wir rechts in die Kurhausstraße und dann links in den Westweg ein. Dieser geleitet uns wieder zurück zu unserem Campingplatz Kampen.

Auf unserem Weg zurück gen Süden kommen wir am **Naturschutzgebiet Kampener Vogelkoje** vorbei, in dem sich Wasservögel wohl fühlen.

Zum Abschluss unserer Rad-Runde radeln wir durch Kampen und steigen auch einmal von den Fahrrädern ab, um uns durch den „Ort treiben zu lassen". Natürlich ist es immer eine Geschmackssache – aber beim Flanieren durch die Straßen, beim Einkehren in die **Gaststätten** und **Cafés** springt schnell der Funke über und wir erkennen schnell, warum sich die Gäste hier so wohl fühlen! Wer es lieber etwas „klassischer" mag von den Sehenswürdigkeiten her, besucht den 38 m hohen **Kampener Leuchtturm** in exponierter Lage.

Kartentipp:
ADFC-Regionalkarte Schleswig-Holsteinische Nordseeküste mit Inseln, 1:75.000, ISBN 978-3-96990-019-2, € 9,95
Digital für Smartphones und Tablets:
www.fahrrad-buecher-karten.de/rk-digital

30 Die „Arche Wattenmeer“ auf Sylt

Von **Kampen** über Hörnum

CamperTouren Info

ca. 53 km ohne Abstecher, gute, regionale Radweg-Beschilderung. Keine größeren Steigungen. Die Route führt meist über separate Radwege, einige Passagen auf losem Untergrund.

Start / Ziel: Campingplatz Kampen, www.campen-in-kampen.de

Auswahl weiterer Camps entlang der Strecke: Campingplatz Wenningstedt, Campingplatz Westerland, Campingplatz Rantum, Campingplatz Hörnum, Campingplatz Südhörn, Wohnmobilstellplatz in Hörnum

Diese Rundtour geleitet uns in den Süden zur Erlebnis-Ausstellung „Arche Wattenmeer“, die uns alles Wichtige über diesen Lebensraum verrät. Die Tour ist mit 53 km recht lang, aber Verkürzungen sind jederzeit möglich.

Kampen wurde 1543 erstmalig in den Büchern genannt und führte über Jahrhunderte ein Dasein im Zeichen der Landwirtschaft. Nachdem zunächst Intellektuelle und **Künstler** den Ort für sich entdeckt hatten, kamen auch die Touristen. Um den alten Charme zu erhalten, wurde festgelegt, dass alle „neuen“ Häuser im inseltypischen Stil mit **Klinker** und **Reetdach** errichtet werden müssen.

Los geht´s wieder am Campingplatz, den wir dieses Mal an der Ausfahrt nach rechts verlassen, um dem Weg immer weiter in grober Richtung geradeaus zu folgen. So tangieren wie Wennigstedt, Westerland, Süderende und Rantum, ehe wir mit Hörnum den südlichsten Ort der Insel erreichen.

In Wenningstedt gibt es sie noch – die typischen, alten **Friesenhäuser**. Und die greifbare Historie reicht noch weiter zurück: Bei der Friesenkapelle liegt der **Denhoog**, ein 4.000 Jahre altes Megalithgrab. Bei Wenningstedt können wir auch an einer geologischen Führung am **Roten Kliff** teilnehmen, das in der Sonne wirklich rot glänzen kann.

Westerland ist nicht nur durch den Song der „Ärzte“ überregional bekannt. Das Heilklima der Insel zog schon immer viele

In Hörnum besuchen wir die Elebnisausstellung „Arche Wattenmeer"

Kurende nach Westerland, was die sehr vielen Hotel- und Appartementbauten erklärt. Dabei fing die Geschichte des Ortes eher beschaulich an, als

Überlebende einer Sturmflut am 1.11.1436 ein neues Dorf gründeten. Der Charme des „alten" Westerland ist aber auch noch gut erkennbar, denn wir entdecken **30 denkmalgeschützte** und andere **historische Häuser**, sowie eine ganze Reihe alter **Friesenhäuser**, die alte **Dorfkirche**, die **Inselapotheke** und das **Hotel „Stadt Hamburg"**.

Weiter geht´s von Hörnum, das wir so wieder verlassen, wie wir hergekommen sind. Zwischendurch bieten sich Gelegenheiten, ein paar Schlenker nach „rechts" einzubauen, um etwas Abwechslung in die Rückfahrt zu bringen. Hinter Rantum zweigen wir rechts ab und gelangen über die Hafenstraße zum Damm, der das Rantumer Becken umschließt. Am Ende des Damms rechts, dann links nach Keitum, das wir über den Kirchenweg wieder verlassen. Munkmarsch und Braderup liegen auf unserem Weg zurück nach Kampen. Hier steuern wir unseren Campingplatz an, wo die Rundtour endet.

In Rantum wird jodhaltiges Wasser aus der Tiefe hinaufgepumpt und als **Quellwasser** abgefüllt.

Tipp: Um die Strecke zu **verkürzen**, können wir z.B. schon bei der Hinfahrt in Rantum umdrehen oder über den Damm fahren. Auch ist es möglich, bei der Rückfahrt auf den „Schlenker" um das Rantumer Becken zu verzichten.

Der Ort Hörnum hält am Ortseingang eine ganz besondere Attraktion für uns bereit: In der **Erlebnis-Ausstellung „Arche Wattenmeer"** erfahren wir auf eine ganz besondere Art etwas über das fragile System des Wattenmeers und seinen Artenreichtum. Das Nationalpark-Zentrum ist in der ehemaligen Kirche von Hörnum untergebracht und hält für E-Biker eine **Ladestation** bereit. Ansehen müssen wir uns in Hörnum auch die **Kirche St. Thomas** und den tollen rot-weiß-getünchten **Leuchtturm**.

Auf dem **Damm** radeln wir um das Naturschutzgebiet **Rantumbecken**. Diese einzigartige Strecke entstand, als die Wehrmacht seinerzeit mit Segelfliegern und Wasserflugzeugen hier landen wollte und deshalb ein 576 ha großes Areal vom Wattenmeer abtrennte.

Kartentipp:
ADFC-Regionalkarte Schleswig-Holsteinische Nordseeküste mit Inseln, 1:75.000, ISBN 978-3-96990-019-2, € 9,95
Digital für Smartphones und Tablets:
www.fahrrad-buecher-karten.de/rk-digital

31 Natur und Mensch bestens geschützt an der Eider

Von **Sankt-Peter-Ording** über Tönning

CamperTouren Info

ca. 57 km ohne Abstecher, gute, regionale Radweg-Beschilderung, sowie teils Beschilderung als Nordseeküsten-Radweg bzw. Wikinger-Friesen-Weg. Mehrere kurze, aber keine allzu schweren Steigungen. Die Route führt meist über separate Radwege, einige Passagen auf losem Untergrund.

Start / Ziel: meerGrün die Westküsten-Lodge - Campingpark Olsdorf, www.meergruen-camping.de

Auswahl weiterer Camps entlang der Strecke: Campingplatz Ademi, Rosen-Camp Kniese, Campingplatz Olendiek, Comfort-Camp Eider, Campingplatz Lilienhof, Wohnmobilstellplätze in Sankt-Peter-Ording und Tönning

Auf dem ersten Teil unserer Tour folgen wir dem Küstenverlauf bis zur Mündung der Eider. Nachdem wir uns das beeindruckende Sperrwerk angesehen haben, rollen wir an der Eider entlang nach Tönning und dann durch das Binnenland ganz entspannt wieder zurück.

Eine perfekte Symbiose aus nachhaltigem Umgang mit der Umwelt und exklusivem Aufenthalt erwartet uns auf dem **meerGrün die Westküsten-Lodge - Campingpark Olsdorf**. Wir finden einen Stellpatz auf einer satt-grünen Wiese, die teils mit Büschen eingefasst wird. Die Kinder können auf dem spannenden Spielplatz toben, bevor es in wenigen Minuten zum weitläufigen Strand von Sankt-Peter-Ording oder in die Ortsmitte geht.

Los geht´s am Campingplatz, den wir an der Ausfahrt nach rechts verlassen, um direkt wieder links in die Nordergeest einzubiegen. Nachdem wir die Eiderstedter Straße schräg nach rechts versetzt überquert haben, rollen wir auf der Schräggeest. An deren Ende rechts auf die Dorfstraße und an der nächsten wieder links. Die Ostlandstraße geleitet uns zum Ortsrand, wo wir geradeaus rollen oder schie-

Der Strand von S-P-O ist immer eindrucksvoll – ob bei Ebbe oder bei Flut

ben, um auf den Nordseeküsten-Radweg zu treffen. Dieser bringt uns (links) vorbei an Süderhöft, Westerdeich, Mühlendeich, Blocksberg und erreichen das Eidersperrwerk. Noch davor bieten wir links ab und radeln auf dem Wikinger-Friesen-Weg ins Herz von Tönning.

In der Ortsmitte von Sankt-Peter-Ording warten ausgezeichnete Cafés und Gaststätten darauf, von uns entdeckt zu werden. Das Ambiente ist hier in den vielen **reetgedeckten Häusern** einfach herrlich – sehen und gesehen werden ist hier angesagt!

Kaum losgeradelt, gibt es mit dem 23 m hohen **Böhler Leuchtturm** schon das erste Fotomotiv und wir entdecken alle paar Meter das nächste herrliche **Reethaus**.

Tipp: Das **Eidersperrwerk** sollten wir uns genauer ansehen, denn das 1973 eingeweihte Meisterwerk der Ingenieurskunst schützt die Menschen und die Natur vor den Sturmfluten.

In Tönning steuern wir den Innenhafen an, denn rund um das **Hafenbecken** entdecken wir historische Gebäude. Daran schließt sich nahtlos die **Altstadt** an, die uns Giebelhäuser aus dem 17./18. Jh. präsentiert. Zu Füßen der **St. Laurentius-Kirche** finden wir nicht nur den Marktplatz, sondern auch schöne Einkehrmöglichkeiten,

Weiter geht´s von Tönning, das wir entlang der Gardinger Chaussee verlassen. Nachdem wir uns kurz neben die B202 gesellt haben, radeln wir in deren Linkskurve geradeaus und zweigen kurz darauf links ab. Wir sind wieder auf dem Nordseeküsten-Radweg, der uns via Garding, Tating zu den ersten Häusern von Tholendorf führt, wo wir links abbiegen. Der Methfeldweg geleitet uns (hinter der B202) zuverlässig wieder zurück zu unserem Campingplatz.

Die Halbinsel namens **Eiderstedt** wurde zum Schutz vor den Naturgewalten mit rund 100 km See- und 300 km **Binnendeichen** eingefasst. Inzwischen ist es das Land der **Kooge**. So nennt man das flache und meist auch fruchtbare Marschland, das durch ein System aus Deichen und Entwässerungsgräben entsteht.

Kartentipp:
ADFC-Regionalkarte Schleswig-Holsteinische Nordseeküste mit Inseln, 1:75.000, ISBN 978-3-96990-019-2, € 9,95
Digital für Smartphones und Tablets:
www.fahrrad-buecher-karten.de/rk-digital

32 Das vielleicht schönste Fotomotiv im hohen Norden

Von **Sankt-Peter-Ording** über Westerhever

CamperTouren Info

ca. 51 km ohne Abstecher, gute, regionale Radweg-Beschilderung, sowie teils Beschilderung als Nordseeküsten-Radweg. Mehrere kurze, aber keine allzu schweren Steigungen. Die Route führt meist über separate Radwege, einige Passagen auf losem Untergrund.

Start / Ziel: meerGrün die Westküsten-Lodge - Campingpark Olsdorf, www.meergruen-camping.de

Auswahl weiterer Camps entlang der Strecke: Campingplatz Ferienhof Voß, Campingplatz Biehl, Campingplatz MeerGrün die Westküsten-Lodge (Tating), Wohnmobilstellplatz in Sankt-Peter-Ording

Nachdem wir uns ausgiebig mit unserem erstklassigen und touristisch bestens erschlossenen Urlaubsort Sankt-Peter-Ording beschäftigt haben, machen wir uns auf in den Norden. Dabei kommen wir vorbei am Leuchtturm von Westerhever, einem der schönsten Fotomotive weit und breit!

In den letzten Jahrzehnten har sich St. Peter-Ording zu einem der wichtigsten Touristen-Hotspots Deutschlands entwickelt. Das liegt natürlich vor allem am einmaligen 12 km langen und bis zu 1,5 km breiten **Sandstrand**. Der macht es möglich, dass sich hier viele Gäste einfinden und dennoch niemals ein Gefühl der Enge entsteht. Am Strand laden uns flutsichere **Restaurants** auf Pfählen zur Einkehr ein.

Tipp: Sankt-Peter Ording wurde auch mit dem Prädikat „Nordseeheil- und Schwefelbad" geadelt. Die gute Nordseeluft haben wir ständig in den Lungen und die Schwefelquelle tief im Innern der Erde sorgt dafür, dass weitere Leiden hier bestens kuriert werden können.

Los geht´s am Campingplatz, den wir wieder an der Ausfahrt nach rechts verlassen, um direkt wieder links in die Nordergeest einzubiegen. Nachdem wir die Eiderstedter Straße schräg nach rechts versetzt überquert haben, rollen wir auf der Schräggeest. An deren Ende rechts auf die Dorfstraße, der wir bis zu deren Ende folgen. Hier an der T-Kreuzung links und wir gelangen zum Nordseeküsten-Radweg. Diesem folgen wir rechts gen Norden, rollen an Ording, Brösum, Tümlauer Koog und Süderdeich vorbei, um nach Westerhever zu gelangen.

Auf den **Salzwiesen**, die wir rechts und links unserer Radwege erblicken, laben sich die **Schafe** am köstlichen Grün. Bei Westerhever

Stabile Eichenpfähle sorgen dafür, dass auch kommende Generationen den Leuchtturm genießen können

können die Vierbeiner in einer „Schafsburg" Schutz vor den Naturgewalten finden. Genau hier startet auch ein **Lehrpfad**, der uns mehr darüber erzählt.

Im Westerheversand sind wir begeistert vom rot-weißen **Leuchtturm**. Rechts und links gesellen sich zum Turm noch zwei **Wärterhäuschen** – weiß getüncht und mit rotem Dach. Ein schöneres Fotomotiv werden wir weit und breit nicht finden! Im Jahre 1907 wurde der Leuchtturm aus Stahl errichtet. Für ein dauerhaftes Fundament sorgen 127 Eichenpfähle und eine 11 m große Bodenplatte.

Weiter geht´s von Westerhever, das wir auf der Dorfstraße wieder verlassen. Hinter Sieversbüll rechts in die Süderheverkoog-Chaussee. Nach einem Linksbogen rollen wir durch weite Natur via Neukrug, links Poppenbüll, rechts-links Osterdeich und rechts-links Nordermarsch nach Garding. Nun folgen wir erneut dem Nordseeküsten-Radweg, der uns durch Tating zu den ersten Häusern von Tholendorf bringt, wo wir links abbiegen. Auf dem Methfeldweg (hinter der B202) gelangen wir zurück zu unserem Campingplatz.

In Poppenbüll lohnt es sich, von den Rädern zu steigen, denn die **Kirche St. Johannis** wurde in exponierter Lage auf einer Warft errichtet. Im Innern hält sie ein originelles Chorgestühl versteckt. **Warften** sind künstlich aufgeschüttete Hügel, die Mensch und Tier Schutz vor Sturmfluten bieten sollen.

Tipp: Wenn wir bei Sieversbüll in der Linkskurve wieder Richtung Küste fahren, können wir auf derselben Strecke und damit deutlich schneller wieder retour fahren, auf der wir herkamen.

Die **Kirche St. Christian** wurde 1109 an der höchsten Stelle von Garding erbaut. Gar nicht weit entfernt steht das Geburtshaus von Theodor Mommsen, der als erster Deutscher den Literatur-Nobelpreis erhielt.

Kartentipp:
ADFC-Regionalkarte Schleswig-Holsteinische Nordseeküste mit Inseln,
1:75.000, ISBN 978-3-96990-019-2, € 9,95
Digital für Smartphones und Tablets:
www.fahrrad-buecher-karten.de/rk-digital

33 Die Schlei – gar nicht so schleierhaft!

Von **Damp** zur Mündung der Schlei

CamperTouren Info

ca. 25 km, überwiegend auf separaten Radwegen, Radwegen neben der Straße sowie auf Nebenstraßen. Keine größeren Steigungen, regionale Wegweisung.

Start / Ziel: Damp Ostseecamping, www.damp-ostseecamping.de

Auswahl weiterer Camps an der Strecke: Wohnmobilpark Damp, Campingplatz Schleimünde

Obwohl die Grenze nach Dänemark noch weit entfernt ist, bekommen wir auf unserer Tour schon einen guten Eindruck davon, wie sich in diesem Landstrich die Kulturen vermischen. Das wird nicht nur an den Ortsnamen, sondern auch an den freundlichen Menschen hier sehr deutlich.

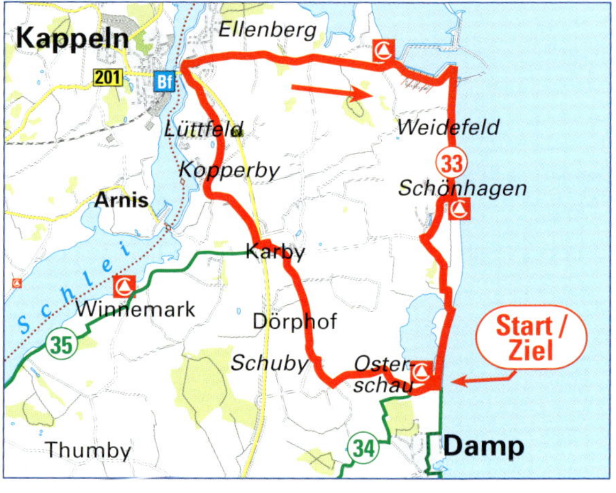

Schon die Lage des **Damp Ostseecamp** ist einmalig: Auf der einen Seite der Schwansener See, auf der anderen Seite die Ostsee mit einem kilometerlangen Sandstrand. Direkt nebenan liegt die Ferienhochburg Damp mit wirklich allem, was das Urlauberherz begehrt: Einkaufs- und Einkehrmöglichkeiten, Abenteuerschwimmbad, Saunaparadies und wer sein Boot dabei hat, findet hier die passende Marina dazu.

Los geht´s an der Ausfahrt des Camps, die wir nach rechts verlassen. Osterschau, Schubymühle, Schuby, Dörphof, Karby und Kopperby durchradeln wir, ehe wir das Ufer der Schlei erreichen.

„Schubü" – so wird der Name der ersten größeren Gemeinde ausgesprochen, die wir erreichen. Auf Dänisch heißt der Ort Skovby. Hier, wie auch in den umliegenden Dörfern, die wir durchradeln, kann man tiefenentspannten **Urlaub** verbringen. Schöne Ferienwohnungen und -häuser teils auf Bauerhöfen laden dazu ein.

Tipp: Seit 2009 gibt es alle zwei Jahre auf dem Sportplatz das **Schuby Open Air**. Bei dem Festival reicht das Musikangebot von Märschen über Schlager und Pop bis hin zu Metal. Da dürfte für jeden Geschmack etwas dabei sein.

In Karby gibt es einige historische Gebäude zu sehen, unter ihnen die **Alte Post**, das Kniestockhaus Petersen, die Villa Bechler und natürlich die **Karbyer Kirche**.

Bestens erkennbar: Genau hier mündet die Schlei in die Ostsee

Weiter geht´s von Kopperby durch Lüttfeld nach Ellenberg, wo wir die Schlei wieder verlassen. Durch das flache Hinterland gelangen wir zum Hafen an der Schleimündung. Nun bleiben wir direkt am Wasser, radeln am Weidefelder Strand entlang und gelangen nach Schönhagen. Die Ostsee stets im Blick ist es nun nicht mehr weit zurück zum Camp.

Die Schlei wird gerne als Fjord bezeichnet, wobei sich die Wissenschaftler nicht einig sind, ob es nicht doch eine eiszeitliche Rinne ist. Kann uns egal sein, denn die Landschaft rund um die Schlei ist heute ein herrliches Segelrevier, was uns schöne Fotomotive beschert.

Im Übrigen wird sie hier oben Slie oder Schlie ausgesprochen – also nicht wundern!

Von unserem Radweg aus sehen wir die unbewohnte Lotseninsel Schleimünde, wo es einen Nothafen gibt. Spannender sind da schon der putzige grün-weiße Leuchtturm und die Kneipe Giftbude. Das klingt irreführend, denn „Gift" bedeutet hier „geben" und „Bude" kleines Haus. Bis zu 30 Gäste finden auf den beiden Terrassen Platz, wobei die Stühle im Windschatten immer sehr begehrt sind.

Schönhagen macht seinem Namen alle Ehre – besonders am einladenden Strand. Hier gibt es für schwindelfreie das Geotop Kliff Schönhagen, das steil zum Meer herabfällt. Weiter im Landesinneren steht ein stolzer Bau: das Schloss Schönhagen. Es ging aus einem Rittergut hervor.

Kartentipp:

ADFC-Regionalkarte Schleswig/Flensburg, 1:75.000,
ISBN 978-3-87073-843-3, € 8,95

Digital für Smartphones und Tablets:
www.fahrrad-buecher-karten.de/rk-digital

34 Sprotten-Probe

Von **Damp** nach Eckernförde

CamperTouren Info

ca. 47 km, überwiegend auf separaten Radwegen, Radwegen neben der Straße sowie auf Nebenstraßen, keine größeren Steigungen, regionale Wegweisung.

Start / Ziel: Damp Ostseecamping, www.damp-ostseecamping.de

Auswahl weiterer Camps an der Strecke: Wohnmobilpark Damp, Ostsee-Freizeitpark Booknis, Ostsee-Camping-platz Familie Heide, Ostsee-Camping Gut Ludwigsburg, Ostsee-Camping Gut Karlsminde, Campingplatz Hemmel-mark, Wohnmobilstellplatz am Noor

Die vielen Urlauber können nicht irren: An dem Küstenabschnitt, den wir dieses Mal unter den Pneus haben, ist es wunderschön. Strahlend weiße Strände wechseln sich ab mit Steilküsten und am Ende der Förde begrüßt uns das historische Eckernförde.

Schon die Anzahl der **Campingplätze** entlang der Strecke verrät: Wir sind in einer der schönsten **Urlaubsregionen** Deutschlands unterwegs. Es ist aber auch einfach schön: Die meist ruhige Ostsee lockt mit klarem Wasser, der **Strand** ist herrlich weich und immer weht uns ein frischer Wind um die Nase. Bei den Camps haben wir die Qual der Wahl, denn alle sind bestens ausgestattet und idyllisch gelegen.

Los geht´s an der Ausfahrt des Camps, die wir geradeaus (Richtung Süden) am Strand entlang verlassen. Nachdem wir die touristischen Einrichtungen und die Marina von Damp umradelt haben, rollen wir immer an Strand bzw. Steilküste entlang. Wir kommen an verschiedenen Campingplätzen und Feriensiedlungen vorbei, ehe wir für die Strecke zwischen Waabs und Eckernförde die Wahl haben: zurück ins Landeserinnere und auf asphaltierten Wegen oder weiter am Meer entlang mit vereinzelten schwierigen Schiebestellen, aber tollen Ausblicken radeln.

Der erste Teil unserer Tour ist einfach herrlich: Auf unserem Weg nach Eckernförde radeln wir stets am weiten **Strand** bzw. an der **Steilküste** entlang, was tolle Ausblicke und immer wieder die Möglichkeit zur Abkühlung bietet.

Im Bereich des Übungsfeldes Ludwigsburg kommen wir am Mausoleum der Familie von Ahlefeld vorbei. Das Uradelsgeschlecht

Die Kieler Sprotten kommen eigentlich hierher – aus Eckernförde

besaß hier einst große Ländereien und natürlich ein eigenes Familienwappen. Ein kleiner Abstecher lohnt sich, denn er führt zu **Gut Ludwigsburg**, das aus einer mittelalterlichen Wasserburg hervor ging. Das barocke Herrenhaus erhebt sich noch heute voller Würde aus dem Wassergraben.

Bevor wir von der Küste weg radeln, können wir noch einen grandiosen Blick auf die Förde genießen. Auf dem weiteren Weg liegen der 82 ha große **Hemmelmarker See** und **Gut Hemmelmark**. Das bis 1904 immer wieder umgestaltete Herrenhaus wechselte mehrfach den Besitzer, was der Schönheit keinen Abbruch tat.

Eckernförde ist ohne Frage die Perle der Region, denn die mehr als 700jährige Geschichte sieht man der Stadt an: Entlang der teils engen Gassen ziehen sich wunderbar erhaltene kleine **Fischerhäuser**. Mitten in der **Altstadt** finden wir den Rathausmarkt, die Sankt-Nikolai-Kirche, die Alte Post, das Kontohaus und das Alte Rathaus. Am quirligen **Hafen** gibt es die Möglichkeit, Kieler **Sprotten** zu probieren. Diese kommen in der Tat aus Eckernförde und bekamen den Namen nur, weil in Kiel der Frachtstempel des Bahnhofs aufgebracht wurde.

Tipp: Wer die leicht gewellte Strecke, die zudem teils auf kleinen Nebenstraßen verläuft, umgehen möchte, radelt einfach wieder dieselbe Strecke zurück, auf der wir herkamen. Dabei ist auch wieder der **Sprung ins kühle Nass** der Ostsee an vielen Stellen möglich.

Weiter geht´s von Eckernförde durch den Vorort Borby, vorbei an Barkelsby, Loose, Söby und Vogelsang-Grünholz zurück nach Damp, wo unserer Tour am Camp endet.

Vorbei am fast kreisrunden **Söbyer See** kommen wir nach Vogelsang-Grünholz. Hier zeugt der ehemalige Bahnhof davon, dass hier von 1889 bis 1958 eine Schmalspurbahn betrieben wurde, die Kappeln mit Eckernförder verband.

Kartentipp:
ADFC-Regionalkarte Schleswig/Flensburg, 1:75.000,
ISBN 978-3-87073-843-3, € 8,95
Digital für Smartphones und Tablets:
www.fahrrad-buecher-karten.de/rk-digital

35 Abwechslungsreiches Schleswig

Von **Damp** nach Sieseby

CamperTouren Info

ca. 41 km, überwiegend auf separaten Radwegen, Radwegen neben der Straße sowie auf Nebenstraßen, keine größeren Steigungen, regionale Wegweisung..

Start / Ziel: Damp Ostseecamping, www.damp-ostseecamping.de

Auswahl weiterer Camps an der Strecke: Wohnmobilpark Damp, Campingplatz Lindaunis

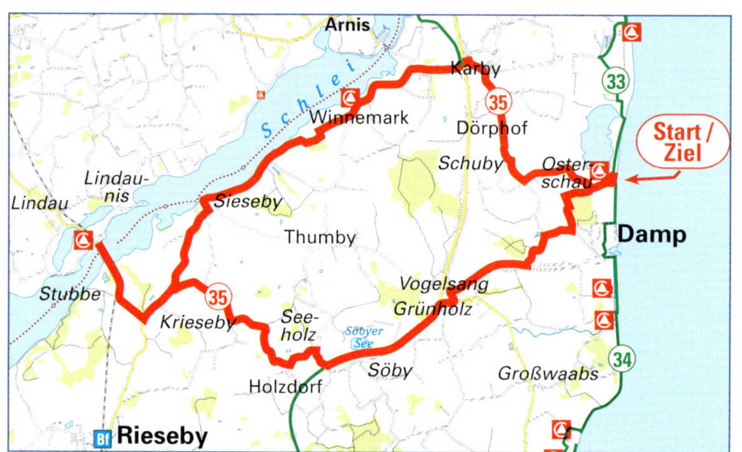

Bei dieser Tour möchten wir uns etwas ausführlicher der Schlei widmen, an der wir für längere Zeit entlang radeln. Auf dem Weg liegen viele reizvolle kleine Orte. Dabei dürfte Sieseby, das „weiße Juwel der Schlei", sicherlich für einen längeren Aufenthalt sorgen.

Rund 108 ha Wasserfläche bedeckt der **Schwansener See**, an den unser Camp direkt angrenzt. Das Naturschutzgebiet ist weitaus größer, denn es umfasst auch die Landschaft um den See, wozu auch Salzwiesen gehören.

Los geht´s an der Ausfahrt des Camps, die wir nach rechts verlassen. Osterschau, Schubymühle, Schuby, Dörphof, und Karby durchradeln wir, ehe wir vor Winnemark das Ufer der Schlei erreichen. Immer in Ufernähe rollen wir durch Sieseby, Guckelsby und Krieseby. Wer mag, radelt noch via Stubbe zur Lindaunisbrücke.

Im Jahre 1968 wurde der Entschluss gefasst, ein großes Ferienzentrum an der Ostsee zu errichten. Noch während des Baus wurde das Projekt um einen klinischen Teil erweitert, der bis heute existiert. Zukunftsweisend, wie es sein sollte, nannte man es Damp 2000. Als der Jahrtausendwechsel näher rückte, wurde der Name auf Damp reduziert. Seit 2011 heißt die Anlage „**Ostsee Resort Damp**". Hier gibt es alles, was das Urlauberherz begehrt: Hotelzimmer in schwindelerregenden Höhen mit Fernblick, Ferienwohnungen und -häuser, verschiedene Restaurants und Shops, ein **Erlebnisbad**, Spielplätze, ein **Meerwasserschwimmbad**, einen **Yachthafen** mit 365 Liegeplätzen und vieles mehr.

Bei Winnemark liegt das Herrenhaus Carlsburg, das einst im Besitz der Herzöge war. Heute gibt es hier Wohnungen, Büros und ein Café.

Sieseby gilt zurecht als einer der schönsten Orte an der Schlei: Wundervolle strahlend weiß getünchte Katen mit Reetdach, teils mit Fachwerk, stehen teils direkt am Schilf bewachsenen Ufer. „**Weißes Juwel an der**

Ein Traum aus Reet und Fachwerk

Schlei" – kann man so sagen! Im 19. Jh. legte die herzogliche Familie Schleswig-Sonderbug-Glücksburg eine größere Summe auf den Tisch, um den ganzen Ort vom Besitzer Gustav Adolf Schäffer zu kaufen. Aus dieser Zeit stammen auch noch die schmiedeeisernen Schriftzüge „GAS". Mitten im Ort können wir einkehren und regionale Spezialitäten genießen.

Krieseby ist vom Ort her etwas größer und empfängt uns mit dem gleichnamigen Gut, einer kleinen Kirche und der tollen **Mühle Anna**.

Die **Lindaunisbrücke** ist unbedingt sehenswert, denn mit dieser Klappbrücke überqueren die Autos und die Eisenbahn die Schlei an deren engsten Stelle. Die Konstruktion aus Stahlfachwerk ist eine Meisterleistung der Ingenieurskunst.

Tipp: Wer mag, passiert die Lindaunisbrücke und schaut sich das Schlei-Ufer einmal aus anderer Perspektive an. Auf der anderen Seite liegen der gleichnamige Ort und der Ort Lindau mit einer imposanten **Galerie-Holländerwindmühle**.

Weiter geht´s von Stubbe wieder zurück nach Rieseby und dann weiter via Seeholz, Söby, und Vogelsang-Grünholz zurück nach Damp, wo unsere Tour wieder am Camp endet. Auf unserem Weg zurück zur Küste kommen wir am **Gut Damp** vorbei. Das Herrenhaus mit seinen vier Ecktürmen wurde seit der Fertigstellung 1597 immer wieder verändert. Eingefasst ist es in einen üppigen Landschaftsgarten.

Kartentipp:
ADFC-Regionalkarte Schleswig/Flensburg, 1:75.000,
ISBN 978-3-87073-843-3, € 8,95
Digital für Smartphones und Tablets:
www.fahrrad-buecher-karten.de/rk-digital

36 Fehmarns beeindruckende Steilküste

Vom **Wulfener Hals** nach Puttgarden und an der Küste zurück

CamperTouren Info

ca. 39 km, überwiegend auf separaten Radwegen, Radwegen neben der Straße sowie auf Nebenstraßen, keine Steigungen, regionale Wegweisung..

Start / Ziel: Camping Wulfener Hals, www.wulfenerhals.de

Auswahl weiterer Camps an der Strecke: Wohnmobilstelllatz Hintz, Campingplatz Puttgarden, Campingplatz Klausdorferstrand, Campingplatz Ostsee Katharinenhof, Insel-Camp Fehmarn, Camping Südstrand, Europa-Camping

Fehmarn ist seit Jahrzehnten eine der beliebtesten Urlaubsinseln Deutschlands. Bei dieser Tour entdecken wir den östlichen Teil der Insel, der geprägt ist von Stränden und Steilküste. Dazu besuchen wir die Inselhauptstadt Burg und den quirligen Fährhafen von Puttgarden.

Der Name kommt nicht von ungefähr: Der **Campingplatz Wulfener Hals** liegt malerisch in einer Bucht, so dass alle Aktivitäten, die mit dem Element Wasser zu tun haben, angeboten werden: Vom Bad in der Ostsee über Surfen, Kiten, Segeln und Tauchen ist alles möglich. Wenn das Meer zu kalt ist, springen wir in den Pool oder nutzen das Wellness-Angebot. Äußerst beliebt ist das Restaurant Seeblick – auch hier ist der Name Programm!

Los geht´s an der Ausfahrt des Camps, die wir geradeaus verlassen. Wir bleiben für etwas mehr als 3 km direkt am Wasser und zweigen dann links ab Richtung Burg, das wir auf schnurgerader Straße erreichen. Vorbei an Niendorf und Bannesdorf, gelangen wir nach Puttgarden.

In Burgstaaken liegt der 1778 erstmals erwähnte **Hafen** von Burg. Malerisch wiegen die kleinen Boote an der Mole, während wir den Blick auf die roten Backsteinhäuser dahinter lenken. Wie ein angeschwemmtes Ungetüm liegt das U11 an Land. Hier können wir uns im **U-Boot-Museum** Fehmarn näher über die Historie der Unterseefahrt informieren.

Burg liegt nicht nur zentral auf der Insel – sie gilt mit ihren 6.000 Einwohnern auch als

Der Hafen von Burg wird vorwiegend industriell genutzt

Hauptstadt Fehmarns. Weit sichtbar ragt der Turm der **Kirche St. Nikolai** empor, während das **Rathaus** von 1901 mit seinen Türmchen fast schon verspielt wirkt. Die gute Stube der Stadt ist die **Breite Straße**, wo sich die Gäste gerne in einem der Cafés und Restaurants niederlassen.

Etwas abseits liegt die **Galileo Wissenswelt**, das nach dem Motto „verstehen durch begreifen" komplexe Zusammenhänge aus Natur und Technik verständlich macht. Hier werden gleich drei Museen zusammengefasst, die sich einst im Hafengebäude am Hafen Burgstaaken gründeten.

Auf dem Pflichtprogramm steht der Besuch des **Meereszentrums Fehmarn**: Tropische Korallengärten sind die Grundlage in dem 4 Millionen Liter Meerwasser fassenden Aquarium. Darin fühlen sich auch Haie wohl – was gruselige Momente beim Besuch garantiert.

Bei Puttgarden ist der 115 m hohe **Fernmeldeturm** unübersehbar. Echtes Fernweh kommt auf, wenn wir noch ein paar Meter weiter radeln und uns das geschäftige Treiben am **Fährhafen** Puttgardens ansehen. Hier verläuft die sogenannte „Vogelfluglinie", die mit riesigen Schiffen nach Skandinavien verkehrt.

Tipp: Puttgarden ist angeschlossen an den **Ostseeküsten-Radweg**, der offiziell International Baltic Sea Cycle Route heißt. Wer Zeit hat, folgt ihm auf seinen 7.980 km einmal rund um die Ostsee.

Weiter geht´s von Puttgarden nach Marienleuchte und dann immer am Wasser entlang – die Ostsee und die Steilküste stets im Blick. So kommen wir vorbei an Katharinenhof zur Südspitze von Fehmarn. Vorbei an Staberdorf und wieder zurück an der See gelangen wir an Burgtiefe vorbei wieder in die Außenbezirke von Burg. Von hier aus bleiben wir am Burger See, dessen Ufer uns zurück zum Camp begleitet.

Auf unserer Tour entlang der beeindruckenden **Steilküste** Fehmarns kommen wir vorbei an zahlreichen weiteren Campingplätzen und anderen Ferienanlagen. Alle sind nicht nur topp ausgestattet, sondern punkten mit einer außergewöhnlichen Lage auf diesem herrlichen Eiland.

Kartentipp:
ADFC-Regionalkarte Kieler Förde / Holst. Schweiz & Fehmarn, 1:75.000,
ISBN 978-3-96990-086-4, € 9,95
Digital für Smartphones und Tablets:
www.fahrrad-buecher-karten.de/rk-digital

37 Von Vögeln, Hexen und Galgen

Vom **Wulfener Hals** nach Wallnau

CamperTouren Info

ca. 42 km, überwiegend auf separaten Radwegen, Radwegen neben der Straße sowie auf Nebenstraßen, keine Steigungen, regionale Wegweisung.

Start / Ziel: Camping Wulfener Hals, www.wulfenerhals.de

Auswahl weiterer Camps an der Strecke: Camping Miramar, Camping Strukkamphuk, Campingplatz Flüggerteich, Camping Flügger Strand, Strandcamping Wallnau

Heute werden wir uns einmal die Westhälfte der Insel unter die Pneus nehmen. Dabei lernen wir viele kleine Ortschaften kennen, die alle ihren eigenen Charme versprühen. Besonders schön wird es im Naturschutzgebiet Wallnau, bevor wir auf dem Rückweg noch einiges über Hexen und Galgen erfahren.

Bis zur Wiedervereinigung galt Fehmarn mit seinen rund 185 qkm als **größte Insel Deutschlands** – dann wurde sie von Rügen und Usedom „überholt". Der Beliebtheit tat dies freilich keinen Abbruch, denn nach wie vor kommen das ganze Jahr über viele Touristen auf die Insel. Die finden beste Campingplätze, Ferienwohnungen und -häuser, unglaublich nette Menschen und bekommen immer etwas Gutes auf die Gabel. Als Radler werden wir feststellen: Berge gibt es hier keine. Dennoch kann das Radeln anstrengend werden, wenn wir gefühlt immer **Gegenwind** haben.

Los geht´s an der Ausfahrt des Camps, die wir geradeaus verlassen, um dann schräg links nach Wulfen zu radeln. So radeln wir durch Avendorf, Strukkamp, Westerbergen, Lemkenhafen und Orth. Hier schwenken wir weg von der See, um später beim Naturschutzgebiet Wallnau wieder zur Ostsee zurück zu kehren.

In der Gemeinde Avendorf wurden mehrere Orte zusammengefasst, die wir auf dieser Tour durchradeln, bei der nächsten Gebietsreform gliederte man Avendorf an die Gemeinde Landkirchen an. Und alles zusammen zählt nun zur Stadt Fehmarn, die die ganze Insel umfasst. Klingt wenig einleuchtend? Politik halt!

Strukkamp gibt es seit dem 14. Jh. Wir durchradeln es auf der Dorfstraße, hinter der die sogenannten „**Platen**" liegen. Dies sind Wiesen, die übers Jahr hinweg lange unter Wasser stehen.

„Jachen Flünk" setzt den i-Punkt auf die Farbenvielfalt

„Jachen Flünk", so wird die schöne **Segelwindmühle** von Lemkenhafen genannt. Ihr ehemaliger Besitzer hieß genauso. Gerste und Weizen wurden hier zu Grütze und Graupen gemahlen.

Segler, Kiter und Surfer fühlen sich im Meer vor Lemkenhafen wegen der guten **Winde** besonders wohl.

Bei Orth haben wir eine schöne Sicht auf den Leuchtturm – ein wenig später sehen wir von weitem den **Leuchtturm** von Flügge.

Dann wird es richtig idyllisch, denn nur wir Radler und Wanderer dürfen, wenn wir uns an die Regeln halten und ruhig sind, in das **Naturschutzgebiet Wallnau**. 1977 wurde die Region unter Schutz gestellt, um den Zugvögeln ein Refugium zu bieten. Eine Infotafel erklärt uns mehr dazu.

Tipp: Wer mag, folgt uns auf einen kleinen Abstecher nach Petersdorf. Seit Mitte des 13. Jhs. steht hier die **gotische Kirche St. Johannis**. Deutlich jünger ist die **Südermühle**. An dieser Stelle ist es schon die fünfte Mühle – alle vier davor brannten nieder.

Weiter geht´s vom Naturschutzgebiet Wallnau ab jetzt landeinwärts: Via Bojendorf, Schlagsdorf, Dänschendorf, Lemkendorf, Altjellingsdorf und Landkirchen kommen wir nach Burg. Hier steuern wir Richtung Burgstaaken, wo wir auf den Burger See treffen. Wenn wir diesen gegen den Uhrzeigersinn umrunden, gelangen wir wieder zurück zu unserem Camp.

In der Nähe von Dänschendorf erhebt sich der künstlich aufgeschüttete **Galgenberg**. Das klingt nicht nur so, das war auch im Mittelalter eine gern genutzte Hinrichtungsstätte. Die Opfer wurden allerdings nicht aufgehängt, sondern geköpft – Ergebnis so ziemlich dasselbe. Das gilt wohl auch für die Menschen, die bei Landkirchen als Hexen verfolgt und hingerichtet wurden.

Kartentipp:

ADFC-Regionalkarte Kieler Förde / Holst. Schweiz & Fehmarn, 1:75.000, ISBN 978-3-96990-086-4, € 9,95

Digital für Smartphones und Tablets:

www.fahrrad-buecher-karten.de/rk-digital

38 Mutprobe Sundbrücke

Vom **Wulfener Hals** nach Heiligenhafen

CamperTouren Info

ca. 45 km, überwiegend auf separaten Radwegen, Radwegen neben der Straße sowie auf Nebenstraßen, keine Steigungen, regionale Wegweisung..

Start / Ziel: Camping Wulfener Hals, www.wulfenerhals.de

Auswahl weiterer Camps an der Strecke: Camping und Wohnmobilstellplatz Großenbrode, Camping Seekamp, Campingplatz und Wohnmobilhafen Sütel, Wiesencampingplatz, Ostsee-Ferienpark Heiligenhafen

Der längste Kleiderbügel der Welt – so wird sie genannt, die Fehmarnsundbrücke. Sie ist die etwa 1 km lange Verbindung von Fehmarn zum Festland. Oben weht meist ein kräftiger Wind, so dass nicht nur Kraft, sondern auch etwas Mut zu Beginn und Ende der Tour gefragt ist.

Beginnen wir dieses Mal mit einem Tipp: Auf der **Fehmarnsundbrücke** gibt es auf einer Seite einen etwa 1,5 m breiten Weg mit wechselndem Fahrkomfort. Bei Gegenverkehr oder beim Überholen wird es daher recht eng. Zudem ist der Wind ein ständiger Begleiter auf der Brücke, der das Radeln nicht angenehmer macht. Daher der Tipp für Familien mit Kindern oder etwas unsichere Radler: Mit dem Rad wie vorher beschrieben nach Burg radeln, dort in die **Bahn** einsteigen und sich bequem in 20 Minuten nach Großenbrode fahren lassen. Nach der kleinen Runde auf dem Festland geht´s dann genauso wieder zurück.

Los geht´s an der Ausfahrt des Camps, die wir geradeaus verlassen, um dann schräg links nach Wulfen zu radeln. Von hier radeln wir durch den Ort Fehmarnsund, unter der Brücke her, dahinter direkt rechts und dann in der Haarnadelkurve hinauf auf die Brücke. Sicher auf der anderen Seite angekommen, steuern wir Großenbrode an. Von hier radeln wir ein Stück an der See entlang bis Sütel Strand, dann weiter via Sütel nach Heiligenhafen.

Fehmarnsund ist nicht nur der Name für den kleinen Ort, den wir durchradeln, sondern auch der **Meeresarm**, der die Insel vom Festland trennt. Er ist etwa 8 km lang und an der engsten Stelle nur 800 m breit.

Im Jahre 1963 wurde die 1.300 m lange **Fehmarnsundbrücke** eröffnet, die eine Fähre ablöste und sowohl den Straßen- als auch den Schienenverkehr von einem Ufer ans andere bringt. Wegen der starken Winde wird sie gelegentlich für Gespanne, Wohnmobile und LKWs gesperrt. Wenn das der Fall ist, sollten

Die wichtige Fehmarnsundbrücke verlangt uns fahrerisches Können ab

wir keinesfalls noch mit dem Rad dort hinauf! Die Brücke wird von einem Netzwerkbogen getragen, der seinerzeit der weltweit größte war.

Das Seeheilbad Großenbrode liegt an der äußersten Spitze der Lübecker Bucht. Die umliegende Gegend ist ein beliebtes Urlaubsziel, was wir an den vielen Camps und Feriensiedlungen merken. Wettermäßig kann es eigentlich hier nur gut sein, denn wir sind in einer der **regenärmsten und zugleich sonnenreichsten Regionen Deutschlands** unterwegs. Vermutlich geht es deshalb hier stets beschaulich zu: Das Rathaus ist eher unscheinbar und die kleine Kirche mit ihrem quadratischen Holzturm strahlt auch Gelassenheit aus.

Heiligenhafen ist da schon deutlich lebendiger: Der schöne **Marktplatz** ist ein beliebter Treffpunkt für Einheimische und Touristen, die auch gerne in einem der Lokale hier einkehren. Drum herum gibt es in der **Altstadt** eine Menge zu sehen, wie die Kirche mit ihrem Treppengiebel-Turm, das imposante **Rathaus**, der Alte Salzspeicher, das **Heimatmuseum** und weitere backstein-rote historische Gebäude.

Vor den Toren des Ortes liegt ein „Binnensee“: Dieser wurde künstlich angelegt und hat Zugang zur Ostsee. Die vorgelagerte Landzunge setzt sich zusammen aus Gras- und Steinwarder. Beides wurde unter **Naturschutz** gestellt.

Weiter geht´s von Heiligenhafen ein Stück am Meer entlang und dann durch Lütjenbrode nach Großenbrode. Von hier entern wir wieder die Fehmarnsundbrücke, die uns zurück auf die Insel geleitet. Drüben angekommen, umkurven wir wieder vorsichtig die Haarnadelkurve, unterqueren die Brücke und radeln durch Fehmarnsund und Wulfen zurück zum Camp.

Der kleine Ort Lütjenbrode liegt etwas abseits der Touristenroute nach Fehmarn. Gerade deshalb ist es hier besonders ruhig – die **Fahrradwege**, die wir nutzen, sind fast leer und führen uns rasch zu einem der weißen Strände.

Kartentipp:

ADFC-Regionalkarte Kieler Förde / Holst. Schweiz & Fehmarn, 1:75.000, ISBN 978-3-96990-086-4, € 9,95

Digital für Smartphones und Tablets:

www.fahrrad-buecher-karten.de/rk-digital

39 Vom Seepferdchen zu den Seebädern

Von **Scharbeutz** über Grömitz

CamperTouren Info

ca. 59 km ohne Abstecher, gute, regionale Radweg-Beschilderung sowie teils Beschilderung als Ostseeküsten-Radweg sowie als Mönchsradweg. Mehrere kurze, aber keine allzu schweren Steigungen. Die Route führt meist über separate Radwege, einige Passagen auf losem Untergrund.

Start / Ziel: Campingplatz Seepferdchen, www.ostseecamping-seepferdchen.de

Auswahl weiterer Camps entlang der Strecke: Neptun Campingplatz, Frehse Kai Campingplatz Invenglück, Campingplatz Wiese, Camping Hof Sierksdorf, Campingplatz Buchholz, Camping Am Strande, Campingplatz Südstrand, Campingplatz Lotsenhaus, Campingplatz Seeblick, Campingplatz Am Hohen Ufer, Campingplatz An der Düne, Campingplatz Rettin, Campingplatz Elfenschlucht, Camping- und Ostseeferienpark Walkyrien, Ostsee-Campingplatz Kagelbusch, Wohnmobilstellplätze in Scharbeutz, Pelzerhaken, Rettin und Grömitz

Eine Tour mit klangvollen Namen liegt vor uns: Mit Haffkrug, Sierksdorf, Neustadt, Pelzerhaken und Grömitz lernen wir touristische Ziele der Extraklasse kennen.

Ein putziges Seepferdchen empfängt die Besucher standesgemäß auf dem **Campingplatz Seepferdchen**, der uns viele Annehmlichkeiten beschert. Kinder finden rund um das Piratenschiff auf dem Spielplatz Gelegenheit, um sich austoben und säubern können wir uns alle nach dem Urlaubstag in den außergewöhnlich designten Sanitärgebäuden.

Los geht´s am Campingplatz, den wir an der Ausfahrt nach links über die Pönitzer Chaussee verlassen, um an der Strandallee links abzubiegen. Den Schildern des Ostseeküsten-Radwegs folgend rollen wir durch Haffkrug nach Sierksdorf. Trotz meist breiter Radwege wird es an sonnigen Tagen ziemlich eng. Hinter Sierksdorf schwenkt unser Radweg mit einer merklichen Steigung etwas weg vom Meer. Nach welligem Verlauf kehren wir bei Neustadt wieder zum Strand zurück. Pelzerhaken, Rettin, Brodau und Bliesdorf liegen am Wegesrand, ehe wir Grömitz erreichen.

Die Fischbuden am Neustädter Hafen kommen uns gerade recht!

Action satt bietet der Hansapark

Sierksdorf entwickelte sich von einem Fischerdorf zu einem beliebten **Ostseebad**. Überregional bekannt ist der 460.000 qm große **Hansa-Park**, der zu den fünf größten Abenteuerparks Deutschlands zählt.

Das **Fischerdenkmal** auf dem Marktplatz von Neustadt i.H. erinnert an die Vergangenheit der Stadt, deren markantestes Bauwerk die 1244 gegründete **Backstein-Stadtkirche** ist. In den letzten Jahrzehnten mauserte sich Neustadt von einer Hafenstadt zu einem beliebten **Erholungsort**, in dem wir auch viel Kultur genießen dürfen. Am Binnenwasser fällt der Blick auf den exotischen **Pagodenspeicher**. In der Altstadt stehen das **Rathaus** im Stile des Klassizismus und das **Kremper Tor**, das einst zur Stadtbefestigung gehörte. Wer Lust auf Zungenakrobatik hat, widmet sich dem 1846 erbauten **Brückengeldeinnehmerhaus** – oder macht einfach nur ein Foto davon.

Hinter Neustadt radeln wir durch Pelzerhaken, das uns mit einer kleinen **Seebrücke** und Einkehrmöglichkeiten empfängt. Unübersehbar sind der in typischem Backstein erbaute **Leuchtturm** und der sehr eigenwillig geformte **Fernmeldesektorturm M**. Er ist heute außer Betrieb und diente einst als Aufklärungsturm der Marine.

Das nördliche Ziel unserer Radtour ist Grömitz. Im Jahre 1813 gegründet, ist es nicht nur eines der ältesten, sondern auch eines der beliebtesten **Seebäder** der deutschen Ostsee. Wir genießen die herr-

Grömitz ist eines der ältesten und beliebtesten Seebäder des Landes

liche **Strandpromenade**, die zahlreichen Einkehrmöglichkeiten und den quirligen **Jachthafen**.

Tipp: Wenn wir ab Grömitz auf komplett derselben Strecke zurückradeln, auf der wir herkamen, können wir einige Kilometer und einige zusätzliche **Hügel** sparen.

Weiter geht´s von Grömitz, das wir vom Kreisel in der Ortsmitte über Theodor-Klinkforth-Straße, Am Markt (ab hier folgen wir dem Mönchsradweg) und Neustädter Straße verlassen. Am Ortsende rechts in die Bentfelder Straße. In Brenkenhagen links und zurück durch Bliesdorf nach Brodau. Hier zweigen wir beim Gut Brodau rechts ab, um via Beusloe, Logeberg und Altenkrempe auf einer Schleife nach Neustadt zu rollen. Ab hier radeln wir einfach auf der Strecke wieder zurück, auf der wir herkamen.

Auf unserer Rückfahrt halten wir beim **Gutshaus Brodau**. Die stattliche Anlage wurde mit Backsteinen ausgemauertem Fachwerk gestaltet.

Die Gemeinde Altenkrempe ist wirklich sehr alt, denn schon 1170 wurde an dieser Stelle ein Gewässer erwähnt. Sichtbare Zeugnisse der Geschichte sind die **Basilika Altenkrempe** und die in der Nähe liegenden Gut Hasselburg und Gut Siershagen.

Kartentipp:
ADFC-Regionalkarte Kieler Förde / Holst. Schweiz & Fehmarn
1:75.000, ISBN 978-3-96990-086-4, € 9,95
Digital für Smartphones und Tablets:
www.fahrrad-buecher-karten.de/rk-digital

40 Eines der berühmtesten Stadttore Deutschlands

Von **Scharbeutz** nach Lübeck

CamperTouren Info

ca. 39 km ohne Abstecher, gute, regionale Radweg-Beschilderung sowie teils Beschilderung als Ostseeküsten-Radweg. Keine größeren Steigungen. Die Route führt meist über separate Radwege, einige Passagen auf losem Untergrund.

Start / Ziel: Campingplatz Seepferdchen, www.ostseecamping-seepferdchen.de

Auswahl weiterer Camps entlang der Strecke: Campingplatz Ivendorf, Wohnmobilstellplätze in Niendorf, in Travemünde, mehrere in und um Lübeck

Eigentlich gibt es fast schon zu viel zu erleben für nur eine Radtour, denn Timmendorfer Strand, Niendorf, die Steilküste, Travemünde und Lübeck sind schon für sich eine eigene Reise wert!

Lässig und lebendig – so beschreibt sich unser Urlaubsort Scharbeutz gerne. Wer Entspannung sucht, mietet sich einen **Strandkorb**, kehrt in einem der einladenden **Cafés** oder Restaurants ein oder genießt an der **Seebrücke** die Beach Lounge.

Los geht´s am Campingplatz, den wir wieder an der Ausfahrt nach links verlassen, um an der Strandallee dieses Mal rechts abzubiegen. So erreichen wir den Ostseeküsten-Radweg, dessen Schilder uns zuverlässig vorbei an Scharbeutz, an der Ostsee-Therme sowie am Timmendorfer Strand und Niendorf nach Travemünde bringen. Die Passagen in den Touristen-Hochburgen und die Schotterstrecke hinter Niendorf an den Klippen erfordern große Aufmerksamkeit von uns.

Gleich zu Beginn unserer Tour kommen wir an der **Ostsee-Therme** vorbei, die mit Wellness-Tempel, Saunagarten, Rutschen, Strömungskanälen, Wellness-Oasen und vielem mehr aufwartet.

Timmendorfer Strand ist **eine der exklusivsten Ostsee-Destinationen**. Ein langer **Sandstrand**, dahinter eine bewachsene **Düne** und direkt angrenzend eine einladende **Fußgängerzone** ziehen die Gäste an. Einkehr- und Übernachtungsmöglichkeiten gibt es hier reichlich, ebenso beste Golfplätze im Hinterland.

Niendorf war ein Bauern- und Fischerdorf, bis Johann Johannsen 1855 die ersten Badekarren hier aufstellte. Den Charme des gern

In Lübeck tauchen wir ein ins Mittelalter

besuchten Badeortes macht auch der **Hafen** aus, in dem immer noch **Fischkutter** malerisch in den Wellen schaukeln.

Tipp: Inmitten einer **Schilflandschaft** liegt der 70.000 qm umfassende **Vogelpark**. An den Wasserflächen stolzieren Flamingos, Pelikane und Schwäne, in den Freiflugvolieren schweben Reiher und Löffler. Besonders stolz ist der Park auf die Eulen, denn es ist eine der größten Eulengehege der Welt.

Wir radeln am **Brodtener Steilufer** entlang, das bis zu 26 m zum Meer abfällt und nicht nur einen kurvigen Schotter-Radweg, sondern auch grandiose Aussichten bereithält. In etwa auf halber Strecke der Passage liegt die **Hermannshöhe** mit dem Erlebniscafé.

Travemünde präsentiert uns mit dem **Leuchtturm** von 1539 das älteste Seezeichen der Ostseeküste und mit dem 125 m hohen **Maritim-Hotel** gleich das nächste Wahrzeichen. Nachdem wir uns das **Museumsschiff** „Passat" angesehen haben, können wir am Hafen einkehren oder ein Fischbrötchen essen, bevor wir uns die teils urigen Häuser der **Altstadt** ansehen.

Kartentipp:
ADFC-Regionalkarte Lübeck und Umgebung, 1:75.000, ISBN 978-3-96990-061-1, € 9,95
Digital für Smartphones und Tablets:
www.fahrrad-buecher-karten.de/rk-digital

Weiter geht´s von Travemünde via Rönnau, Ivendorf und Kücknitz ins Herz von Lübeck. Hier steuern wir den Hauptbahnhof an, steigen in die S-Bahn und lassen uns in knapp 20 Minuten zurück nach Scharbeutz gondeln. Vom Bahnhof aus lenken wir unsere Bikes in wenigen Minuten zurück zum Camp.

Das Ziel unserer Tour ist Lübeck, die „Königin der Hanse": Im Jahre 1159 als Handelsplatz an der Trave gegründet, sorgte die Hanse für friedlichen Warenverkehr und Freihandel. Das berühmte **Holstentor** wird eingerahmt von der Petri- und der Marienkirche und der 2 qkm messende **Altstadthügel** zählt sage und schreibe 1.000 denkmalgeschützte Gebäude – also stellte die UNESCO gleich alles unter Schutz. **Dom**, **Salzspeicher**, Rathaus, Zeughaus, **Buddenbrookhaus**, Völkerkundemuseum – es gibt so unendlich viel zu sehen. Aber es gibt auch was zu probieren, denn ein Lübeck-Besuch wäre ohne eine Verkostung des berühmten **Niederegger-Marzipans** niemals komplett!

41 Marmelade oder doch lieber Moor und Jodsole?

Von **Scharbeutz** über Bad Schwartau

CamperTouren Info

ca. 51 km ohne Abstecher, gute, regionale Radweg-Beschilderung sowie teils Beschilderung als Ostseeküsten-Radweg. Keine größeren Steigungen. Die Route führt meist über separate Radwege, einige Passagen auf losem Untergrund.

Start / Ziel: Campingplatz Seepferdchen, www.ostseecamping-seepferdchen.de

Auswahl weiterer Camps entlang der Strecke: Campingplatz Margarethenhöhe, Wohnmobilstellplatz in Bad Schwartau

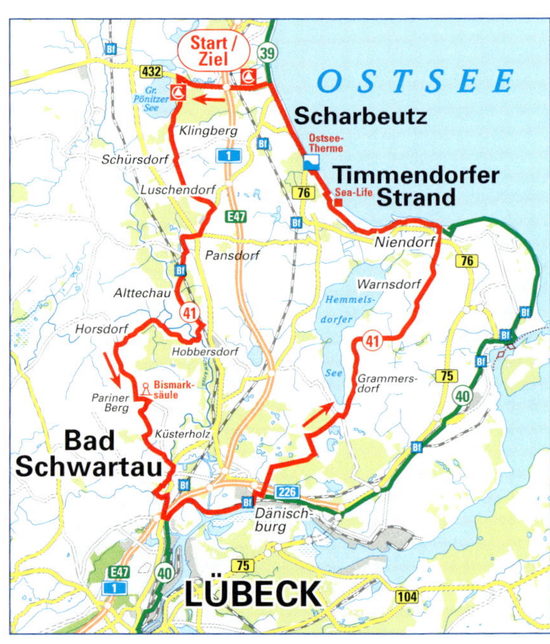

Mit merklichen Steigungen radeln wir durchs Hinterland nach Bad Schwartau und können die Kalorien wieder auffrischen, wenn wir uns mit den leckeren Brotaufstrichen eindecken. Oder sind die Muskeln doch so müde, dass sie im Moor- und Jodsoleheilbad regenerieren müssen?

Scharbeutz ist eines der bekanntesten und zugleich beliebtesten **Ostseeheilbäder**. Mehr über die Historie unseres Urlaubsortes erfahren wir im **Museum für Regionalgeschichte**.

Los geht´s am Campingplatz, den wir an der Ausfahrt nach rechts verlassen, um dem Radweg an der Pönitzer Chaussee über die Autobahn hinweg zu folgen. Vor dem Großen Pönitzer See links in die Seestraße und weiter mit ansteigender Strecke durch Klingberg, Schürsdorf, Luschendorf, Pansdorf, Techau, Hobbersdorf und Horsdorf nach Bad Schwartau.

Tipp: Es ist deutlich spürbar: Obwohl wir ganz in der Nähe der Küste radeln, geht es bergauf. Eine „Bergwertung" haben wir am **Pariner Berg**, der aber dann doch nur 72 m misst. Zu Ehren von Otto zu Bismarck wurde hier 1902 die **Bismarcksäule** eingeweiht.

Schwartaus Geschichte wurde lange von den Bischöfen geprägt, bis sich ab 1900 eine „Sommerfrische"; also ein Luftkurort entwickelte. Seinen Beinamen „Bad" verdankt der Ort den **Mooren** und der **Jodsole**, die hier aus einer der stärksten Jodsolequellen des Nordens gefördert wird.

Angrenzend zum Kurpark liegt die „schwarze Au". Diese Niederung des **Flusses**

Nahe unseres Campingplatzs liegt der feine Sandstrand von Scharbeutz

Schwartau wurde wegen seiner seltenen Pflanzenwelt unter Schutz gestellt. Genaueres dazu erfahren wir auf einem 2,5 km langen **Naturpfad**. Überregional bekannt ist Bad Schwartau für seine **Schwartau-Werke**. Hier werden die leckeren Brotaufstriche, aber auch Sirup und Desserts hergestellt.

Weiter geht´s von Bad Schwartau, das wir über die Lübecker Straße verlassen. Direkt hinter der Autobahn links "Zur Teerhofsinsel" und ständig zwischen Autobahn und Wasser entlang. Beim Bahnhof Lübeck-Dänischburg links, rechts, links und nach 1 km wieder rechts (Dorfstraße). Den Hemmelsdorfer See umfahren wir rechts, um mit einigen merklichen Hügeln via Grammersdorf und Warnsdorf nach Niendorf zu gelangen. Hier folgen wir dem Ostseeküsten-Radweg nach links. So passieren wir Timmendorfer Strand, die Ostsee-Therme und Scharbeutz, wo wir nur noch links abbiegen müssen, um zurück zu unserem Campingplatz zu gelangen.

Eine Fläche von 4,6 qkm bedeckt der **Hemmelsdorfer See**, der einst eine Förde war, also Anschluss an die Ostsee hatte. Am Uferwanderweg können wir den See auf **Holzstegen** erleben.

In Warnsdorf entdecken wir **Karls Erlebnisdorf**. Aus einem Erdbeerhof für die nahegelegene Marmeladenfabrik entstand eine Direktvermarktung der Früchte. Heute können wir auf dem „Erlebnisdorf" **einkehren**, uns im **Hofladen** eindecken oder uns einem der vielen **Events** widmen, die hier stattfinden.

Das **SEA-LIFE Timmendorfer Strand** ist immer einen Besuch wert. Seit 1996 erfahren die Gäste alles Wissenswerte über die „schuppigen" Bewohner, die sich in teils weiten Becken auf dem 4.000 qm großen Areal tummeln.

Kartentipp:
ADFC-Regionalkarte Lübeck und Umgebung,
1:75.000, ISBN 978-3-96990-061-1, € 9,95
Digital für Smartphones und Tablets:
www.fahrrad-buecher-karten.de/rk-digital

42 Spitzenmäßig Campen und Radeln am Spitzenort

Von **Plön** über Bosau

CamperTouren Info

ca. 38 km ohne Abstecher, gute, regionale Radweg-Beschilderung sowie Beschilderung als Plönersee-Tour und teils als Mönchsweg. Keine größeren Steigungen. Die Route führt meist über separate Radwege, einige Passagen auf losem Untergrund.

Start / Ziel: Naturcamping Spitzenort GmbH, www.spitzenort.de

Auswahl weiterer Camps entlang der Strecke: Campingplatz Gut Ruhleben, Campingpark Augustfelde, Camping Bosau, Camping Godau, Campingplatz Seeblick, Naturcamping Seekamp

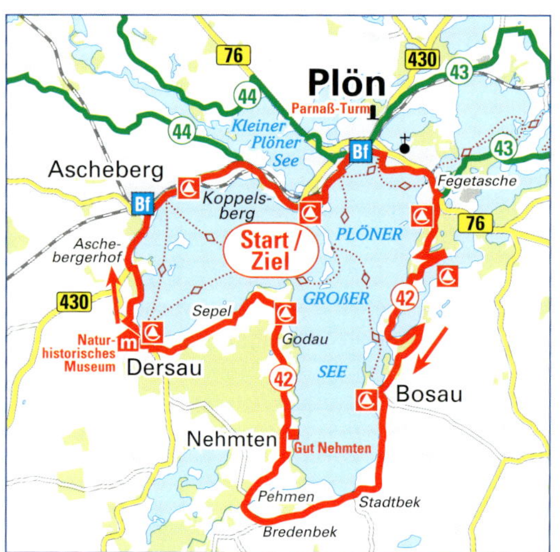

Es fällt schwer, von unserem Campingplatz loszuradeln, denn es ist einfach so schön hier. Aber es lohnt sich, denn wir folgen dem gut ausgebauten Radweg, der uns einmal um den Großen Plöner See geleitet.

Die Lage des Quartiers auf dem **Naturcamping Spitzenort** könnte nicht schöner sein, denn wir campieren auf einer schmalen Landzunge, die in den Plöner See hineinragt. Hohe Bäume bieten schattige Ecken und über gute Wege erreichen wir die Gaststube Seeblick, in der wir Kuchen und herzhafte Leckereien genießen können.

Los geht´s am Campingplatz, den wir an der Ausfahrt nach rechts entlang der Ascheberger Straße verlassen. Auf unserer Runde helfen uns die Schilder der Plönersee-Tour, uns zu orientieren. Nach wenigen Metern können wir rechts abzweigen und dem etwas schwerer zu fahrenden Weg am Ufer entlang oder weiter der Ascheberger Straße folgen. Auch hinter dem Bahnhof von Plön bleiben wir stets in der Nähe des Sees, kommen an Fegetasche vorbei und folgen ein Stückchen der B76, um diese direkt wieder nach rechts zu verlassen. Stets in Wassernähe erreichen wir Bosau.

Der Plöner **Bahnhof** dürfte einer der schönsten Deutschlands sein, weil er direkt am Ufer des Großen Plöner Sees gelegen ist.

Das Herz von Plön schlägt in der wunderschönen **Altstadt** mit ihren schmalen idyllischen Gassen zwischen den historischen Häusern, die ursprünglich als Löschwege dienten. Auf diese Szenerie blicken die beiden Gotteshäuser der Stadt, die **St.-Johannis-Kirche** und die **Hauptkirche St. Nikolai**.

Tipp: Etwas außerhalb des Ortes liegt der 85 m hohe, dicht bewaldete Parnaß. Die Fahrt auf diesen „Berg" ist nicht so anstrengend, wie der Aufstieg zum **Aussichtsturm**.

Schloss Plön thront weithin sichtbar über dem See

Oberhalb von Plön liegt das im Renaissance-Stil erbaute **Schloss Plön**. Das Hauptgebäude ist im Besitz eines großen Brillenfilialisten, der hier seine Optiker ausbildet. Aus diesem Grund widmen wir uns der **Schlosskapelle** und genießen die Sicht auf das endlos erscheinende Wasser. Nachher können wir uns im **Freibad** abkühlen oder uns im **Museum des Kreises Plön** intensiver mit der Historie der Region beschäftigen.

Weiter geht´s von Bosau via Stadtbek, Bredenbek, Nehmten, Godau und Sepel, ehe wir Dersau erreichen. Den Ort verlassen wir wieder auf der Dorfstraße, um weiter am Ufer entlang zu radeln. Aschebergerhof, Ascheberg und Koppelsberg liegen auf unserem Weg zurück zum Campingplatz.

In Bosau tauchen wir tief in die Vergangenheit Holsteins ein, denn es gehört zu den ältesten Dörfern der Region. Besonders interessant ist die **St.-Petri-Kirche**, die im Innern einen wertvollen Schnitzaltar beherbergt. Historisches Flair versprüht die liebevoll restaurierte **Dunkersche Kate** mit traditionellen Bauerngarten, romantischen Trauzimmer und zahlreichen Ausstellungen. Im historischen Backhaus wird wie früher köstlich frisches Brot gebacken. Bosau liegt am Ufer des **Großen Plöner Sees**, der eine stattliche Fläche von 28 qkm bedeckt und damit der zehntgrößte See Deutschlands. Auf seinen zahlreichen Inseln fühlen sich teils seltene Vogelarten wie Seeadler oder Graugans wohl.

Auch der Rest unserer Rad-Runde bleibt abwechslungsreich, denn am Wegesrand liegen beispielsweise das **Naturhistorische Museum Dersau** oder das idyllische Gut Nehmten.

Kartentipp:
ADFC-Regionalkarte Kieler Förde / Holst. Schweiz & Fehmarn, 1:75.000,
ISBN 978-3-96990-086-4, € 9,95
Digital für Smartphones und Tablets:
www.fahrrad-buecher-karten.de/rk-digital

43 Kuren und erholen

Von **Plön** über Malente

CamperTouren Info

ca. 48 km ohne Abstecher, gute, regionale Radweg-Beschilderung sowie teils Beschilderung als Mönchsradweg. Keine größeren Steigungen. Die Route führt meist über separate Radwege, einige Passagen auf losem Untergrund.

Start / Ziel: Naturcamping Spitzenort GmbH, www.spitzenort.de

Auswahl weiterer Camps entlang der Strecke: Camping an der Schwentine, Naturpark-Camping Prinzenholz am Kellersee, Wohnmobilstellplatz in Malente und am Eutiner See

Ist es nun die schmucke Altstadt von Eutin, oder sind es die Kureinrichtungen von Malente? Sind es die weiten Seen, die grünen Hügel oder ist es der tolle Radweg, der uns bei dieser Tour begeistert? Eigentlich egal, denn es ist genügend Zeit, alles zu genießen!

Wir campieren direkt am Ufer des **Großen Plöner Sees**, mit rund 28 qkm der größte See in der Holsteinischen Schweiz. Bis zu 58 m tief ist der See, der während der sogenannten Weichsel-Eiszeit geformt wurde. Die ersten Menschen dürften an seinen Ufern schon während der mittleren Steinzeit gesiedelt haben und auch deren Ahnen und Urahnen wussten die gute Lage hier zu schätzen. Das hat sich bis heute gehalten, denn viele Urlauber und Tagesgäste kommen hierher, um an den 15 Badestellen in das klare Wasser zu springen.

Los geht´s wieder am Campingplatz, den wir erneut an der Ausfahrt nach rechts verlassen, um entlang der Ascheberger Straße oder am Seeufer entlang nach Plön zu rollen. Die Schilder des Mönchsradwegs geleiten uns zuverlässig und oft in der Nähe der Bahnschienen ins Herz von Malente.

Malente ist das nördlichste **Kneipp-Heilbad** Deutschlands und hält „standesgemäß" einen ruhigen Kurpark und weitere Kureinrichtungen bereit.

Tipp: Wenn wir kurz vor Malente links abzweigen, kommen wir zum **Holzbergturm**. Von hier aus können wir eine phänomenale Aussicht über den Ort sowie über die umliegenden Seen und Hügel genießen.

Herrlich anzusehen sind auch die reetgedeckte Tews-Kate und die **Thomsenkate**, ein

Auf unserer Radrunde gibt´s viele Gelegenheiten für einen Sprung ins kühle Nass

typisches, mitteldeutsches Fachhallenhaus. Nachdem wir an der Maria-Magdalenen-Kirche waren, widmen wir uns der **Gremauer Mühle**, die seit über 200 Jahren das Krug- und Schankrecht besitzt.

Naturfreunde kommen in Malente auch nicht zu kurz, denn sie können sich mehr als 120 verschiedene Baumarten im **Arboretum** und die Tierarten der Region im **Wildgehege** ansehen.

Weiter geht´s von Malente, das wir entlang der Schweizer Straße verlassen, um eine Runde im Uhrzeigersinn um den Kellersee zu drehen. Mit einem Schlenker bei Fissau gelangen wir nach Eutin. Von der Ortsmitte aus rollen wir am Bahnhof und der Kirche vorbei und queren die Schienen bei nächster Gelegenheit nach links. Über die „Kerntangente", links „Westtangente", rechts „Beuthiner Straße" gelangen wir durch ein Waldeinstück Richtung Dieksee und über Niederkleveez, Stadtheide und Fegetasche nach Plön. Von hier folgen wir unserem Hinweg zurück zum Camp, das wir nach wenigen Minuten erreichen.

Zunächst rollen wir am Ufer des 560 ha großen **Kellersees**, dann am **Großen Eutiner See** entlang. An seinem Ufer liegt Eutin mit seiner bezaubernden Altstadt, zu der auch das **Rathaus** von 1791, das fünf Jahre ältere Witwenpalais, das **Voß´sche Haus**, die Hofapotheke und das Geburtshaus des Komponisten Claus Maria von Weber zählen. Aus dem Meer der Dächer erhebt sich die dreischiffige, um 1230 erbaute **Michaeliskirche**.

Inmitten eines englischen Landschaftsparks wurde **Schloss Eutin** mit seinen vier Flügeln, drei Geschossen und einem Wassergraben platziert. Mit den bestens instand gehaltenen Nebengebäuden wie Kavalierhaus, Marstall, Reithalle oder Wagenremise finden wir reichlich Fotomotive.

Ab Stadtheide rollen wir entlang der **Fünf-Seen-Allee**. In der Umgebung liegen der Große und der Kleine Madebrökensee, Uklei-, Suhrer, Langen- und Dieksee. Mehr als genug Gelegenheiten also für ein Picknick oder einen Sprung ins kühle Nass.

Kartentipp:
ADFC-Regionalkarte Kieler Förde / Holst. Schweiz & Fehmarn, 1:75.000,
ISBN 978-3-96990-086-4, € 9,95
Digital für Smartphones und Tablets:
www.fahrrad-buecher-karten.de/rk-digital

44 Radeln in der Schweiz – ganz ohne Berge

Von **Plön** über Preetz

CamperTouren Info

ca. 48 km ohne Abstecher, gute, regionale Radweg-Beschilderung. Etwas hügelige Tour, aber keine größeren Steigungen. Die Route führt meist über separate Radwege, einige Passagen auf losem Untergrund.

Start / Ziel: Naturcamping Spitzenort GmbH, www.spitzenort.de

Auswahl weiterer Camps entlang der Strecke: Camp Lanker See, Wohnmobilstellplatz Preetz

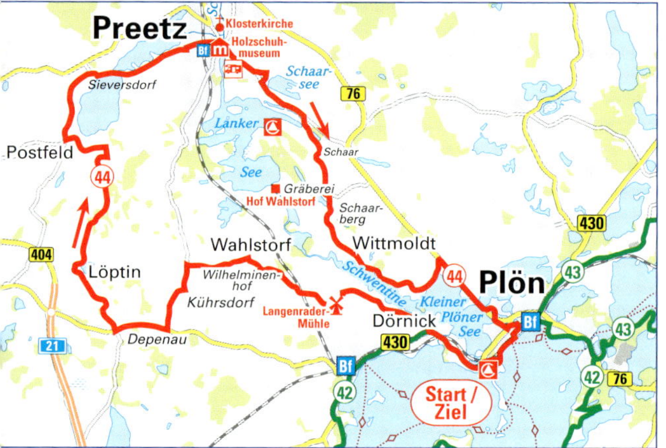

Es erwartet uns eine ruhige und sehr naturverbundene Tour, denn auf den knapp 50 km kommen wir an einer ganzen Reihe großer und kleiner Seen vorbei. Dass wir durch die Holsteinische Schweiz radeln, merken wir an den vielen kleinen Hügeln.

Unser Urlaubsdomizil liegt mitten im **Naturpark Holsteinische Schweiz**. Im Uhrenhaus des Plöner Schlosses ist ein **Infozentrum** zum Naturpark untergebracht. Hier erfahren wir, dass der 1986 gegründete Naturpark klar definiert ist, doch die Holsteinische Schweiz hingegen nicht so genau eingegrenzt werden kann.

Los geht´s am Campingplatz, den wir an der Ausfahrt dieses Mal nach links entlang der Ascheberger Straße verlassen. In der Linkskurve geradeaus „An der Schwentine" und dann vorbei an Dörnik und der Langenrader Mühle nach Wahlstorf. Von hier rollen wir via Wilhelminenhof, Kührsdorf, Depenau, Löptin, Postfeld und Sieversdorf nach Preetz.

Die **Schwentine** tritt ihre beschauliche, rund 62 km lange Reise auf einer Quellwiese in der Nähe des Bungsberges an. Das klingt nicht besonders? Nun, immerhin ist die Quelle damit direkt in der Nähe des höchsten Punktes von Schleswig-Holstein und die Länge des Flusses zählt landesweit auch zu den Top Fünf der Flüsse.

Wegen ihrer Reinheit und der geringen Fließgeschwindigkeit eignet sich die Schwentine bestens zu Aktivitäten auf dem Wasser. Haben Sie schonmal **Stand up Paddeling** ausprobiert? Hier ist es besonders schön!

Tipp: Wer die Tour erheblich verkürzen möchte, kann bei Wahlstorf rechts abzweigen und direkt an **Hof Wahlstorf** und Gräberei vorbei nach Schaarberg radeln. Hier rechts abbiegend sind wir dann auch wieder auf der „offiziellen" Radrunde.

Unübersehbar ist die wunderschöne **Langenrader Mühle.** Die Gallerieholländermühle war

Kloster Preetz strahlt Würde und Ruhe aus

zunächst in deutlich kleinerer Form an anderer Stelle in Betrieb. Nach dem Umzug hierher wurde sie erhöht, um auch bei geringem Wind arbeiten zu können.

Die Stadt Preetz wird auch gerne als „Schusterstadt" bezeichnet, womit auch gleich erklärt wäre, womit man hier früher hauptsächlich seinen Lebensunterhalt verdient hat. Natürlich gibt es auch ein **Denkmal** auf dem Marktplatz für den Berufsstand und das **Holzschuhmuseum** berichtet uns alles Wissenswerte zum Thema.

Das wichtigste Gebäude weit und breit war einst das **Kloster Preetz**, das durch Schwentine und weitere Bäche und Gräben komplett von Wasser umgeben war. Im Laufe der Jahre kamen auf dem weitläufigen Gelände mehrere Häuser dazu, so dass sich heute ein spannendes und zurecht unter Denkmalschutz gestelltes Ensemble präsentiert.

Ansehen können wir uns auch den „**Wohnwasserturm**" von Preetz, der zwar nicht außergwöhnlich schön aussieht, aber dennoch stets ein „Exot" war. Hochhäuser, die zugleich ein Wasserturm sind, gibt es in Deutschland nicht allzu häufig.

Weiter geht´s in Preetz, das wir über die Schellhorner bzw. Plöner Landstraße verlassen, um durch Schaar, Wielen, Schaarberg und Wittmoldt nach Plön zu radeln. Hier folgen wir dem Seeufer oder der Ascheberger Straße nach rechts, um wieder zurück zu unserem Campingplatz zu gelangen.

Auf unserer Tour umrunden wir fast komplett den **Lanker See**. Hinter Preetz liegt linkerhand der **Scharsee** und kurz bevor wir Plön erreichen, lernen wir dann noch den **Kleinen Plöner See** kennen, der rechts neben uns funkelt.

Kartentipp:
ADFC-Regionalkarte Kieler Förde / Holst. Schweiz & Fehmarn
1:75.000, ISBN 978-3-96990-086-4, € 9,95
Digital für Smartphones und Tablets:
www.fahrrad-buecher-karten.de/rk-digital

45 Wat´ne tolle Tour am Watt!

Von **Brunsbüttel** nach Kaiser-Wilhelm-Koog

CamperTouren Info

ca. 45 km, überwiegend auf separaten Radwegen, Radwegen neben der Straße sowie auf Nebenstraßen, keine Steigungen, regionale Wegweisung..

Start / Ziel: Camping Am Elbdeich in Brunsbüttel, Platzwart 0174 / 9669700

Auswahl weiterer Camps an der Strecke: Wohnmobilstellplatz Am Freizeitbad, Wohnmobilstellplatz bei Neufeld, Hohenkamp Camping

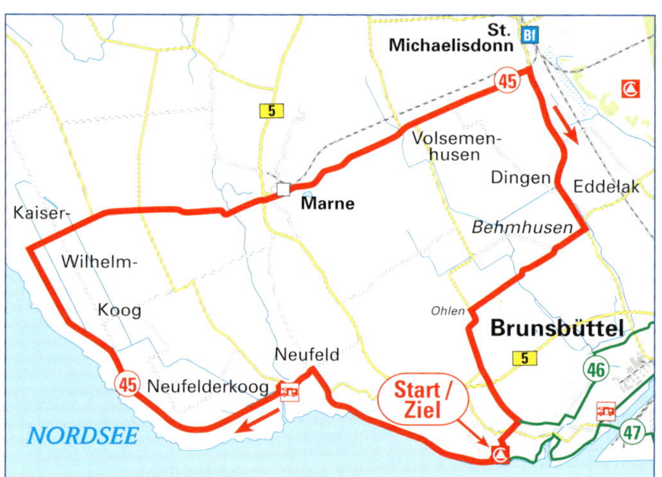

Das Wattenmeer ist eine einzigartige Naturlandschaft. Auf unserer Radtour sind wir genaugenommen oft unterhalb dieses Meeresspiegels unterwegs. Der Deich garantiert uns aber, dass die Reifen trocken bleiben.

Am Elbdeich lautet der Name des Camps, was wirklich auch so passt, denn vom Wohnwagen, Zelt oder Wohnmobil sind es nur ein paar Schritte hinauf zum Elbdeich. Hier können wir uns auf einer Bank niederlassen und die dicken **Schiffe** beobachten, die sich auf der Elbe tummeln und hier auf die offene See steuern. Und bis ins Herz von Brunsbüttel ist es auch nur ein Katzensprung.

Los geht´s an der Ausfahrt des Camps, die wir über die Deichstraße verlassen. Auf den nächsten Kilometern folgen wir einfach dem Verlauf des Deichs, tangieren Neufeld und Neufelderkoog, ehe wir rechts abbiegen nach Kaiser-Wilhelm-Koog. Auf schnurgeraden Straßen gelangen wir vorbei an einigen Bauernhöfen ins Herz von Marne.

Das komplette Gebiet der heutigen Gemeinde Neufeld lag früher in der Nordsee. Heute dümpeln die Kutter malerisch im kleinen **Hafen** und im Hintergrund blicken wir auf **reetgedeckte Häuser**.

Wir sind am **Wattenmeer** unterwegs, das hier als **Nationalpark** unter Schutz gestellt wurde. Mit 4.410 qkm ist es der größte Nationalpark Deutschlands – rund 68% davon liegen unter Wasser. Die Gebiete umfassen Salzwiesen, Sand-, Schlick- und Mischwatt und bieten Raum für eine einzigartige Pflanzen- und Tierwelt, die nicht gestört werden sollte.

Kaiser-Wilhelm-Koog ist ein typsicher Ort für diese Region: Weite Felder, darauf grasende Rinder, Schafe oder Ackerbau und „ab und zu" mal ein Bauernhof.

Noch eines ist typisch für die Gegend: Der starke Wind, der uns Radlern immer wieder heftig zu schaffen macht. Aber ist auch gut für grüne Energie: Im sogenannten **Growian** wird aus Wind Strom für alle erzeugt.

Eine „tierische“ Tour...

...mit menschengemachten Kirchen

Tipp: Bei Windstille oder bei Unterstützung durch ein E-Bike können wir der Küstenlinie noch weiter folgen. So gelangen wir durch Friedrichskoog – und nach 35 km wird der Urlaubsort **Büsum** erreicht. Eine wunderbare Strecke entlang der Deiche!

Schon im 12. Jh. war Marne besiedelt – es entwickelte sich eine schöne Kleinstadt mit einem sehenswerten Ortskern. Der wird dominiert vom Rathaus und der **Kirche St. Maria-Magdalenen**. Wer zur rechten Zeit hier ist, kann das „**Dithmarscher Rockfestival**“ besuchen, bei dem auch überregional bekannte Bands auftreten. Auch interessant: In Marne läuft der größte Rosenmontagszug von ganz Schleswig-Holstein!

Weiter geht´s von Marne über Volsemenhusen nach St. Michaelisdonn. Hier biegen wir rechts ab und gelangen vorbei an Dingen, Eddelak, Behmhusen, Ohlen und Westerbelmhusen nach Brunsbüttel. Bei den ersten Häusern rechts in die Straße „Am Boßelkamp“, die uns via Mühlenweg und Deichstraße zum Camp zurückbringt.

Auf unserer Tour wechseln wir vom Marsch- ins Geestland, das höher gelegen und daher trockener ist. Mittendrin liegt der nette Ort Sankt Michaelisdonn, in dem es das drittgrößte **Freimaurermuseum** von Europa gibt. Schön anzusehen ist die auf dem Mühlenberg stehende **Holländerwindmühle „Edda“**. Noch „höher“ ist der nahe gelegene Spiekerberg mit einem 33 m hohen Gipfel.

Kartentipp:
ADFC-Regionalkarte Schleswig-Holsteinische Nordsee, 1:75.000,
ISBN 978-3-96990-019-2, € 9,95
Digital für Smartphones und Tablets:
www.fahrrad-buecher-karten.de/rk-digital

46 Doppelter Genuss am NOK

Von **Brunsbüttel** nach Hochdonn

CamperTouren Info

ca. 46 km, überwiegend auf separaten Radwegen, Radwegen neben der Straße sowie auf Nebenstraßen, keine Steigungen, regionale Wegweisung..

Start / Ziel: Camping Am Elbdeich, Platzwart 0174 / 9669700

Auswahl weiterer Camps an der Strecke: Campingplatz Klein-Westerland bei Hochdonn

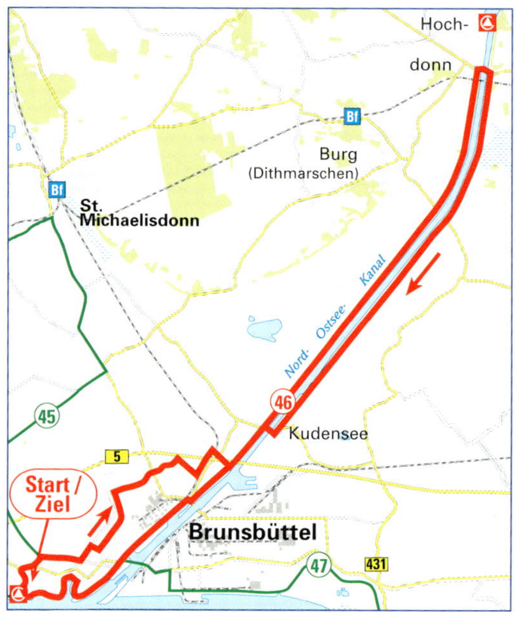

Der Nord-Ostsee-Kanal ist eine der weltweit meistbefahrenen Schiffspassagen. Auf unserer Tour rollen wir am einen Ufer hin und gegenüber wieder zurück – stets in der Hoffnung, dass wir einem der Traumschiffe begegnen

Gleich zu Beginn unserer Tour umfahren wir das historische Zentrum von Brunsbüttel. Nur wenige Meter von unserem Campingplatz entfernt liegen rund um den Markt das **Matthias-Boie-Haus**, die Paulus- und die Jakobus-Kirche und das efeubewachsene **Rathaus**.

Los geht´s an der Ausfahrt des Camps, die wir nach rechts und direkt wieder rechts auf der Deichstraße, die links abknickt, verlassen. Wir drehen eine Runde um die Kirche („Markt"), folgen der Sackstraße, links „Am Boßelkamp", rechts (Am Sportplatz), links, rechts und biegen links ab in die Eddelaker Straße.

Auf den nächsten Kilometern folgen wir dem beschilderten Nordseeküsten-Radweg, der uns nach kurzer Zeit ans Ufer des Nord-Ostsee-Kanals bringt. Nun ist alles ganz einfach: Der direkte (hier beschriebene) Weg führt einfach immer am Wasser entlang bis wir Hochdonn erreichen.

Fast genau 100 km misst der **Nord-Ostsee-Kanal**, der eine der meistbefahrenen Schifffahrtsstraßen der Welt ist. Die Kapitäne sparen sich so den Umweg um das wilde Skagerrak herum. Die Idee eines Kanals ist deshalb schon älter: 1784 wurde schon der **Eiderkanal** fertiggestellt, der bei Rendsburg in die Eider mündete. Der deutlich größere Kanal, der lange Zeit Kaiser-Wilhelm-Kanal zu Ehren des „Erbauers" genannt wurde, machte deutlich mehr Erdarbeiten notwendig. Nach nur sensationellen 8 Jahren Bauzeit wurde der Kanal 1895 eingeweiht. Heute ist es kaum zu glauben, dass die Bauzeit so kurz und das Budget eingehalten wurde. Inzwischen wurde der seinerzeit 67 m breite und 9 m tiefe Kanal erweitert, damit auch die **Ozeanriesen** durch ihn gleiten können. Dafür brauchen sie übrigens zwingend einen **Lotsen**. Und wenn die Schiffe mehr als 6,10 m Tiefgang haben übernimmt der Lotse höchstpersönlich das Steuerrad.

Sowohl der Kanal als auch die Brücken sind Meisterwerke der Ingenieurskunst

Tipp: Der Radweg „NOK-Route" zweigt zwischendurch vom Kanalufer ab und führt uns nach Burg. Diesen wunderschönen Luftkurort dürfen wir uns nicht entgehen lassen: Im **historischen Ortskern** entdecken wir viele alte Gebäude, wie das Bahnhofsgebäude, die **Apotheke** am Markt und rote Fachwerkhäuser. Das Wahrzeichen der Region ist der 21 m hohe **Aussichtsturm**, der auf einem 65 m hohen „Berg" thront. Nicht hoch sagen Sie? Da die umliegende Gegend komplett eben ist, haben wir von hier bei guter Sicht einen phänomenalen Ausblick.

Einen Hauch von Spreewald bekommen wir, wenn wir uns in der **Burger Au** mit einem Kahn durch die 8.000 Jahre alten Fließe gleiten lassen.

Das „Wahrzeichen" von Hochdonn haben wir schon über viele Kilometer im Auge gehabt: Die zweigleisige **Eisenbahn-Hochbrücke**. Ein Meisterwerk der Ingenieurskunst aus Stahl-Gitterfachwerk: Mehr als 2,2 km lang und bis zu 42 m hoch bringt sie die Züge sicher über den Kanal.

Unten auf der anderen Uferseite sehen wir uns die **Holländer-Windmühle** an und erwägen einen kleinen Abstecher nach Wacken zu unternehmen. Rund 2.000 Einwohner leben hier das ganze Jahr über sehr beschaulich. Außer Anfang August, denn dann ist hier das **Wacken Open Air** angesagt: 70.000 Metal-Fans aus aller Herren Länder strömen dann hierher und lassen die Erde beben,

Weiter geht´s von Hochdonn mit der Fähre ans andere Ufer. Dann rollen wir ganz entspannt am Kanal entlang wieder retour. Bei Kudensee nehmen wir wieder die Fähre und folgen dann dem Nordseeküsten-Radweg so zurück zum Camp, wie wir auf dem Hinweg fuhren oder folgen dem Nord-Ostsee-Kanal.

Auf Höhe der Burger Fähre bietet sich ein weiterer kleiner Abstecher vom Kanal an, denn nach wenigen Pedaltritten wird Wilster erreicht. Der Ort liegt 3,54 m unter dem Meeresspiegel und ist damit die **tiefste Stelle Deutschlands**. Wenn wir uns den 8 m hohen **Pfahl** ansehen und überlegen, wie hoch hier das Wasser ohne Deiche stünde, kommen wir schon ins Grübeln.

Kartentipp:
ADFC-Regionalkarte Schleswig-Holsteinische Nordsee, 1:75.000,
ISBN 978-3-96990-019-2, € 9,95
Digital für Smartphones und Tablets:
www.fahrrad-buecher-karten.de/rk-digital

47 Durch die Wildnis ins Glück

Von **Brunsbüttel** nach Glückstadt

CamperTouren Info

ca. 66 km, überwiegend auf separaten Radwegen, Radwegen neben der Straße sowie auf Nebenstraßen, keine Steigungen, regionale Wegweisung..

Start / Ziel: Camping Am Elbdeich, Platzwart 0174 / 9669700

Auswahl weiterer Camps an der Strecke: Wohnmobilstellplatz Nordermole Glückstadt

Diese Radtour verbindet zwei Perlen der Nordseeküste miteinander: Von der quirligen Schleusenstadt Brunsbüttel rollen wir ganz entspannt auf dem Nordseeküsten-Radweg nach Glückstadt, das nicht nur eine Altstadt, sondern auch ein sehenswertes Hafenbecken sein Eigen nennen darf.

Los geht´s an der Ausfahrt des Camps, die wir nach links am Deich entlang verlassen. Auf den nächsten Kilometern folgen wir dem beschilderten Nordseeküsten-Radweg, der uns stets am Ufer entlang durch Brunsbüttel bis hin zur Fähre geleitet. Am anderen Ufer folgen wir wieder den Schildern des Nordseeküsten-Radwegs. Mit Ausnahme eines Schlenkers bei St. Margarethen rollen wir stets in der Nähe des Deiches, passieren Brockdorf, überqueren die Stör und kommen durch die Blomesche Wildnis nach Glückstadt.

Es ist wirklich beeindruckend, das geschäftige Treiben im Bereich der Brunsbütteler Schleusen. Hier liegt er, der Kilometer Null des Nord-Ostsee-Kanals, den wir auf der anderen Tour noch näher kennenlernen werden. Natürlich gibt es keinen Höhenunterschied zwischen Nord- und Ostsee, die Schleusen sind aber dennoch wichtig, um das Wasser hier exakt zu regulieren. Wer mehr über die Technik und zur Geschichte dazu erfahren mag, besucht das **Schleusenmuseum** im Atrium. Übrigens: Auf einer großen **Anzeige** werden die Schiffe angekündigt, die in Kürze erwartet werden. Etwas Verweilen lohnt sich vielleicht.

Das Übersetzen mit der **Fähre** ist ein ganz besonderes Ereignis, denn wenn wir Glück haben, kurvt die kleine Fähre um riesige Frachter oder Kreuzfahrtschiffe.

Bei St. Margarethe winkt uns ein kleiner rot-weißer **Leuchtturm** zu, bevor wir bei Brokdorf daran erinnert werden, dass der Ort in den 1980er Jahren Schauplatz von Anti-Atom-Demos war.

Tipp: Jedes Jahr im Juni ist in Glückstadt **Matjeswoche** angesagt. Auf dem Marktplatz versammelt sich dann eine große Schar an Schaulustigen, die darauf wartet, dass das schwere Holzfass geöffnet und

„Aufgeräumtes" Glückstadt: Auf der einen Uferseite Altstadt, auf der anderen Industrie

der erste Matjes der Saison durch einen Prominenten verkostet wird. In den nächsten Tagen ist dann Feier und Gaudi angesagt mit Bühnenprogramm auf dem Markt und einer schwimmenden Bühne im Hafen, Plattschaufelregatta, Entenrennen, Radmeile und vielem mehr.

Weiter geht´s von Glückstadt am besten auf derselben Strecke wieder retour, auf der wir hierher kamen. Eine Rückfahrt mit der Bahn ist leider nicht möglich, der Bus ist eine Variante, die aber etwas Zeit kostet.

Einfache Ausstattung, aber eine brillante Lage: So könnte man den Stellplatz für Wohnmobile an der **Nordermole** beschreiben. Von hier haben wir beste Aussicht auf die Glückstädter Nebenelbe und auf das Hafenbecken. Und bis in die Altstadt ist es auch nicht mehr als ein kleiner Spaziergang.

Und der lohnt sich, denn die Altstadt begeistert uns mit vielen historischen Häusern und **Adelshöfen**. Mittendrin ragen die **Glückstädter Kirche** und das **Rathaus** empor.

Fahrräder gut sichern und dann auf zum Bummeln

Es steht direkt am **Marktplatz**, dessen Mitte von einer herrlichen alten Leuchte markiert wird.

Am **Binnenhafen** setzt sich das herrliche Bild fort: Auch hier klicken die Auslöser der Kamera beim Alten Salzspeicher, beim Wiebke-Kruse-Turm oder beim Königlichen Brückenhaus.

Kartentipp:
ADFC-Regionalkarte Cuxhaven / Bremerhaven, 1:75.000,
ISBN 978-3-96990-085-7, € 9,95
Digital für Smartphones und Tablets:
www.fahrrad-buecher-karten.de/rk-digital

48 Durch´s Dorf Mecklenburg an die Mecklenburger See

Von **Seehof** nach Wismar

CamperTouren Info

ca. 30 km ohne Abstecher, gute, regionale Radweg-Beschilderung sowie teils Beschilderung als Residenzstädte-Rundweg sowie als BUGA-Radstern. Etwas hügelig, aber keine größeren Steigungen. Die Route führt meist über separate Radwege, einige Passagen auf losem Untergrund.

Start / Ziel: Ferienpark Seehof, www.ferienpark-seehof.de

Auswahl weiterer Camps entlang der Strecke: Wohnmobilstellplatz Wismar, Wohnmobilpark Westhafen Wismar

Nachdem wir das Ufer des Schweriner Sees verlassen haben, rollen wir auf hügeliger Strecke durch das Dorf Mecklenburg, wo wir den Gedenkstein aufsuchen, der uns mehr über den Namen verrät. Unser Ziel ist die altehrwürdige Hansestadt Wismar mit prachtvoller Altstadt und schönem Hafen.

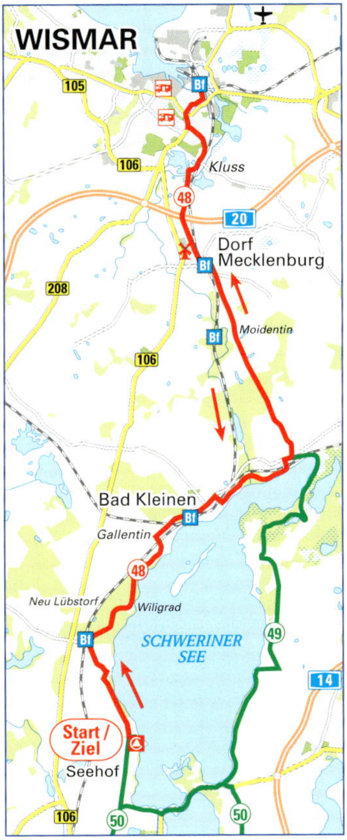

Was für eine tolle Lage: Wir logieren im Campingbereich des **Ferienparks Seehof**, der nur durch einen Weg vom Ufer des Schweriner Sees getrennt wird. Wer rechtzeitig reserviert, campiert auf einer satt-grünen Wiese und blickt vom Frühstückstisch auf´s Wasser. Und dort ist jede Menge Action möglich: Motor- und Segelboote, Surfer, Paddler, SUP-Fans und Wasserratten genießen das kühle Nass. Und für diejenigen, die ihr Heim nicht mitbringen, gibt es Mobilheime, Zelte und Finnhütten zu mieten.

Los geht´s am Campingplatz, den wir an der Ausfahrt über die Straße „Am Zeltplatz" und an der Querstraße nach rechts verlassen. Den See meist im Blicke radeln wir auf hügeliger Strecke durch Lübstorf, Wiligrad und Gallentin nach Bad Kleinen. Hier verlässt der beschilderte Residenzstädte-Rundweg den See und bringt uns mit einigen kleineren Steigungen durch Moidentin nach Dorf Mecklenburg.

Im Dorf Mecklenburg begeben wir uns auf die Suche nach dem Gedenkstein, der an die Mecklenburg erinnert, die hier einst stand. Damit war sie Namensgeberin für die Landschaft und das heutige Bundesland. Das auffälligste Bauwerk in der Gemeinde ist die reetgedeckte **Holländerwindmühle** auf dem 43 m„hohen" **Rugenberg**.

Wismars Hafen lockt zurecht viele Besucher an

Auf unserer Tour radeln wir auch entlang der **Stör-Wasserstraße**. Sie ist rund 45 km lang und verbindet mehrere Gewässer miteinander, darunter Schweriner, Heiden- und Ziegelsee.

Weiter geht´s von Dorf Mecklenburg über Kluss nach Wismar. Hier steuern wir den Bahnhof an und steigen in einen Zug Richtung Schwerin. Am Bahnhof Lübsdorf verlassen wir die Bahn und rollen in Seenähe zurück zu unserem Camp.

Die Hansestadt Wismar empfängt uns mit einer wundervollen **Altstadt.** Wohlstand kam in den Ort, als Wismar 1358 in die Hanse eintrat. Das gute Leben nahm im 30jährigen Krieg leider ein rasches Ende. Die Schweden wurden ab 1648 die neuen Herren der Stadt und sie bauten sie zur stärksten Festung Nordeuropas aus. Wer mehr über die Historie erfahren mag, besucht das **Schabell-Haus** mit dem Stadtgeschichtlichen Museum.

Zu den schönsten Bauwerken am quadratischen **Marktplatz** gehören **„Der Alte Schwede"**, ein Kaufmannshaus von 1380, das **Rathaus** und die im Stile der holländischen Renaissance erbaute **Wasserkunst**. Sie diente bis 1897 dafür, die Bewohner mit frischem Wasser zu versorgen.

Tipp: Ein kleiner Abstecher führt aus der Altstadt durch das **Wassertor**, was als einziges Stadttor noch übrig ist und einst zur 4 m hohen Stadtmauer gehörte, hinunter zum **Alten Hafen**. Hier suchen wir uns die sympathischste Bude aus und gönnen uns ein **Fischbrötchen**, Backfisch oder andere maritime Genüsse. Gut gestärkt flanieren wir entlang des Hafenbeckens und schauen uns das barocke **Baumhaus** an. Hier war der Sitz des Baumschließers, der die Hafeneinfahrt mit einem Holz bzw. einer Kette „gegen Unbefugte" sichern konnte.

Zurück in der Altstadt steigen wir auf den 81 m hohen **St.-Marien-Turm**, der im 14. Jh. zu einer Kirche gehörte, die im Krieg zerstört wurde. Die Aussicht von hier oben ist grandios!

Kartentipp:
ADFC-Regionalkarte Ostseeküste/Schwerin, 1:75.000, ISBN 978-3-87073-974-4, € 9,95
Digital für Smartphones und Tablets:
www.fahrrad-buecher-karten.de/rk-digital

49 Nord-Schleife mit viel Ruhe und Natur

Von **Seehof** über Flessenow

CamperTouren Info

ca. 37 km ohne Abstecher, gute, regionale Radweg-Beschilderung sowie teils Beschilderung als Seenrunde sowie als BUGA-Radstern. Etwas hügelig, keine größeren Steigungen. Die Route führt meist über separate Radwege, einige Passagen auf losem Untergrund.

Start / Ziel: Ferienpark Seehof, www.ferienpark-seehof.de

Auswahl weiterer Camps entlang der Strecke: Seecamping Flessenow, Naturcamping Retgendorf, Wohnmobilstellplatz in Rampe

Es erwartet uns eine entspannte Radtour, die uns meist am Ufer des Schweriner Außensees entlang führt. Dass die Strecke etwas hügelig ist, bekommen wir nur dann zu spüren, wenn das Fahrrad weder über Gangschaltung, noch E-Motor verfügt. Aber auch ohne diese „Extras" sind die 37 km gut zu schaffen – und ein Sprung ins kühle Nass ist auch an mehreren Stellen möglich.

Der Ort Seehof liegt fußläufig neben unserem Feriendomizil in teils aussichtsreicher Lage bis zu 27 m oberhalb des **Schweriner Sees**. Die tolle Lage vor den Toren der Landeshauptstadt sorgt für viele Urlauber, die immer wieder gerne hierher kommen.

Los geht´s am Campingplatz, den wir wieder an der Ausfahrt über die Straße „Am Zeltplatz" und an der Querstraße nach rechts verlassen, um via Lübstorf, Wiligrad und Gallentin nach Bad Kleinen zu radeln. Auch hinter Hohen Viecheln bleiben wir auf dem Radweg, der als Seenrunde gekennzeichnet ist und gelangen nach Flessenow.

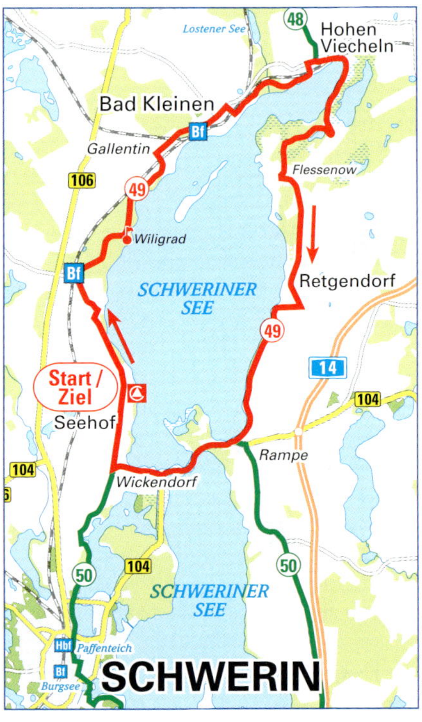

Herzog Johann Albrecht zu Mecklenburg ließ sich 1898 das wunderschöne **Schloss Wiligrad** erbauen, deren Räume heute vom Land genutzt werden. Fast zur selben Zeit, nämlich 1897, entstand das **Bahnhofsgebäude** von Lübstorf mit seiner prächtigen Fassade aus Fachwerk und Backstein. Zufall war das nicht, denn der Herzog nutzte den Bahnhof, um seine Gäste zu empfangen und von hier ins Schloss kutschieren zu lassen.

Schloss Wiligrad war einst das Eigenheim von Herzog Johann Albrecht zu Mecklenburg

Bad Kleinen liegt am Nordufer und hat mit dem „Eiertunnel" einen ganz besonderen Zugang zum Schweriner See. Der ovale Fußgängertunnel wurde 1986 fertiggestellt.

Interessant zu wissen ist auch, dass der Schweriner See über den Lostener See und den **Wallensteingraben** mit der Ostsee bei Wismar verbunden ist.

Auf unserer Runde um den See kommen wir auch durch Flessenow, das sich voll und ganz dem Tourismus widmet. Herrliche **Badestrände**, Anlegemöglichkeiten für Boote und Unterkünfte für unterschiedlich große Geldbeutel machen es für viele Gäste zu einem idealen Urlaubsziel.

Weiter geht´s von Flessenow auf dem Radweg „Seenrunde" durch Retgendorf, Rampe, Wickendorf zurück nach Seehof, wo unsere Radtour am Campingplatz endet.

Der kleine Ort Rampe wurde 1171 zum ersten Mal erwähnt. Heute ist er bei Wohnmobilisten für seinen gut gelegenen Stellplatz beliebt.

Kartentipp:
ADFC-Regionalkarte Ostseeküste/Schwerin, 1:75.000, ISBN 978-3-87073-974-4, € 9,95
Digital für Smartphones und Tablets:
www.fahrrad-buecher-karten.de/rk-digital

Tipp: Wer noch Zeit und Lust hat, zweigt noch ein Stück Richtung Schwerin ab und kürt diese Tour zu genau der Seenrunde, deren Schildern uns den Weg weisen: Der rund 12 ha große **Pfaffenteich** entstand durch einen Damm – vermutlich schon direkt nach der Stadtgründung im 12. Jh. Einst wurde hier eine Wassermühle betrieben, die zum **Burgsee** hin entwässerte. Am Ufer steht ein Denkmal für den Forscher Schliemann und eine Statue namens „Schirmkinder". Obwohl der Teich doch recht „übersichtlich" ist, wurde ein Fährbetrieb eingerichtet. Die **Fähre** wurde „Petermännchen" getauft. So heißen übrigens auch die **Sightseeing-Busse**, in denen wir bei einer Tour durch die Stadt mehr über die Sehenswürdigkeiten erfahren.

Rund 62 qkm umfasst der Schweriner See und ist damit der viertgrößte See Deutschlands. Seit 1842 wird er durch den **Paulsdamm** in den Innen- und den Außensee getrennt.

50 Schweriner Seenrunde – nicht nur etwas für Radsportler

Von **Seehof** über Schwerin

CamperTouren Info

ca. 36 km ohne Abstecher, gute, regionale Radweg-Beschilderung sowie teils Beschilderung als Seenrunde, Residenzstädte-Rundweg sowie als BUGA-Radstern. Hügeliger Verlauf, meist keine größeren Steigungen. Die Route führt meist über separate Radwege, einige Passagen auf losem Untergrund.

Start / Ziel: Ferienpark Seehof, www.ferienpark-seehof.de

Auswahl weiterer Camps entlang der Strecke: Camping Kapselwerder, Feriendorf Muess, Campingplatz Süduferperle, Wohnmobilparkplätze am Schlossgarten Schwerin, bei „Hangar19" (Schwerin) und in Rampe

Bei dieser Tour folgen wir dem Verlauf des Radwegs, der sich „Seenrunde" nennt. Damit ist freilich nicht das Jedermann-Radrennen gleichen Namens gemeint. Vielmehr rollen wir ganz entspannt auf bester Trasse einmal um den Schweriner Innensee herum.

Unweit unseres Camps trennt der **Paulsdamm** den Schweriner See in den Innen- und den Außensee, an dem wir campieren. Großherzog Paul von Mecklenburg-Schwerin ließ 1842 den 3 km langen Damm anlegen, damit Fuhrwerken nicht den kompletten See umrunden mussten.

Los geht´s am Campingplatz, den wir wieder an der Ausfahrt über die Straße „Am Zeltplatz" verlassen, um dieses Mal links abzubiegen und dem Radweg namens Seenrunde am Ziegelsee vorbei ins Herz von Schwerin zu folgen.

Unsere Radtour bringt uns zunächst zur Schweriner Innenstadt, die uns mit dem Ensemble von Staatstheater und Staatlichem Museum Schwerin empfängt. Zentral liegt der Marktplatz, an dem sich auch das **Altstädtische Rathaus** und der **Schweriner Dom** erheben. Rundherum finden wir in der **Altstadt** toll restaurierte Gebäude, darunter viele mit Fachwerk.

Tipp: Eine ganz exklusive **Übernachtungsmöglichkeit** für Wohnmobilisten gibt es ganz in der Nähe des Schweriner Schlosses: Hier können wir direkt neben den Wasserspielen und den Schwimmenden Wiesen übernachten.

Schöner kann ein Schloss nicht präsentiert werden: **Schloss Schwerin** liegt auf einer eigenen Insel auf dem Schweriner See – heute tagt

Wie im Märchen spiegelt sich das Schloss im Schweriner See

hier der Landtag von Mecklenburg-Vorpommern. Die Anlage begeistert jeden Besucher, denn schon von weitem fallen die großen und kleinen Türme, Kuppeln, Verzierungen und auch die unglaubliche Größe des Schlosses auf. Zurecht wird es auch als „Neuschwanstein des Nordens" oder als „Märchenschloss" betitelt. Im Innern schauen wir uns die pompös ausgestalteten **Räume** an und fühlen uns zurückversetzt in längst vergangene Zeiten. Vielleicht entdecken Sie ja auch das Petermännchen, das hier als Geist herumgaukeln soll.

Zu Füßen von Schloss Schwerin erstrecken sich ein englischer **Landschaftspark** und weitere gärtnerische Finessen auf der Schlossinsel.

Weiter geht´s von Schwerin, das wir von der Schlossinsel aus den Schildern der Seenrunde folgend verlassen. Immer am See entlang rollen wir an Zippendorf und Muess vorbei und treffen auf die B321, die wir aber direkt wieder nach links verlassen können. So rollen wir durch Raben Steinfeld und gesellen uns für einige Zeit neben die Landstraße, die parallel zur A14 verläuft. Hinter Leezen erreichen wir Rampe, wo wir links abbiegen, den Paulsdamm passieren und bei Wickendorf rechts abzweigen nach Seehof. Und schon sind wir wieder zurück an unserem Camp.

Kartentipp:
ADFC-Regionalkarte Ostseeküste/Schwerin,
1:75.000, ISBN 978-3-87073-974-4, € 9,95
Digital für Smartphones und Tablets:
www.fahrrad-buecher-karten.de/rk-digital

Genau 136 m misst der **Schweriner Funkturm**, der 1964 in Neu Zippendorf errichtet wurde. Direkt am Fernsehturm liegt das 2009 eröffnete **Feuerwehrmuseum**. Anhand ausgefallener Exponate wird uns die Historie der Feuerwehr und der Brandbekämpfung an sich näher gebracht.

In Leezen lohnt es sich, von den Rädern zu steigen, denn das **Gutshaus Leezen** ist inmitten eines kleinen Parks mit seinen vier Ecktürmchen mit Spitzhelmen wirklich sehenswert.

51 Durch den Gespensterwald

Vom **Ostseebad Kühlungsborn** nach Warnemünde

CamperTouren Info

ca. 27 km, überwiegend auf separaten Radwegen sowie Radwegen neben der Straße bzw. auf Nebenstraßen, keine Steigungen, regionale Wegweisung..

Start / Ziel: Campingpark Kühlungsborn, www.topcamping.de

Auswahl weiterer Camps an der Strecke: Ferien-Camp Börgerende

Viel Abwechslung bietet unsere Tour, die mit tollen Aussichten stets an der Ostsee entlang führt. Touristische Attraktionen wie die Flaniermeile von Warnemünde begeistern uns dabei genauso, wie weniger Bekanntes wie der Gespensterwald.

Prachtvolle Architektur in Kühlungsborn

Ein Urlaub im **Campingpark Kühlungsborn** sollte rechtzeitig reserviert werden, denn das Camp ist sehr beliebt. Wer einmal hier war, weiß warum: Unter mächtigen, Schatten spendenden Bäumen erstrecken sich große Parzellen und der weiße Ostseestrand grenzt direkt ans Gelände. Dazu Privatsphäre durch Hecken zwischen den Parzellen, beste Sanitäreinrichtungen und ein breites Freizeit- und Speisenangebot – einfach toll!

Der Urlaubsgenuss setzt sich im **Ostseebad Kühlungsborn** fort: Rund um den kleinen Park gibt es Einkehr- und Shoppingmöglichkeiten, die Gebäude sind teils modern, teils in klassischer **Bäder-Architektur** und die Uferpromenade lädt zum Flanieren ein.

Los geht's an der Ausfahrt des Camps nach links und an der nächsten Ecke wieder links in die Tannenstraße. Diese bringt uns ans Meer, wo wir dem bestens gekennzeichneten Ostseeküsten-Radweg folgen können. Um

So gespenstig ist der Wald doch gar nicht!

die Fußgänger nicht zu gefährden, meiden wir die Promenade von Kühlungsborn und radeln „in zweiter Reihe". So kommen wir vorbei am Hafen von Kühlungsborn, und kommen schnell nach Heiligendamm.

Im Jahre 1783 wurde in Heilgendamm Geschichte geschrieben: Hier entstand der erste Seebadeort von Kontinentaleuropa. Noch heute strahlt das **Ostseebad Heiligendamm** einen ganz besonderen Charme aus: Die weiß getünchten Villen und Hotels versammeln sich in Strandnähe, sind aber nicht alle für uns erreichbar. Darunter auch das Grand Hotel, wo einst der G8-Gipfel stattfand. Schön anzusehen ist auch der alte Bahnhof, an dem die **Bäderbahn Molli** hält.

Weiter geht's von Heiligendamm vorbei an Börgerende, Nienhagen und Diedrichshagen nach Warnemünde.

Börgerende-Rethwisch heißt der Ort, den wir als nächstes tangieren. Hier steht nicht nur eine alte Fachwerkscheune, sondern immer noch einer von 27 Grenztürmen, mit der die DDR einst die Ostseeküste bewachte.

Rund um das **Ostseebad Nienhagen** steht ein uriger, 180 ha großer Wald. Die teils bizarr aussehenden Bäume wirken wie im Märchen, so dass dieser schöne Fleck Erde den Beinamen „**Gespensterwald**" bekam – keine Angst: Gruselig ist es hier keineswegs, nur schön. Kurz darauf wird es wieder grün: 83 qkm groß ist das **Naturschutzgebiet Stoltera**, in dem auch eine Klippe unter Schutz gestellt wurde.

Tipp: Die kurze Strecke bietet so viel Kurzweil, dass die Zeit im Nu verfliegt. Zum Glück können wir von Warnemünde bzw. von Rostock aus mit dem ÖPNV, besonders schön natürlich mit der **Molli**, wieder zurück nach Kühlungsborn fahren. Wer noch genügend Puste hat, radelt die 27 km locker wieder zurück.

Ein schöneres Tourziel als Warnemünde hätten wir uns kaum aussuchen können: Kilometerlang zieht sich der weiße **Strand** neben unserem Radweg entlang. Seit 1821 gibt es hier, am Ufer der Warne, einen Badebetrieb. Fotomotive, wohin das Auge blickt: Der **Leuchtturm**, die **Promenade**, die schmucken Häuser am **Achterreeg**, die Kutter an der **Mole** oder die glücklichen Besucher auf den Außenterrassen der Cafés und Restaurants.

Kartentipp:
ADFC-Regionalkarte Ostseeküste / Schwerin, 1:75.000,
ISBN 978-3-87073-974-4, € 9,95
Digital für Smartphones und Tablets:
www.fahrrad-buecher-karten.de/rk-digital

52 Steilküste und Salzhaff

Vom **Ostseebad Kühlungsborn** nach Rerik und Neubukow

CamperTouren Info

ca. 42 km, überwiegend auf separaten Radwegen sowie Radwegen neben der Straße bzw. auf Nebenstraßen, wenige moderate Steigungen, regionale Wegweisung.

Start / Ziel: Campingpark Kühlungsborn, www.topcamping.de

Auswahl weiterer Camps an der Strecke: Campingpark Rerik, Ostseecamp Seeblick Lange und Pönitz OhG

Naturerlebnisse stehen im Mittelpunkt dieser Radtour, die uns schon nach wenigen Minuten am ersten Naturschutzgebiet mit einem Strandsee vorbei führt.

In Rerik fühlen sich die Urlaubsgäste seit vielen Jahren wohl, während im benachbarten Salzhaff und im Naturschutzgebiet Wustrow Tiere und Pflanzen geschützt werden.

Los geht´s vom Campingplatz kommend nach rechts an der Straße. Der beschilderte Ostseeküstenradweg führt uns bis nach Rerik.

Schon gleich zu Beginn unserer Tour bekommen wir einen Eindruck von der abwechslungsreichen Natur, die wir durchradeln: Neben uns tut sich die Steilküste auf. Und auf der anderen Seite liegt ruhige Natur: rund 90 ha umfasst das **Naturschutzgebiet Riedensee.** Eine Besonderheit ist der Strandsee, der als einer der letzten gut intakten seiner Art gilt. Hier konnten besonders viele seltene Tiere und Pflanzen erhalten werden. Klar, dass wir hier nur aus der Ferne hinblicken dürfen – der Strand lädt uns aber zum Verweilen ein.

Alt Gaarz – „Alte Burg" – so lautete der slawische Name unseres ersten größeren Ortes, den wir erreichen. Offiziell wird nur noch das Ostseebad Rerik genannt, das als Urlaubsort weit über die Landesgrenzen hinaus bekannt ist. Zu Zeiten der DDR beherbergte Rerik im Sommer bis zu 16.000 Urlauber – und die wussten, warum sie herkamen: Es ist hier einfach schön! Das wird uns besonders deutlich, wenn wir auf der 170 m langen **Seebrücke** wandeln, uns den Wind um die Nase wehen lassen und auf´s Festland blicken.

Nicht versäumen dürfen wir es, durch den **historischen Ortskern** zu streifen, denn der wurde aufwändig restauriert, so dass uns viele hübsche alte Hausfassaden entgegen strahlen. Am höchsten schaut dort der Turm der Hallenkirche heraus, die im Innern barocke Elemente hat. An den schön angelegten **Promenaden** können wir flanieren und einkehren – und zwar einmal auf der Seeseite

Das Boot liegt auf dem Trockenen…

und einmal auf der Seite des Salzhaffs.

Empfehlenswert ist es auch, in Rerik auf den **Schmiedeberg** zu steigen. Dies ist eigentlich nicht viel mehr als eine Düne, verschafft uns aber von der Aussichtsplattform einen herrlichen Blick: Wir erkennen, dass das **Naturschutzgebiet Wustrow** nur durch eine kleine Landzunge mit dem Festland verbunden ist. Rechts der Landzunge schäumt die Ostsee, links der Landzunge das **Salzhaff**.

Weiter geht's von Rerik entlang des Salzhaffs – mit teils tollen Aussichten. Wir tangieren Teßmannsdorf, Rakow, Buschmühlen und gelangen ins etwas größere Neubukow. Von hier folgen wir den regionalen Schildern via Malpendorf, Hof Jörnstorf, Zweedorf und Kägsdorf wieder zurück nach Kühlungsborn.

Das Naturschutzgebiet Wustrow, das wir schon von unserem Aussichtspunkt sehen konnten, trennt das Salzhaff von der Ostsee ab. Durch die regelmäßigen Wechsel von Überflutungen und Austrocknungen entstanden Salzwiesen mit einer seltenen Flora und Fauna.

…und die Kirche von Rerik über dem Ort

Neubukow ist gar nicht so neu, wie es sich anhört – schon im 13. Jh. gab es hier eine Siedlung. Der **Marktplatz** ist unsere zentrale Anlaufstelle – von hier erreichen wir das farbenfrohe, barocke **Rathaus** und die Stadtkirche mit ihrem 52 m hohen Turm. Etwas nordwestlich liegt die prachtvolle **Galerie-Holländerwindmühle**. Auch eine alte **Wassermühle** gibt es noch in der Stadt – schon 1304 wurde die erste erbaut.

Kartentipp:
ADFC-Regionalkarte Ostseeküste / Schwerin, 1:75.000,
ISBN 978-3-87073-974-4, € 9,95
Digital für Smartphones und Tablets:
www.fahrrad-buecher-karten.de/rk-digital

53 Abwechslungsreiches Hinterland

Vom **Ostseebad Kühlungsborn** nach Bad Doberan

CamperTouren Info

ca. 38 km, überwiegend auf separaten Radwegen sowie Radwegen neben der Straße bzw. auf Nebenstraßen, einige moderate Steigungen, regionale Wegweisung.

Start / Ziel: Campingpark Kühlungsborn, www.topcamping.de

Auf dieser Tour möchten wir uns dem „Hinterland" widmen, das sich entlang des Küstenstreifens befindet. Auf der etwas welligen Strecke wandeln wir auf Spuren der alten Mönche, die sich vor urlanger Zeit hier niederließen und entdecken eine beeindruckende Windmühle.

Los geht´s vom Camp nach links und wieder links zur Küste. Dem Ostseeradweg folgen wir dieses Mal nur bis Heilgendamm und zweigen dann rechts ab, um via Kammerhof nach Bad Doberan zu radeln.

Im Jahre 1232 wurde die Kirche von Kloster Doberan geweiht – und damit die Keimzelle der heutigen Stadt geschaffen. Das **Münster** ist daher unser wichtigster Anlaufpunkt. Toll, wie sich die roten Ziegel des hochgotischen Backsteingebäudes im Teich spiegeln!

Um das Münster herum finden wir eine gut erhaltene bzw. restaurierte Altstadt mit einladender Gastronomie. Erst seit 2000 wurde Doberan der Beiname „Bad" verliehen. Wer mehr dazu erfahren möchte, besucht das schicke **Möckelhaus**. Darin ist das Stadt- und Bädermuseum untergebracht. Interessant ist auch der „Kamp", ein dreieckiger, rund 2 ha großer Park, der um 1800 angelegt wurde. Hier steht auch das Kurhaus, das 1793 als Logierhaus errichtet wurde.

Vom Tempelberg blickt der **Wasserturm** – heute wird er als Wohnhaus genutzt. Unsere müden Radlergelenke können wir in den **Moorbädern** regenerieren, für die Bad Doberan als Kurort anerkannt ist.

Tipp: Am Bahnhof von Bad Doberan beginnt die rund 15 km lange Strecke der **Bäderbahn Molli**. 1886 erteilte der Großherzog von Mecklenburg den Auftrag, eine Schmalspurbahn anzulegen, um Gäste bequem ins Ostseebad Heiligendamm zu kutschieren. Später wurde die Strecke noch verlängert. Der Nostalgie ist es zu verdanken, dass die **Dampflok** mit Personenanhängern bis heute durch die Landschaft schnauft – eine gute Alternative, um wieder zurück nach Kühlungsborn zu gelangen.

Schlanke Schönheit: Kloster Doberan

Weiter geht´s von Bad Doberan über Reddelich nach Kröpelin. Von hier streben wir wieder dem Meer entgegen: Jennewitz liegt auf unserem Weg zurück nach Kühlungsborn. Der ist etwas anstrengender, da es immer wieder leicht, aber merklich bergauf geht.

Im kleinen Ort Reddelich finden wir einige schöne alte Gebäude, wie z.B. an der Steffenshagener Straße. In Funk und Fernsehen war Reddelich aber urplötzlich, als im benachbarten Ostseebad Heiligendamm der G8-Gipfel stattfand. Damals wurde der Ort als **Basislager** der Globalisierungsgegner von rund 5.000 Demonstranten überschwemmt.

Kaum zu glauben: Wir sind kaum von der Küste weg, schon melden uns die Waden, dass es bergauf geht – zumindest für Flachlandtiroler: Bis zu 80 m über dem Meeresspiegel liegt die Region, die wir durchradeln.

Historisches Feeling kommt in Kröpelin rasch auf, denn rund um den Markt stehen herrliche alte Häuser, darunter einige aus strahlend weißem Fachwerk. Von hier wird der Blick auch frei auf die 1904 erbaute **Galerie-Holländerwindmühle**. Diese ist bestens in Schuss und gibt ein tolles Motiv ab. Wer sich ihr auf die richtige Weise nähert, hat den Eindruck, die Mühle verschwinde im Boden und tauche dann wieder auf – eine Talsenke gaukelt uns dies vor. Ansehen müssen wir uns auch noch die gotische **Backsteinkirche** mit einer barocken Kanzel. An der Hauptstraße 5 finden wir die Bibliothek mit Stadtmuseum und Ostrock-Museum. Es erzählt von der Geschichte, dass hier in Kröpelin seit vielen Jahren das Ostrock-Festival stattfindet.

Unsere Rückfahrt führt uns durch das 30 ha große Landschaftsschutzgebiet des Kröpeliner Torfmoors.

Kartentipp:
ADFC-Regionalkarte Ostseeküste / Schwerin, 1:75.000,
ISBN 978-3-87073-974-4, € 9,95
Digital für Smartphones und Tablets:
www.fahrrad-buecher-karten.de/rk-digital

54 Große Bodden-Runde – oder doch lieber kürzer mit Schiff?

Von **Zingst** über Ribnitz-Damgarten

CamperTouren Info

ca. 92 km ohne Abstecher, Verkürzung möglich, gute, regionale Radweg-Beschilderung sowie teils Beschilderung als Ostseeküsten-Radweg bzw. Östlicher Backstein Rundweg. Keine größeren Steigungen. Die Route führt meist über separate Radwege, einige Passagen auf losem Untergrund.

Start / Ziel: Wellness-Camp Düne 6, www.wellness-camp.de

Auswahl weiterer Camps entlang der Strecke: Campingplatz Surfschule Zingst, Campingplatz am Freesenbruch, Zeltplatz Naturdüne, NATURCAMP Pruchten, Campingplatz Bodstedt, Camping in Neuhaus, Ostseecamp Dierhagen GbR, Campingplatz an den Stranddünen Wiesner eK, Regenbogencamp Born, Regenbogencamp Prerow, Wohnmobilstellplätze in Zingst, Ribnitz, Wustrow

Eine lange, aber sehr abwechslungsreiche Tour wartet auf uns: Ursprüngliche Natur entdecken wir rund um den Bodden, während die Ostseeküste mit Strandleben punktet.

Wenn ein Campingplatz den Namen „**Wellness-Camp**" trägt, weckt das Erwartungen. Und die werden nicht nur erfüllt, sondern übertroffen: Ein großes Süßwasser-Hallenbad ohne Chlor, eine Schönheitsfarm, eine Saunalandschaft, idyllische Ruheräume und ein Fitnessraum mit modernsten Geräten entführen uns in den siebten Himmel.

Los geht´s am Campingplatz, den wir an der Ausfahrt nach links über den Inselweg verlassen, der einer Kurve folgt und hinterm Kreisel als Jordanstraße weiterläuft. Später links in die Hafenstraße und vorm Hafen rechts, am Wasser entlang, am Vogelbeobachtungsturm rechts und gleich wieder links. So gelangen wir auf den Ostseeküsten-Radweg, der uns durch Bresewitz nach Pruchten bringt. Hier rechts via Bodstedt, Fuhlendorf, Michaelsdorf, Neuendorf, Saal und Damgarten nach Ribnitz (in Teilen begleitet uns der Östliche Backstein Rundweg).

Dann schweifen unsere Blicke über den **Nationalpark Vorpommersche Boddenlandschaft**, der mit 786 qkm der drittgrößte Nationalpark Deutschlands ist.

In Damgarten schauen wir uns die **Kirche St. Bartholomäus** an, deren ältesten Teile aus dem Jahr 1230 stammen. Etwas außerhalb liegt das **Technik-Museum Pütnitz,** welches uns Zweiräder, Autos, Flugzeuge und vieles mehr mit ehemaliger Ostblock-Technik präsentiert.

Das Ostseebad Dierhagen liegt an der Ostsee und am Bodden

Der Doppelort Ribnitz-Damgarten darf sich mit dem Titel „Bernsteinstadt" schmücken, denn die Historie des Bernsteins reicht hier 5.000 Jahre zurück wovon das **Bernsteinmuseum** berichtet.

Tipp: Auf dem Saaler Bodden kreuzen mehrere **Schiffe**, durch deren Nutzung wir die Tour teils deutlich verkürzen können.

Durch das **Rostocker Tor** gelangen wir in die Ribnitzer Innenstadt mit der **St. Marien-Kirche** aus dem 13. Jh. Der mühsame Aufstieg auf den Turm der Marienkirche lohnt sich, denn der Ausblick ist einfach herrlich. Gleich in der Nähe der Kirche erhebt sich direkt am **Marktplatz** das 1834 erbaute klassizistische **Rathaus**.

Weiter geht´s von Ribnitz durch Körkwitz, Dändorf und Dierhagen an die Ostseeküste. Hier treffen wir auf den gleichnamigen Radweg, dessen Schilder uns via Wustrow, Niehagen, Born, Wieck, und Prerow zurück nach Zingst geleiten. Am Ortsende zweigen wir bei den Kureinrichtungen rechts ab und gelangen zurück zu unserem Camp.

Kartentipp:
ADFC-Regionalkarte Rügen/Fischland-Darß,
1:75.000, ISBN 978-3-87073-915-7, € 8,95
Digital für Smartphones und Tablets:
www.fahrrad-buecher-karten.de/rk-digital

Nach herrlichen Ausblicken über den **Ribnitz-See** erreichen wir das **Ostseebad Dierhagen**, das sowohl am **Saaler Bodden** als auch an der Ostsee liegt.

Rund um den **Hafen** vom **Ostseebad Wustrow** gesellen sich Fischerkaten, Kapitänshäuser und das mehr als 200 Jahre alte Fischlandhaus.

Paul Müller-Kaempff gründete im **Ostseebad Ahrenshoop** um 1897 eine **Malerkolonie**. Dem Ruf folgten zahlreiche mehr oder minder begabte Künstler. Der Besuch des **Kunstmuseums** ist also Pflicht.

Auch das **Ostseebad Prerow** entwickelte sich vom Fischerdorf zu einem mondänen Kurort mit einer **Promenade**, reetgedeckten **Kapitänshäusern**, **Darß-Museum** und herrlichem Sandstrand. Im Regenbogencamp Prerow können wir an einem breiten, zwei Kilometer langen Strand mitten in den Dünen campen!

55 Die älteste Stadt Pommerns – und auch eine der schönsten!

Von **Zingst** nach Stralsund

CamperTouren Info

ca. 59 km hin plus 15 km vom Bahnhof zurück zum Camp, ohne Abstecher, Verkürzung möglich, gute, regionale Radweg-Beschilderung sowie Beschilderung als Ostseeküsten-Radweg. Keine größeren Steigungen. Die Route führt meist über separate Radwege, einige Passagen auf losem Untergrund.

Start / Ziel: Wellness-Camp Düne 6, www.wellness-camp.de

Auswahl weiterer Camps entlang der Strecke: Campingplatz „Am Freesenbruch", Naturcamp zu den 2 Birken (etwas abseits der Route), Wohnmobilstellplätze in Barth und Stralsund

Los geht´s am Campingplatz, den wir an der Ausfahrt nach links über den Inselweg und die Jordanstraße verlassen. Dann links zum Hafen und rechts am Wasser entlang, am Vogelzentrum vorbei und über den Ostseeküsten-Radweg an Bresewitz und Pruchten vorbei links nach Barth.

Der ausgezeichnete Ostseeküsten-Radweg geleitet uns durch meist ruhige Landschaften zu einer der schönsten Städte des Landes: Stralsund wirkt auf uns wie ein einziges, lebendiges Museum.

Auf den geräumigen Stellplätzen finden auch größere Camper einen Platz im Grünen – und jeder hat auf der Parzelle „sein eigenes Bäumchen". Doch auch wer ohne rollendes Heim kommt, kann im **Wellness-Camp** einbuchen: Mobilheime, Appartements und Mietwohnwagen sorgen für die passende Unterkunft. Und alle Gäste treffen sich gerne am Abend im Steakhaus.

Das heutige **Ostseeheilbad Zingst** war lange Zeit als Seefahrerort bekannt. Inzwischen hat sich der Ort mit über 10.000 Gästebetten zum größten Touristenmagneten der ganzen Halbinsel entwickelt. Ein toller, endlos erscheinender **Sandstrand**, ein Zugang zum **Bodden** und ringsherum eindrucksvolle Natur. Das ist es, was die Gäste zu schätzen wissen. Wer mehr über die Region erfahren mag, besucht den **Museumshof** in einem ehemaligen Kapitänshaus.

Vom Zingst rollen wir über die alte **Meiningenbrücke** zurück auf´s „Festland" bei Bresewitz. Die Fachwerkträgerbrücke ist zum Teil als Drehbrücke ausgeführt.

Die 1170 gegründete Stadt Barth erlebte ihre größte Blütezeit als Werft- und Schifffahrtsstadt. Heute lädt uns die Kleinstadt mit

Eindrucksvoll wird die Stralsunder Altstadt vom Wasser umspült

ihrem **mittelalterlichen Flair** zu einer längeren Pause ein.

Weiter geht´s von Barth den Schildern des Ostseeküsten-Radwegs folgend an Dabitz und Zühlendorf vorbei, durch Nisdorf, Kinnbackenhagen, Bisdorf, Hohendorf, Klausdorf, Groß Damnitz und Parow nach Stralsund. Hier steuern wir den Bahnhof an, steigen in die Bahn und lassen uns in einer knappen Dreiviertelstunde nach Barth fahren. Von hier geht's auf den Fahrrädern über die Bahnhofstraße, geradeaus Lange Straße, Gärtnergang, Bleicherwall wieder links auf den Ostseeküsten-Radweg und auf unseren Hinweg zurück nach Zingst. Das sind 15 km, die wir vorab gut einplanen sollten!

Am Strelasund gelegen und 1234 aus dem Fischerdorf Stralow gegründet: Das sind die Wurzeln der Hansestadt Stralsund, die gemeinsam mit Lübeck zu den wichtigsten Metropolen des Ostseeraumes gehörte. Im Jahre 1293 trat die Stadt dem Hansebund bei, was zu einem regelrechten Bauboom führte. Ein Gebäude wurde prachtvoller als das andere. Der zweite Weltkrieg machte mit den Bombenhageln im Oktober 1944 einen Großteil der historischen Altstadt zunichte. Da im Sozialismus der Fokus nicht unbedingt auf dem Erhalt von Baukunst lag, wurde wenig aufgebaut und vieles eingerissen. Einer enormen Restaurierungsleistung ist es zu verdanken, dass inzwischen hunderte von Gebäuden wieder in altem Glanz erstrahlen. Und so wurde die komplette **Altstadt** von der UNESCO im Jahr 2002 zum Weltkulturerbe ernannt – wenn das keine Auszeichnung ist!

Kartentipp:
ADFC-Regionalkarte Rügen/Fischland-Darß,
1:75.000, ISBN 978-3-87073-915-7, € 8,95
Digital für Smartphones und Tablets:
www.fahrrad-buecher-karten.de/rk-digital

Tipp: Wenn wir uns zum **Hafenbecken** begeben, erleben wir eine wunderschöne Aussicht auf die Altstadt, während im Vordergrund die Yachten auf den Wellen schaukeln.

Das prachtvolle **Rathaus**, das Scheelehaus, zahlreiche **Bürger- und Kaufmannshäuser**, die Marien-, die St. Nikolai- und die vielen weiteren **Kirchen** machen einen Stadtbummel äußerst kurzweilig. Dabei dürfen wir nicht vergessen, in einem der schönen Cafés oder Biergärten einzukehren und das maritime Flair dieser altehrwürdigen Stadt auf uns wirken zu lassen!

56 Architektur pur auf Rügen

Von **Prora** nach Göhren

CamperTouren Info

ca. 34 km, überwiegend auf separaten Radwegen, Radwegen neben der Straße sowie auf Nebenstraßen. Bis Göhren keine größeren Steigungen, dann einige kurze, knackige Steigungen, regionale Wegweisung.

Start / Ziel: Camping Meier in Prora, www.camping-meier-ruegen.de

Auswahl weiterer Camps an der Strecke: Reisemobilhafen Rüther in Sellin, Regenbogencamp Göhren

Los geht´s an der Ausfahrt des Camps, von der wir geradeaus über den Strandweg radeln. Dann folgen wir rechts der Seepromenade, die uns nach Binz geleitet. Am Ortsende geht es ein wenig bergauf und immer in der Nähe der Küste etwas hügelig durch ruhige Landschaft nach Sellin. Durch Baabe erreichen wir Göhren.

Deutschlands größte Insel hat sich zu einem echten Besuchermagnet entwickelt. Das liegt auch daran, dass Rügen ungemein abwechslungsreich ist. Das gilt auch für diese Tour: Mondäne Bäderarchitektur wechselt sich ab mit spektakulärer Küste und ruhigem Wald.

Der familiär geführte **Campingplatz Meier** am Rande von Prora ist ideal für alle, die einen idyllischen Stellplatz suchen, der viel Grün und Nähe zum Meer bietet. Wer sich am strahlend weißen **Strand** verausgabt hat, kann sich in der „**Mückenwirtschaft**“ mit allerlei Leckereien verwöhnen lassen.

Die **Seepromenade** bietet uns gleich zu Beginn der Tour eine herrliche Aussicht auf die See. Sie geleitet uns würdevoll ins größte Seebad der Insel. Aus dem ehemaligen Fischer- und Bauerndorf Binz entwickelte sich ab 1875 rasant ein beliebter Urlaubsort. Ebenso schnell reifte die Entscheidung, die Gäste nicht in großen Hotels, sondern in kleinen und feinen Logierhäusern unterzubringen. Es entstand jene **Bäderarchitektur**, die wir heute in voller Pracht genießen dürfen – allen voran das imposante Kurhaus. Wer die Blicke von den reich verzierten Häusern reißen kann, widmet sich der 350 m langen Seebrücke und dem breiten, weißen Strand.

Das Ostseebad Baabe liegt auf der Halbinsel **Mönchgut**. Zu den heimischen Küstenfischern gibt es hier sogar ein eigenes **Museum**. Die nette kleine Dorfkirche sollten wir uns

Kuren mit Stil – das geht bestens in Binz!

ebenso ansehen, wie die vielen **reetgedeckten Häuser** im Ort.

In Göhren können wir wieder auf einer Seebrücke der Ostsee entgegen schreiten – diese hier ist 270 m lang. Im **Rookhus**, einem reetgedeckten Fischerhaus, finden wir das interessante Heimatmuseum.

Weiter geht´s von Göhren, das wir landeinwärts über Post- und Berliner Straße etwas bergauf verlassen. Dann rollen wir durch die „hinteren" Ortsteile von Baabe und Sellin. Am Selliner See entlang wird es dann etwas anstrengender, wenn wir an Garftitz vorbei hinauf zum Tempelberg kurbeln. Danach geht's abwärts nach Binz und weiter entlang der Bahn zurück zum Camp.

Tipp: Die Strecke durch das „Inland" von Rügen ist äußerst reizvoll, aber auch ein wenig anstrengend, weil es doch bergauf geht. Daher ist es eine Überlegung wert, wieder an der Küste entlang zurück nach Prora zu radeln. Und wer es noch bequemer mag, steigt einfach in den **Rasenden Roland** und lässt sich nach Binz zurückfahren. Die Dampflok beschert uns dabei noch ein ganz besonders Urlaubsvergnügen.

Rund 90 Höhenmeter meistern wir, um auf den Tempelberg zu gelangen. Das herrliche **Jagdschloss Granitz**, das uns hier oben erwartet, entschädigt aber mehrmals für die Mühen. Vom Schloss genießen wir eine unglaubliche Sicht über die Insel. Auch der **Schmachter See**, an den wir noch kommen werden, ist gut zu erkennen. Dann widmen wir uns dem eigentlichen Schloss, das uns mit seinen verspielt wirkenden Türmen einlädt. Direkt daneben steht das **Granitzhaus**. Das einstige Gasthaus beherbergt heute die Infostelle des Biosphären-Reservates.

Kurz vor unserem Camp kommen wir noch am Schmachter See vorbei, der im Bereich von Binz auch mit einer Promenade versehen wurde. Hier ist es deutlich ruhiger – und naturverbundener, denn der See steht teils unter Naturschutz.

Kartentipp:
ADFC-Regionalkarte Rügen/Fischland-Darß, 1:75.000,
ISBN 978-3-87073-915-7, € 8,95
Digital für Smartphones und Tablets:
www.fahrrad-buecher-karten.de/rk-digital

57 Schwindelerregende Kreidefelsen

Von **Prora** zum Naturpark Jasmund

CamperTouren Info

ca. 45 km, überwiegend auf separaten Radwegen, Radwegen neben der Straße sowie auf Nebenstraßen. Bis Neu Mukran keine größeren Steigungen, dann einige kurze, knackige Steigungen, regionale Wegweisung.

Start / Ziel: Camping Meier in Prora, www.camping-meier-ruegen.de

Auswahl weiterer Camps an der Strecke: Reisemobilhafen Rüther in Sellin, Regenbogencamp Göhren

Wir rollen am beeindruckenden „Koloss von Prora" vorbei zum Jasmunder Bodden. Das Naturschutzgebiet ist bekannt für die lauschigen Wälder und die berühmten Kreidefelsen, für die viele Gäste von weither anreisen.

Direkt vor den Toren unseres Campingplatzes liegt der „**Koloss von Prora**". Was nach einem heroischen Hintergrund klingt, ist ein Zeitzeuge des Irrsinns, der im Dritten Reich herrschte: „Kraft durch Freude" – das war die Organisation, bei der sich seinerzeit das Volk mit System erholen sollte. Dafür bauten die Nazis an dieser Stelle einen sage und schreibe 8 km (!) langen Trakt, in dem bis zu 20.000 Menschen Urlaub machen sollten. Das Ungetüm wurde nie fertig, da das Geld für den Krieg gebraucht wurde. Fünf der ursprünglich acht geplanten Blöcke – auch schon 4,5 km lang – wurden zwischenzeitlich in der DDR als Kaserne genutzt. Prora ist also ein Teil deutscher Geschichte und wird als solcher auch erhalten bleiben. Zum Glück mit friedlicher Nutzung. Eine **Jugendherberge** mit 400 Betten, ein **Hochseilgarten** und gleich mehrere Museen bzw. Dokumentationszentren sind hier untergerbacht. Wer das nötige Kleingeld hat, kann auch eine **Ferienwohnung** kaufen. Hier? Natürlich! Unverbaubarer Blick auf die Ostsee und zu Füßen feinster **Sandstrand**!

Los geht´s an der Ausfahrt des Camps, von der wir geradeaus über den Strandweg radeln. Dann folgen wir der Seepromenade dieses Mal nach links und radeln vor dem Koloss von Prora her. So gelangen wir stets in Strandnähe fahrend nach Neu Mukran. Nun verlassen wir die See, umfahren die Hafenanlagen und kommen nach Sassnitz. Ein kleiner Abstecher führt ins Naturschutzgebiet Jasmund und wieder retour nach Sassnitz.

Sassnitz war einst das beliebteste **Seebad** der Insel. Mit dem Ausbau von Hafen und Bahnanlagen war es damit dann vorbei. Seit die großen Fähren vom „neuen" Terminal bei Neu

Das Radeln auf dem Jasmund ist anstrengend, aber ungemein lohnenswert

Mukran abfahren und die Züge auch dorthin rollen, wurde Sassnitz wieder zum Ferienort mit beschaulichem Fischerhafen und Strandpromenade. Dorthin führt eine moderne, „schwungvolle" 274 m lange **Hängebrücke**. Im **Kurviertel** finden wie einige Häuser in Bäderarchitektur.

Von Sassnitz erreichen wir die Halbinsel Jasmund, die sehr weitläufige Waldgebiete umfasst und unter Naturschutz gestellt wurde. Unbeschreiblich schön ist die Steilküste mit den strahlend weißen Kreidefelsen. Der **Königsstuhl** ist ohne Frage die bekannteste Klippe hier. Täglich kommen viele Touristen hier her, um sich dies anzusehen. Nicht minder schön sind die anderen Kreidefelsen entlang der Küstenlinie. Unter ihnen auch der **Wissower Klinken**, der aber dasselbe Schicksal teilt, wie viele andere Felsen: Sie rutschen nach und nach ins Meer ab. Kaspar David Friedrich verewigte schon früh die Schönheit der Felsen auf seinen Bildern.

Tipp: Die Tour durch die **Halbinsel Jasmund** ist anstrengender, als man zunächst vermuten mag. Es geht stetig auf und ab. Nicht besonders steil, nicht besonders lang, aber dennoch melden die Waden dies eindeutig zurück. Zudem ist der Untergrund, auf dem wir radeln nicht überall optimal. Der Tipp ist also, genau abzuwägen, ob die Strecke bis zum **Königsstuhl** (von Sassnitz hin und retour rund 18 km) mit dem Rad zurückgelegt oder eine andere, näher liegende Felsformation an der Küste angesteuert wird.

Weiter geht´s von Sassnitz über Klementelvitz nach Sagard und vor dort durch Wostevitz zu den Toren Neu Mukrans. Von hier können wir am Strand oder neben der Straße wieder zurück zum Camp fahren.

Die **St. Michael-Kirche** von Sagard überrascht uns mit dem Verhältnis des wuchtigen Turms zum Schiff. Nicht weit ist es von hier bis zum **Martinshafen** am **Jasmunder Bodden**. Der Bodden ist eine große, 14 km lange Lagune, deren Wasser natürlich schneller warm wird, wie die Ostsee. Darum ist der Sandstrand hier besonders einladend.

Kartentipp:
ADFC-Regionalkarte Rügen/Fischland-Darß, 1:75.000,
ISBN 978-3-87073-915-7, € 8,95
Digital für Smartphones und Tablets:
www.fahrrad-buecher-karten.de/rk-digital

58 Von der weißen Stadt zur Inselmetropole

Von **Prora** nach Putbus und Bergen auf Rügen

CamperTouren Info

ca. 41 km, überwiegend auf separaten Radwegen, Radwegen neben der Straße sowie auf Nebenstraßen. Bis Putbus keine größeren Steigungen, dann einige kurze, knackige Steigungen, regionale Wegweisung.

Start / Ziel: Camping Maier in Prora, www.camping-meier-ruegen.de

Auswahl weiterer Camps an der Strecke: Wohnmobilstellplatz bei Bergen

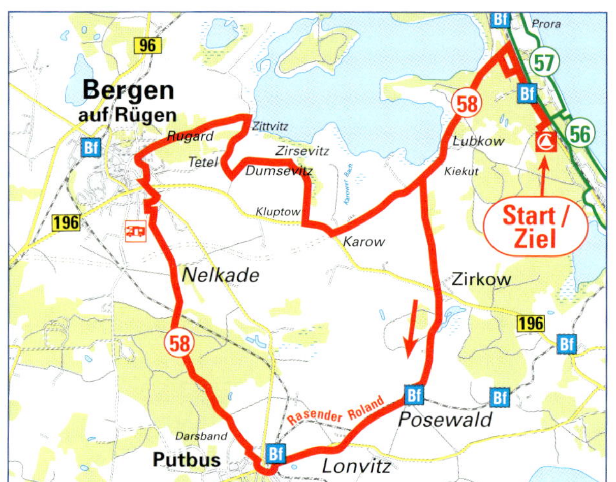

Los geht´s an der Ausfahrt des Camps, von der wir dem Radweg entlang der Straße nach links folgen. Später links Richtung Bergen und hinter Lubkow wieder links Richtung Putbus. Zirkow, Posewald und Lonvitz liegen auf unserem zum Schluss deutlich ansteigenden Weg nach Putbus.

Auf dieser Tour folgen wir den Spuren, die Wilhelm Malte I. auf Rügen für die Ewigkeit hinterließ. Nach einem ruhigen Beginn rollen wir durch die „weiße Stadt" Putbus und stellen fest, dass der Name wirklich passt. Etwas hügeliger verläuft der Rest der Rundfahrt durch Bergen.

Die **Ostsee** ist ein „Brackwassermeer" – und sogar das größte der Erde! Der Begriff stammt von dem Umstand, dass es nur wenig Verbindung zur Nordsee gibt und damit der Salzgehalt eher gering ist. Dabei ist die Ostsee, auch Baltisches Meer genannt, richtig groß. Sie bedeckt eine Fläche von 421.000 qkm und bildet den Meereszugang für gleich **neun Länder** Europas.

In Zirkow finden wir einen schönen historischen Ortskern, im dem mehrere **Fachwerkhäuser** unter Denkmalschutz gestellt wurden. Mittendrin ragt die **gotische Johanniskirche** empor.

Vor den Toren Posewalds liegen einige **Großsteingräber** aus der Jungsteinzeit. Deutlich „später" wurde das **Gutshaus** mit seinen markanten Türmen errichtet.

Kaum zu glauben, aber Putbus ist die jüngste Stadt auf Rügen. Zugleich ist der Ortsteil Lauterbach das älteste Seebad auf der Insel. Wilhelm Malte I., Fürst zu Putbus, wurde hier in der Gegend geboren. Er sorgte dafür, dass ab 1810 eine Planstadt entstand, sich bestens zum bereits bestehenden Schloss mit **Park** gesellte. Am Rande des Parks sehen wir die **Orangerie**, die von zwei Löwen bewacht wird. Das Zentrum von Putbus wurde der kreisrunde, „**Circus**" genannte Platz mit einem 19 m hohen **Obelisk** in der Mitte. Drumherum stehen das **Pädagogium**, einst das erste Gymnasium der Insel, und 15 weitere strah-

Die „weiße Stadt" Putbus…

lend weiß getünchte Gebäude. Weitere tolle Gebäude finden wir rund um den **Markt**, wo sich auch das **Rathaus** befindet. Wer sich weiterbilden möchte, besucht das Uhren- und Musikgeräte-Museum.

Tipp: Wer Putbus in vollen Zügen genossen hat, kann in den historischen Zug steigen und sich bequem nach Binz zurückbringen lassen. Der „**Rasende Roland**", die denkmalgeschützte Kleinspurbahn verkehrt in regelmäßigem Takt und hat hier in Putbus den „Heimathafen".

Weiter geht´s von Putbus via Darsband und Neklade, nach Bergen, das wir mit einem weiteren Anstieg erreichen. Rugard, Zittvitz, Tetel, Dumsevitz, Zirsevitz, Kluptow, Karow durchradeln wir, ehe wir bei Kiekut wieder auf die Strecke treffen, auf der wir hierherkamen. Und genauso radeln wir auch wieder zurück nach Prora.

Das älteste Bauwerk von Bergen, die **Marienkirche**, sehen wir schon von weitem, denn sie thront auf dem Joachimsberg und blickt

…liegt auch an der Strecke vom Rasenden Roland

mit ihrem Turm weit über die Stadt. Nicht weit entfernt erzählt uns das **Stadtmuseum** im Klosterhof mehr über die wechselvolle Geschichte Bergens. Außer „unserem" Fürsten Malte I. gilt der Dichter und Politiker Ernst Moritz Arndt als wichtigster Sohn der Insel. Er wurde 1769 auf Rügen geboren und machte sich einen Namen als Professor. Auf dem 91 m hohen Rugard, einem Hügel bei Bergen, steht ein nach ihm benannter 27 m hoher **Turm**. Wer die 80 Stufen in die gläserne Kuppel geschafft hat, wird von einem unglaublichen **Fernblick** überwältigt.

Kartentipp:
ADFC-Regionalkarte Rügen/Fischland-Darß, 1:75.000,
ISBN 978-3-87073-915-7, € 8,95
Digital für Smartphones und Tablets:
www.fahrrad-buecher-karten.de/rk-digital

59 Ostsee-Perlen

Von **Stubbenfelde** nach Ahlbeck

CamperTouren Info

ca. 33 km, überwiegend auf separaten Radwegen, Radwegen neben der Straße sowie auf Nebenstraßen. Nur einige kleinere Steigungen, regionale Wegweisung.

Start / Ziel: Campingplatz Stubbenfelde, www.stubbenfelde.de

Auswahl weiterer Camps an der Strecke: Naturcampingplatz Am Strand, Waldparkplatz Bansin, Camping Familie Knüppel, Mobilcamp bzw. Campingplatz Heringsdorf, WoMo-Stellplatz am Korbwerk, Caravanplatz Am Wiesengrund, Wohnmobilstellplatz Ahlbeck, Nandalsee Camping, Naturcamping Hafen Stagnieß

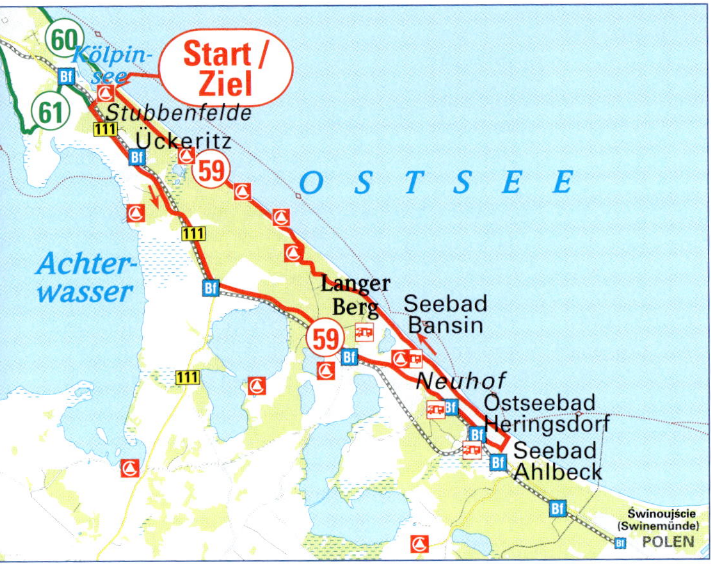

Usedom wird im Durchschnitt von 1906 Sonnenstunden im Jahr verwöhnt und gilt damit als eine der sonnenreichsten Regionen des Landes. Bis zu 70 m breit und sagenhafte 42 km lang ist der feine Sandstrand. Der wird begleitet von einem perfekten Radweg, der uns unbeschwertes Vergnügen verspricht.

Wow – was für eine Lage! Der **Campingplatz Stubbenfelde** liegt malerisch unter hohen, Schatten spendenden **Laubbäumen** am langen **Sandstrand** der Ostsee. Wem eher der Sinn nach ruhigerem Wasser steht, ist nach wenigen Schritten am Ufer des **Kölpinsees**. Der Radweg verläuft direkt vor den Toren des Camps – und wer einmal keine Lust zum Radeln hat, steigt in die Bäderbahn, die 300 m entfernt hält. Gäste werden mit Wellness, Sauna, Fitness, Spielplatz, Restaurant, und noch vielem mehr verwöhnt.

Los geht´s an der Ausfahrt des Camps, den wir geradeaus durch den Ort Stubbenfelde verlassen. Nachdem wir die Bahnschienen passiert haben, nehmen wir den Radweg an der Bundesstraße nach links. So radeln wir durch Ückeritz, Bansin, Neuhof und Heringsdorf nach Ahlbeck, wo wir nach links die Uferpromenade ansteuern.

Schon zur Bronzezeit war die Gegend um Ükeritz besiedelt. Unsere Vorfahren wussten vermutlich auch schon die gute Lage am **Achterwasser** zu schätzen. Das heutige Seebad empfängt uns mit einer schönen **Promenade** mit farbenfrohen Holzhäusern.

Ahlbeck ist das perfekte Zwischenziel unserer Radtour, denn es gehört zu den **„Drei**

Den Sonnenuntergang mit Blick auf die Seebrücke von Ahlbeck genießen - herrlich!

Kaiserbädern", wie auch Bansin und Heringsdorf. Die wundervolle **Bäderarchitektur** zieht sich durch die komplette Stadt – immer wieder entdecken wir neue, weiß getünchte und verzierte **Villen**. Der weiße Strand wird geziert von der **ältesten Seebrücke Deutschlands**. Komiker Loriot ließ die baufällige Brücke samt Prachtbau darauf herrichten, denn sie diente in seinem Film „Papa ante Portas" als Kulisse.

Tipp: Die wundervolle Promenade samt Radweg bringen uns mit nur wenigen Pedalumdrehungen nach **Swinemünde**. Kaum zu glauben, dass wir heutzutage so unkompliziert die Grenze nach Polen überschreiten können. Auch hier geht die eindrucksvolle Promenade weiter. Und direkt dahinter hält Swinemünde viele historische Gebäude bereit.

Weiter geht´s von Ahlbeck stets an der Uferpromenade entlang – der feinen Adressen von Heringsdorf und Bansin. Dann rollen wir um den „Langen Berg" herum und kehren wieder zurück an die See. Unser Radweg führt uns geradewegs zurück zum Camp.

Sagenhafte 42 km ist der endlos wirkende **Sandstrand** von Usedom lang. Von Swinemünde bis Bansin wurde eine 12 km lange **Promenade** geschaffen – es ist die längste Europas und damit eine perfekte Flanier- und Radelmeile.

Bansin schmücken eine 285 m lange Seebrücke und ein bestens erhaltenes Ensemble der **Bäderarchitektur**. Diese geht gemeinsam mit der tollen Promenade nahtlos über in Heringsdorf. Und gleich der nächste Superlativ: Die **Seebrücke** von Heringsdorf misst 508 m und ist damit die längste Ihrer Art in Deutschland.

Wir kommen nochmals an Ückeritz vorbei, dieses Mal an dem Ortsteil, der Zugang zum Ostseestrand und einer kleinen Shoppingmeile hat.

Kartentipp:
ADFC-Regionalkarte Usedom/Stettiner Haff, 1:75.000,
ISBN 978-3-96990-073-4, € 9,95
Digital für Smartphones und Tablets:
www.fahrrad-buecher-karten.de/rk-digital

60 Erfreuliche Reise in die dunkle Geschichte

Von **Stubbenfelde** nach Peenemünde

CamperTouren Info

ca. 31 km, überwiegend auf separaten Radwegen, Radwegen neben der Straße sowie auf Nebenstraßen. Keine Steigungen, regionale Wegweisung.

Start / Ziel: Campingplatz Stubbenfelde, www.stubbenfelde.de

Auswahl weiterer Camps an der Strecke: Campingplatz am Sandfeld, Wohnmobilstellplatz Damerow, Camping Am Dünengelände, Camping Pommernland, Camping Ostseeblick, Dünencamp Karlshagen

Nachdem wir bereits an der Küste entlang zu den „Kaiserbädern" unterwegs waren, lernen wir heute etwas weniger bekannte Seebäder Usedoms kennen. Auch diese haben ihren eigenen Charme, dem wir uns nicht entziehen können.

Los geht´s wieder an der Ausfahrt des Camps, wo wir nach rechts wegfahren und dem Ufer des Kölpiner Sees folgen. Danach gesellen wir uns ans Ufer der Ostsee und radeln entspannt vorbei an Koserow, Zempin und Zinnowitz. Ab Trassenheide finden wir Schatten bei der Fahrt durch den Dünenwald, ehe wir an Karlshagen vorbei rollen. Später verlassen wir die See, biegen links ab und gelangen nach Peenemünde.

Bei Koserow erreichen wir die Stelle, an der Ostsee und Achterwasser bis auf 300 m aneinanderrücken. Die **Salzhütten** rund um Koserow und Zempin herum haben teils Reetdächer, die soweit runtergezogen sind, dass man das Fachwerk kaum noch erkennen kann. Zur See hin genießen wir die Steilküste und die Fahrt durch den **Dünenwald**, der uns noch einige Kilometer begleiten wird. Wer genau hinschaut, entdeckt bei Zempin Reste der **Startrampe** einer V1-Rakete. Eine Infotafel erklärt uns mehr zu dieser düsteren Geschichte. Erhellender ist da ein Blick auf die See, die hier vom sogenannten Bernsteinstrand begleitet wird.

Zinnowitz ist wieder ein typischer Badeort mit **Bäderarchitektur** und einer 350 m langen Seebrücke. Besonders ist hier, dass es eine Tauchglocke zu sehen gibt.

Das nächste Ostseebad auf unserer Tour lässt nicht lange auf sich warten: Trassenheide gehört zwar zu den kleineren Bädern, gefällt uns aber besonders durch die ruhige **Promenade** und die herrliche **Schmetterlingsfarm**, die als größte ihrer Art in Europa gilt

Mystische Aussichten in Zinnowitz

Die Gegend um Karlshagen herum war lange Zeit Sperrgebiet. Grund war die Heeresversuchsanstalt Peenemünde. Für die dort beschäftigten Soldaten und Wissenschaftler wurde hier in Karlshagen eine **Wohnsiedlung** errichtet. Während des Krieges gab es zudem ein Zwangsarbeiterlager, in dem auch Kriegsgefangene interniert wurden. Gut, dass eine Gedenkstätte daran erinnert, dass solche Zeiten nie wieder kommen dürfen.

Heute gefällt uns Karlshagen mit einer schmucken **Strandpromenade**, einer Marina und schicken Ferienhäusern.

Weiter geht´s von Peenemünde über den Deich zum Hafen von Karlshagen. Auch dahinter bleiben wir stets am Ufer des Peenestroms, kommen durch Zecherin nach Mahlzow. Hier zweigen wir links ab und rollen auf dem Radweg neben der B111 durch Bannemin und Zinnowitz nach Zempin. Von hier geht's auf demselben Weg zum Camp zurück, auf dem wir herkamen.

Bei unserer Fahrt über den Deich haben wir zu beiden Seiten nur blaues Wasser um uns herum. Kurz darauf kommen wir an den **Bunkeranlagen** vorbei.

Tipp : Wer die Tour verkürzen möchte, fährt nur bis Karlshagen und dann an der Küste wieder retour. Damit sind es in Summe nur rund 38 km. Wenn bei Mahlzow die Lust oder der Akku am E-Bike nachlassen, können wir hier in die **Bahn** steigen und nach Stubbenfelde zurück fahren.

Pennemünde ist die größte Gemeinde der Insel. Bekannt wurde sie allerdings durch die **Heeresversuchsanstalt**, in der das „Aggregat 4“ entwickelt und getestet wurde. Als „V2“ machte die Rakete von sich Namen. Das ehemalige **Kraftwerk** der Anstalt vermittelt uns einen Eindruck von den Dimensionen, in denen hier einst Unfug getrieben wurde. Heute ist hier ein **Museum** eingezogen, das die Historie aufarbeitet.

Kartentipp:
ADFC-Regionalkarte Usedom/Stettiner Haff, 1:75.000,
ISBN 978-3-96990-073-4, € 9,95
Digital für Smartphones und Tablets:
www.fahrrad-buecher-karten.de/rk-digital

61 To(u)r zum Festland

Von **Stubbenfelde** nach Wolgast

CamperTouren Info

ca. 28 km, überwiegend auf separaten Radwegen, Radwegen neben der Straße sowie auf Nebenstraßen. Keine Steigungen, regionale Wegweisung.

Start / Ziel: Campingplatz Stubbenfelde, www.stubbenfelde.de

Das Achterwasser schließt Usedom sanft ein, während auf der anderen Seite der Nehrung die Ostsee brandet. Ein schöner Radweg führt uns auf der fast gesamten Tour entlang des Achterwassers und gestaltet das Radeln zum Naturerlebnis.

Los geht´s an der Ausfahrt des Camps, die wir zur Ostsee hin verlassen. Dort treffen wir auf den Usedom-Radweg, dem wir nach links folgen. So kommen wir an Koserow vorbei nach Zempin.

Am Sportboothafen von Loddin haben wir das Achterwasser erreicht. „Achtern" bedeutet im Niederdeutschen soviel wie „hinten" und ist damit eine gute Umschreibung dafür, dass das **Achterwasser** eine Lagune hinter der Ostseeküste bildet. Bei Zempin ist die Nehrung, die beide Gewässer trennt, gerade einmal 300 m breit. Zugleich mündet der Peenestrom hier in die See, was eine einzigartige Landschaft modellierte. Das Achterwasser ist nicht allzu tief und wärmt sich natürlich schneller auf als die Ostsee. Daher ist es ein beliebtes Revier für Wassersportler.

Die **Loddiner Höft** ragt bis zu 16 m über dem Wasser heraus und sorgt für gute Ausblicke. Gleich in der Nachbarschaft gibt es Deutschlands nördlichsten „Weinberg". Etwas nördlich des Ortes liegt der ruhige **Kölpinsee**, der in den 1920er und 1930er Jahren als Filmkulisse diente.

Auf unserer Tour kommen wir am **Forsthaus Damerow** vorbei. In dem schönen, reetgedeckten Bau ist ein Hotel mit Wellness-Oase untergebracht.

Am Anglerhafen Zempins begrüßt uns eine etwa 350 Jahre alte, üppig gewachsene Eiche. An den Dorfstraßen finden wir viele weitere **reetgedeckte Häuser**. Im gesamten Ort sollen es fast 50 sein.

Weiter geht´s: Hinter Zempin fahren wir an der Stelle, wo der Usedom-Radweg wie-

In Wolgast erreichen wir das „Festland“

der ans Meer führt ein Stück geradeaus, um mit einmal links Abbiegen auf die Straße zu gelangen. Deren Radweg folgen wir ein Stückchen, ehe wir sie wieder nach links verlassen können, um nach Neuendorf zu radeln. Hinter dem Ort gelangen wir wieder ans Achterwasser, dem wir nach rechts folgen. Durch Krummin erreichen wir Neeberg, wo wir rechts abbiegen. Rasch ist die Peenebrücke erreicht, über die wir nach Wolgast rollen. Die Bahn bringt uns wieder zurück nach Stubbenfelde.

Spektakulär sieht sie aus, die blau gestrichene **Peenebrücke**. Wenn sie aufgeklappt wird, um Schiffe passieren zu lassen, wird erst richtig deutlich, welche Meisterleistung die Ingenieure hier vollbracht haben. Sie dient dazu, dass Bahnen, aber auch etwa 12.000 Fahrzeuge pro Tag hinüber nach Usedom gelangen können, ohne die Fähre zu nutzen. 1945 wurde die Brücke durch die Wehrmacht gesprengt, allerding blieb der Klappteil erhalten. Nach fünf Jahren Bauzeit war die Brücke wieder befahrbar und erhielt den Namen „Brücke der Freundschaft“.

Tipp: Wer mag, kann auch mit dem Rad zurückfahren. Wenn wir dabei den **Radweg** entlang der B111 nutzen, sind die 21 Kilometer rasch geschafft.

Wolgast ist ein ideales Ziel für unsere Radtour, denn wir haben hier noch viel zu sehen – nicht nur die Peenebrücke. Direkt hinter der Brücke liegt der alte Wolgaster Hafen mit dem **Speicher** von 1836.

Im historischen Zentrum entdecken wir viele **Fachwerkhäuser** und das strahlend weiße **Rathaus**. Die **Petrikirche** wurde zunächst im gotischen Stil erbaut und später umgestaltet. Wer mehr über die Stadt erfahren mag, besucht das Stadtgeschichtliche Museum.

Kartentipp:
ADFC-Regionalkarte Usedom/Stettiner Haff, 1:75.000,
ISBN 978-3-96990-073-4, € 9,95
Digital für Smartphones und Tablets:
www.fahrrad-buecher-karten.de/rk-digital

62 Fische, Vögel und eine geruhsame Innenstadt

Von **Waren** zum Warnker See

CamperTouren Info

ca. 24 km, überwiegend auf separaten Radwegen, Radwegen neben der Straße sowie auf Nebenstraßen. Leicht hügelig, keine größeren Steigungen, regionale Wegweisung

Start / Ziel: Camping- und Wohnmobilpark Kamerun bei Waren, www.campingpark-kamerun.de

Auswahl weiterer Camps an der Strecke: Wohnmobilstellplatz Waren, Campingplatz Ecktannen

Diese Tour ist bewusst recht kurz gehalten, damit genügend Zeit bleibt, die herrliche Stadt Waren an der Müritz kennenzulernen. Aber auch Naturliebhaber kommen auf ihre Kosten, denn wir drehen eine Runde durch den Warener Staatsforst.

Der **Camping- und Wohnmobilpark Kamerun** ist genial gelegen: Einerseits ruhig inmitten eines schattigen Waldes, andererseits aber auch in direkter Nähe zum Besucher-Hotspot Waren. Was das Camp aber perfekt macht, ist seine Lage direkt an der Müritz mit einem Badestrand. Wer sein Boot mitbringt, findet hier direkt vor der Tür Liegeplätze. Aber auch das Leihen von Booten, Kanus und Kajaks ist möglich. Die Kleinen toben sich auf dem Spielplatz mit Seilbahn aus.

Los geht´s an der Ausfahrt des Camps, die wir entlang des Wassers Richtung Innenstadt verlassen, um dem Müritz-Rundweg durch Obstwiesen zu folgen. Wir treffen auf einen Steg, den wir schiebend nutzen. Dahinter radeln wir am Volksbad vorbei und gelangen stets in Ufernähe ins Herz von Waren.

Der Kurort Waren an der Müritz hat sich zu einem echten Besuchermagneten entwickelt. Es ist aber auch so schön hier: Im weitläufigen **Stadthafen** mit seinen alten Speicherbauten schaukeln die (Haus-) Boote, während sich direkt dahinter eine schmucke Altstadt erhebt. An der höchsten Stelle steht die **St. Marien-Kirche** mit ihrem helmgekrönten Turm. 175 Stufen führen hinauf auf den 54 m hohen Turm, von dem wir das Treiben in der Stadt und auf dem Wasser bestens beobachten können. Gleich in der Nähe der Kirche liegen der Neue Markt mit dem **Neuen Rathaus** in englischer Tudorgotik und die einladende Fußgängerzone. Hier finden wir reichlich Möglichkeiten zum Shoppen und Einkehren. Schön anzusehen sind auch das **Alte**

Die Weiße Flotte kann eine spaßige Alternative zum Radeln sein

Rathaus aus dem 14. Jh., die Kirche St. Georgen, die **Löwenapotheke** und die ehemalige Posthalterei.

Tipp: Der Besuch des **Müritzeums** sollte unbedingt mit auf dem Besuchsprogramm von Waren stehen. Das größte Süßwasser-Aquarium Deutschlands zeigt uns mehr als 40 heimische Fischarten. Zum Müritz-Nationalpark gibt es zudem eine Multimediale Ausstellung.

Weiter geht´s von Waren am Hafen entlang der Straße „Am Seeufer", die wir später nach rechts in die Strandpromenade verlassen. So tangieren wir Ecktannen und tauchen ein in ruhige Natur. Beim Vogel-Beobachtungsturm biegen wir links ab und fahren vom Ufer weg. An der nächsten Ecke rechts und dann gegen den Uhrzeigersinn um den Warnker See herum. Auf einer bestens ausgebauten „Fahrradstraße", die sogar etwas bergab geht, kommen wir wieder zurück zu den Toren Warens. Von hier fahren wir stets in Ufernähe auf demselben Weg zum Camp zurück, auf dem wir herkamen.

Nach dem Abbiegen auf die „**Strandpromenade**" radeln wir unterhalb einer kleinen Siedlung. An einer Stelle führt eine Treppe dort hinauf. Von hier haben wir eine herrliche Sicht auf den Hafen und die Skyline von Waren. Hinter Ecktannen mit seinen wenigen Häusern und dem Campingplatz wird es richtig ruhig – wir radeln stets am Ufer entlang mit guten Blicken über den See. Schnell wird klar, warum sich die Vögel hier so wohl fühlen. Vom **Beobachtungsturm** können wir ihnen näher ins Gefieder schauen.

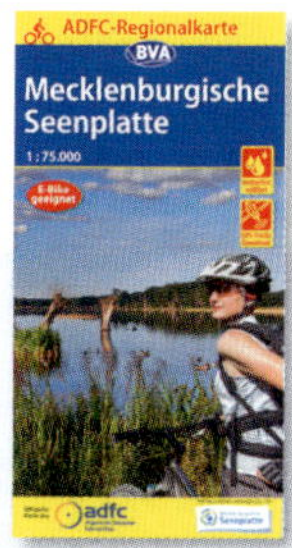

Kartentipp:
ADFC-Regionalkarte Mecklenburgische Seenplatte, 1:75.000,
ISBN 978-3-87073-953-9, € 9,95
Digital für Smartphones und Tablets:
www.fahrrad-buecher-karten.de/rk-digital

63 Sandiges Westufer

Von **Waren** nach Röbel

CamperTouren Info

ca. 27 km, überwiegend auf separaten Radwegen, Radwegen neben der Straße sowie auf Nebenstraßen. Leicht hügelig, keine größeren Steigungen, regionale Wegweisung

Start / Ziel: Camping- und Wohnmobilpark Kamerun bei Waren, www.campingpark-kamerun.de

Auswahl weiterer Camps an der Strecke: Campingplatz Sietower Bucht, Campingplatz C 80, Campingplatz Hirschberg, Zeltplatz Gotthun, Campingplatz Pappelbucht

Wir machen uns heute auf, das idyllische Westufer der Müritz zu entdecken. Der Naturgenuss steht dabei im Vordergrund, denn die meiste Strecke legen wir durch dichten Wald zurück. Kleine Orte und herrliche Ausblicke über den See sorgen dabei immer wieder für Kurzweil.

Los geht´s quasi mitten im Camp, das wir auf dem dort verlaufenden Müritz-Rundweg verlassen. Die Strecke führt malerisch, aber etwas hügelig, kurvig und sandig durch den Wald und trifft bei Eldenburg auf die Straße. Dort links über die Brücke (etwas eng!) und gleich wieder rechts. Stets in Ufernähe gelangen wir zu einigen Feriensiedlungen und in den Ort Klink.

Bei Eldenburg überqueren wir den Eldekanal, der auch Reeckkanal genannt wird. Er verbindet die Müritz mit dem Kölpinsee und ist damit bei Freizeitkapitänen sehr beliebt.

In Klink wurde 1974 das FDGB-Erholungsheim „Völkerfreundschaft" mit 1.000 Zimmern errichtet. Zusammen mit anderen Einrichtungen wurde es zum größten Ferienzentrum der Region. Noch heute kommen die Erholungssuchenden in diese Gegend. Viele steigen etwas feiner ab im Schlosshotel Klink, das uns mit den Türmchen und Erkern zurecht an die Schlösser der Loire erinnert.

Weiter geht´s von Klink vorbei an Sembzin, Sietow und Zierzow nach Gotthun. Es geht

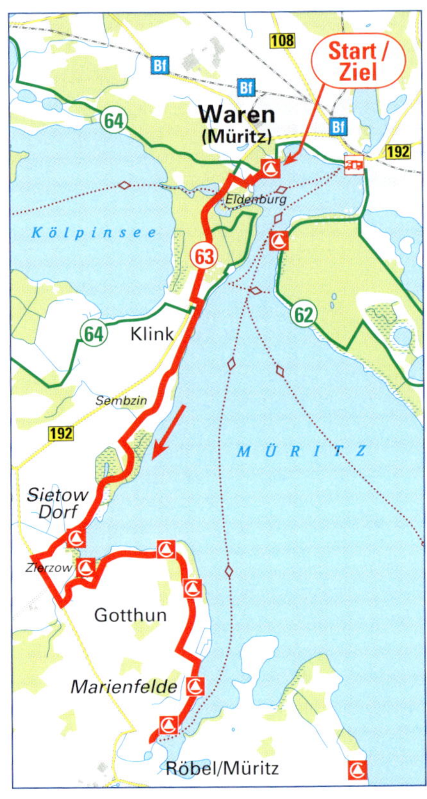

hügelig weiter an einigen Campingplätzen vorbei, ehe wir Marienfeld und die Stadtrandsiedlung tangieren und ins Herz von Röbel kommen. Hier steuern wir den Hafen an und lassen uns bequem mit dem Schiff zurück nach Waren schippern. Von hier sind es nur ein paar Minuten auf dem Müritz-Rundweg zurück zum Camp.

Röbel ist ein beliebtes Ziel – nicht nur bei den Freizeitskippern

In Sietow schauen wir uns die kleine Feldsteinkirche an und freuen uns im weiteren Tourverlauf auf wundervolle Ausblicke über die Müritz. Diese schöne Gegend lockt viele Gäste an – rund um Gotthun finden auch Camper weitere Unterkünfte.

Tipp: Wer noch gut bei Kräften ist, folgt weiter dem Radweg, der einmal um die Müritz herum führt. Je nach gewählter Strecke sind dies zwischen 88 und 111 Kilometer. Wegen des hügeligen Verlaufs ist das für eine Tagestour recht viel. Allerdings gibt es auf der Runde zwei weitere Gelegenheiten, auf´s Schiff umzusteigen.

Röbel reicht weit hinein ins blaue Nass der Müritz. Einst entwickelte sich eine Bauern- und Fischersiedlung rund um eine Burg. Später kamen Kaufleute und Handwerker – die siedelten sich landeinwärts an und schützten den Ort mit einer Mauer. Von der Mauer ist nicht mehr viel zu erkennen. Dafür umso mehr von der frühgotischen St. Marien-Kirche, die einen 58 m hohen Kirchturm besitzt. Wer den Aufstieg wagt, wird mit einer unglaublichen Aussicht über Stadt, Wald und Müritz belohnt. Auch die St. Nikolai-Kirche sehen wir von hier oben. Sie ragt aus den farbenfrohen Fachwerkhäusern der Altstadt empor. Zum Ausklang der Tour genießen wir von der Müritzpromenade das geschäftige Treiben der Skipper im Hafen. Wer mag, regeneriert in der Müritztherme oder schaut sich alte Loks im Freilicht-Bahnhofsmuseum an.

Kartentipp:
ADFC-Regionalkarte Mecklenburgische Seenplatte, 1:75.000,
ISBN 978-3-87073-953-9, € 9,95
Digital für Smartphones und Tablets:
www.fahrrad-buecher-karten.de/rk-digital

64 Viele Seen und viel Sehenswertes

Von **Waren** nach Malchow

CamperTouren Info

ca. 50 km, überwiegend auf separaten Radwegen, Radwegen neben der Straße sowie auf Nebenstraßen. Leicht hügelig, keine größeren Steigungen, regionale Wegweisung

Start / Ziel: Camping- und Wohnmobilpark Kamerun bei Waren, www.campingpark-kamerun.de

Auswahl weiterer Camps an der Strecke: Naturcamping Malchow

Je nachdem, wie wir zählen, kommen wir heute an acht Seen vorbei und erhalten einen guten Eindruck davon, dass die Mecklenburgische Seenplatte ihre Namen völlig zurecht bekam.

Die Wege, auf denen wir radeln, sind ein stetes Auf und Ab, ohne aber sportliche Höchstleistungen von uns zu verlangen. Mit Malchow liegt einer der schönsten Städte der Region auf unserer Tour.

Los geht´s an der Ausfahrt des Camps, die wir nach links verlassen. Gleich darauf überqueren wir die Straße links versetzt geradeaus in die Straße Eldenholz. Diese verläuft etwas „zackig" durch den Wald und entpuppt sich als „Fahrradstraße". Wir kommen an gleich drei Seen vorbei und umrunden den Jabelschen See. Von hier radeln wir entlang von Straße und Schiene via Nossentin und Silz nach Malchow.

Schon kurz nach dem Start tangieren wir das Ufer des großen **Kölpinsees**, der eine Fläche von rund 20 qkm bedeckt. Gleich darauf sehen wir den **Hinteren**, dann den **Vorderen Kargowsee** und den **Jabelschen See**, den wir gegen den Uhrzeigersinn umrunden, um den Ort Jabel zu erreichen. Dort können wir uns die Dorfkirche und gleich daneben das Pfarrhaus ansehen. Von Jabel gelangt man auch zur Halbinsel namens **Damerower Werder**, auf dem sich auch Wiesente wohlfühlen.

Malchow ist ohne Frage eine der schönsten Städte der Region. Malerisch liegt der Ortskern auf einer **Insel** vom Wasser umspült. Klar, dass

„I love Malchow"? Bei dem Anblick verlieben wir uns doch gerne

viele Skipper gerne hierher kommen, um dieses Panorama vom Boot aus zu genießen. Beim Schlendern durch die Gassen entdecken wir schöne alte Häuser, viele von ihnen mit **Fachwerk** gearbeitet. Unglaublich filigran gearbeitet ist die Fassade der **Malchower Klosterkirche** mit ihrem schlanken Backsteinturm.

Schön anzusehen sind auch das **Rathaus**, am Alten Markt und die Stadtkirche. In längst vergangene Zeiten entführt uns das **DDR-Museum**, in dem es vor allem Alltagsgegenstände zu sehen gibt. Deutlich älter als diese Exponate ist die **Stadtmühle**, in der elektrische Energie erzeugt wird. Seit 1997 können wir im Mecklenburgischen Orgelmuseum auf das mehr als 2.000 Jahre alte Handwerk des Orgelbaus zurückblicken.

Zu einem Stadtbesuch gehört es, in einem der Cafés oder Biergärten einzukehren und das Getümmel auf dem Wasser zu beobachten. An der **Alten Drehbrücke** ist dies besonders spannend, sie verbindet seit 1863 die Inselstadt mit der Neustadt.

Weiter geht´s von Malchow über den Damm und dann links weg. Laschendorf, Untergöhren, Göhren-Lebbin, Wendhof und Grabenitz liegen auf dem Weg bevor wir Klink erreichen. Von hier folgen wir den Schildern des Müritz-Rundwegs, die uns geradewegs zurück zum Camp geleiten.

Tipp: Von Klink aus können wir auch entlang der B192 weiterradeln. Dies ist weniger hügelig und etwa 3 km kürzer, als der Weg durch den Wald.

Der Ort Göhren-Lebbin ist über die Landesgrenzen hinaus bekannt, denn viele machen hier Urlaub: Die großflächige **Ferienanlage Flesensee** bietet alles, was einen Aufenthalt angenehm macht. Wer hier nicht logiert, schaut sich **Schloss Flesensee** mit seinen markanten Türmen an.

Kartentipp:
ADFC-Regionalkarte Mecklenburgische Seenplatte, 1:75.000,
ISBN 978-3-87073-953-9, € 9,95
Digital für Smartphones und Tablets:
www.fahrrad-buecher-karten.de/rk-digital

65 Die mecklenburgischen Herzöge residierten in angenehmer Umgebung

Vom **Woblitzsee** über Neustrelitz

CamperTouren Info

ca. 33 km ohne Abstecher, Verkürzung möglich, gute, regionale Radweg-Beschilderung sowie teils Beschilderung als Mecklenburger Seen-Radweg bzw. Woblitzsee-Radweg. Keine größeren Steigungen. Die Route führt meist über separate Radwege, einige Passagen auf losem Untergrund.

Start / Ziel: Camping- und Ferienpark Havelberge - Haveltourist, www.haveltourist.de

Auswahl weiterer Camps entlang der Strecke: Wohnmobilstellplatz in Neustrelitz am Stadthafen und in Wesenberg

Nach nur kurzer Fahrt erreichen wir Neustrelitz, das uns eine spannende Mischung aus maritimem Flair am Stadthafen und historischen Fassaden in der Innenstadt liefert. Ganz entspannt radeln wir auf guten Wegen wieder zurück zu unserem Camp.

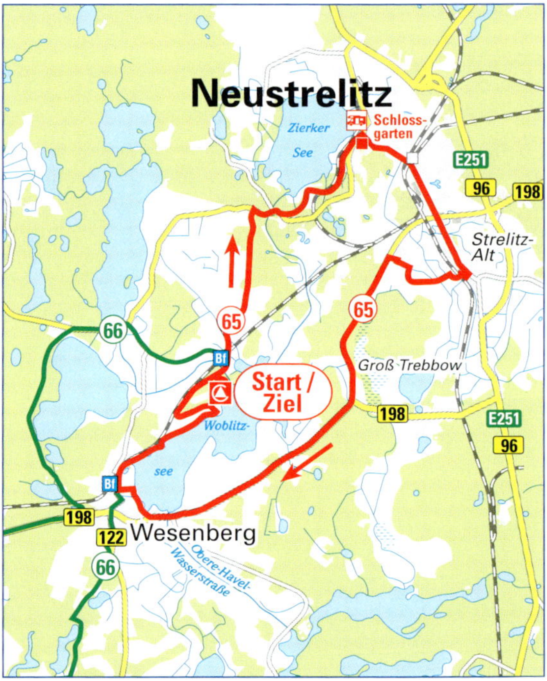

Unser **„Camping- und Ferienpark Havelberge"** gehört zu den „Leading Campings of Europe". Warum, das erleben wir in jeder Minute unseres Aufenthalts: Herrlich ruhig abseits der Großstädte, dafür aber direkt am Ufer des Woblitzsees in einem hügeligen Wald gelegen, bietet uns das Camp mehr, als wir erwarten dürfen: Sonnenhungrige relaxen am Badestrand und springen ins klare Wasser, Sportler gehen wandern, segeln oder kanufahren, Bootsbesitzer haben den Anleger direkt vor dem Camper, Kinder und Erwachsene amüsieren sich bei Shows, auf Spielplätzen, im Hochseilgarten oder im Animationszentrum. Und abends genießen wir ein gutes Essen auf den Aussichtsterrassen des Restaurants.

Los geht´s am Campingplatz, den wir an der Ausfahrt nach rechts und am Bahnhof vorbei verlassen. Wir folgen den Schildern des Meck-

Der Marktplatz ist die „gute Stube" von Neustrelitz

lenburger Seen-Radwegs, die durch weitere Themenradwegschilder ergänzt werden. Nach knapp 9 km erreichen wir die Innenstadt von Neustrelitz.

Direkt am Ufer des rund 3,5 qkm großen **Zierker Sees** gründete Herzog Adolf Friedrich III. zu Mecklenburg-Strelitz im Jahre 1733 eine neue Residenzstadt. Um standesgemäß wohnen zu können, wurde das ehemalige Jagdschloss Glienecke zu einem Residenzschloss ausgebaut. Die Entscheidung war aus der Not geboren, denn zuvor war die Residenz in Alt-Strelitz abgebrannt. Die SS brannte das Schloss allerdings 1945 nieder, so dass wir uns nur an dem **Schlosspark** mit einem kleinen See erfreuen können. Als „Entschädigung" wurde ein **Aussichtsturm** errichtet.

Zentral in der Stadt liegt der kreisrunde, mit vielen Bäumen bepflanzte, historische **Marktplatz**, auf den gleich acht Straßen sternförmig einmünden. Hier finden wir auch das 1841 erbaute **Rathaus** und die Stadtkirche mit ihrem 46 m hohen **Turm**. Nachdem wir 200 Treppenstufen hinauf geschnauft sind, genießen wir einen unglaublichen Fernblick über die Region.

Tipp: Wir steuern auch den Neustrelitzer **Stadthafen** an, wo sich die Wasserwanderer treffen. Es ist sehr interessant, sich hier niederzulassen und das geschäftige Treiben auf dem Wasser anzusehen. Die alten Speicherhäuser bieten nicht nur den passenden Rahmen dafür, sondern auch tolle Fotomotive.

Wer nun vom vielen Wasser magisch angezogen ist, steigt auf das **Schiff** und lässt sich über den kleinen **Zierker See** schippern.

Weiter geht´s von Neustrelitz, das wir entlang der schnurgeraden Strelitzer Chaussee

65

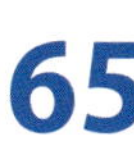

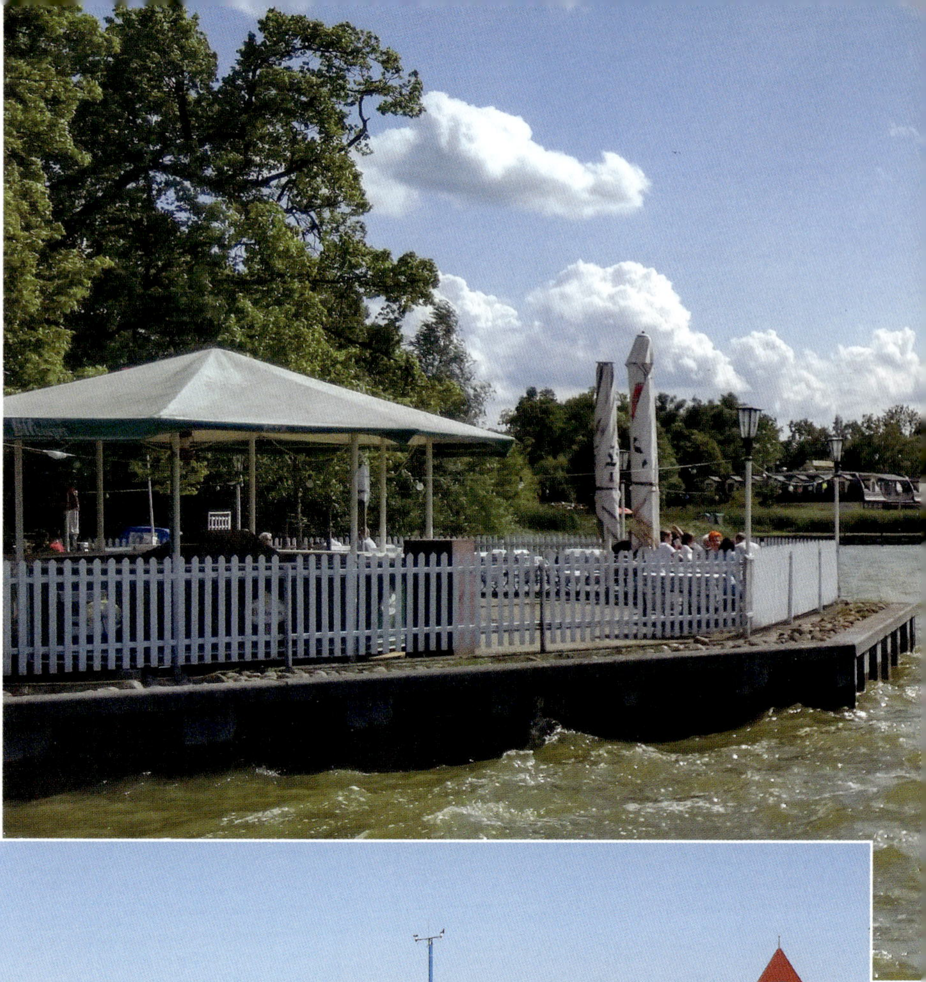

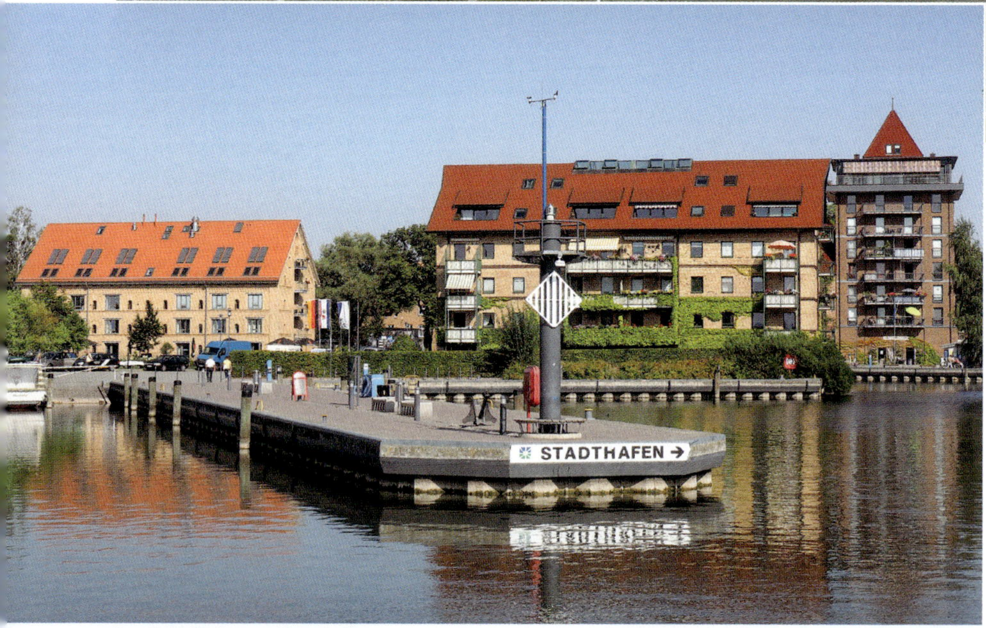

Der Stadthafen von Neustrelitz

Des Radlers Traum: Einkehr direkt am Wassser

verlassen. In Alt Strelitz rechts über die Bahn, dann durch Groß Trebbow nach Wesenberg. Von Wesenberg aus rollen wir zunächst im Uhrzeigersinn stets in Ufernähe, werden dann in einer S-Kurve vom Ufer weggeleitet und gelangen so zurück zu unserem Campingplatz.

Alt Strelitz wurde im Jahre 1701 zur Residenz der Herzöge, doch mit ihrem Schloss hier hatten sie nicht lange Freude – es brannte schon elf Jahre später ab. Danach wurde der „Amtssitz" an den Zierker See verlegt.

Hobby-Kapitäne wissen die Region um Neustrelitz auch zu schätzen, denn sie ist mit der „**Oberen-Havel-Wasserstraße**" mit den zahllosen anderen Seen der Mecklenburgischen Seenplatte verbunden. Wer mag, gondelt von hier bis ins Herz von Berlin.

Kartentipp:
ADFC-Regionalkarte Mecklenburgische Seenplatte, 1:75.000, ISBN 978-3-87073-953-9, € 8,95
Digital für Smartphones und Tablets:
www.fahrrad-buecher-karten.de/rk-digital

66 Mecklenburgische Kleinseenplatte – der Name passt!

Vom **Woblitzsee** über Mirow

CamperTouren Info

ca. 52 km ohne Abstecher, Verkürzung möglich, gute, regionale Radweg-Beschilderung sowie teils Beschilderung als Mecklenburger Seen-Radweg bzw. als Eiszeitradweg. Keine größeren Steigungen. Die Route führt meist über separate Radwege, einige Passagen auf losem Untergrund.

Start / Ziel: Camping- und Ferienpark Havelberge - Haveltourist, www.haveltourist.de

Auswahl weiterer Camps entlang der Strecke: Campingplatz am Zwenzower Ufer, Campingplatz am Gobenowsee, Campingplatz am Labussee, Naturcampingplatz C24, Ferienidyll am Rätzsee, Naturcampingplatz am Mössensee, Naturcampingplatz C42 am Zotzensee, „Camping und mehr" Useriner Mühle, Wohnmobilstellplätze in Wesenberg

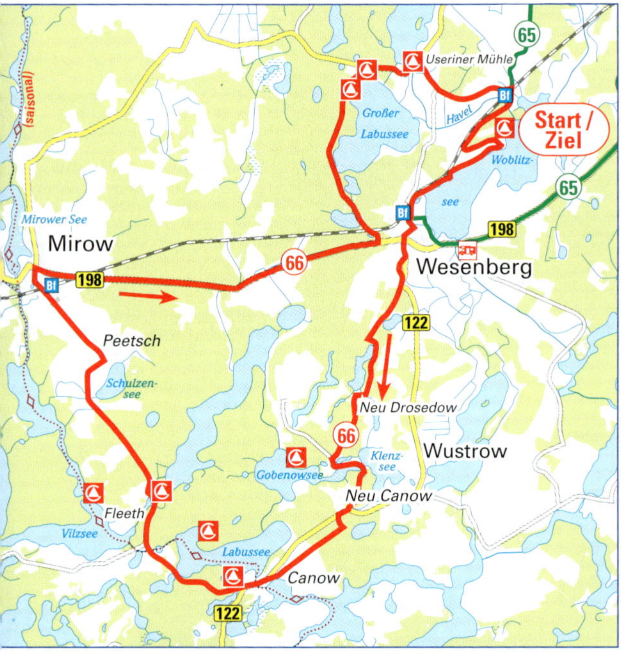

Diese Tour führt uns durch eine unglaubliche Anzahl an unterschiedlich kleinen Seen, die mit besten Radwegen verbunden sind. Da mit Wesenberg und Mirow gleich zwei sehenswerte Städte am Wegesrand liegen, wird es bestimmt nicht langweilig!

Die Annehmlichkeiten, die der **Camping- und Ferienpark Havelberge** bereit hält, können wir auch genießen, wenn wir ohne Zelt, Wohnwagen oder Wohnmobil anreisen: Mietwohnwagen, Mobilheime und große Ferienhäuser bieten eine erstklassige Unterkunft. Bei vielen der Mietobjekte können wir mit bestem Blick auf den See speisen und entspannen.

Los geht´s am Campingplatz, den wir an der Ausfahrt nach links verlassen, um nach wenigen Minuten Wesenberg zu erreichen. Die Schilder des Eiszeitradwegs geleiten uns durch Neu Drosedow, Neu Canow, Canow, Fleether Mühle und Peetsch nach Mirow.

Klenzsee, Gobenowsee, Labussee, Vilzsee, Schulzensee, Mirower See – die Liste ließe sich noch lang fortsetzen, wenn wir alle **Seen** auflisten wollten, die wir auf unserer Radrunde tangieren. Für Abkühlung ist also stets gesorgt, falls es beim Radeln mal zu warm wird!

Die Kleinstadt Mirow wurde 1227 vom Johanniter-Ritterorden gegründet und später als befestigte Insel ausgebaut. Schön anzu-

Unter Denkmalschutz: die Mirower Schleuse

sehen sind die Johanniterkirche, das schneeweiße Torhaus, das aus dem Jahr 158 stammt, und das zweigeschossige Schloss.

Über eine kleine Brücke erreichen wir die Liebesinsel, auf der Adolf Friedrich VI., der letzte Großherzog von Mecklenburg-Strelitz, begraben wurde. Er ließ einst dieses idyllische Eiland anlegen.

Im Jahr 1936 wurde die **Mirower Schleuse** fertiggestellt, die inzwischen unter Denkmalschutz steht. Hier wird der große Höhenunterschied zwischen der zur Havel gehörenden Kleinseenplatte und der auf Elbhöhe liegenden Großseenplatte ausgeglichen.

Weiter geht´s von Mirow, das wir parallel zur Bundesstraße verlassen, um wieder Richtung Wesenberg zu radeln. Kurz vor der Stadt zweigen wir links ab und folgen dem Mecklenburger Seen-Radweg, der uns im Uhrzeigersinn um den Großen Labussee führt. Hinter der Useriner Mühle verlassen wir die Bundesstraße und zweigen rechts auf die Straße „Useriner Mühle" ab und sind nach wenigen Pedalumdrehungen wieder zurück am Camp.

Auch in Wesenberg finden wir wunderbare Fotomotive – den **Fangelturm** und Reste der Stadtmauer erspähen wir als erstes, bevor wir den **Marktplatz** erreichen. Wenn wir genau hinsehen, entdecken wir acht Linden, die rund um eine Kastanie stehen – es sind die „Ratsherren" und der „Bürgermeister. Deutlich älter ist die St. Marien-Kirche, denn die ältesten Teile stammten aus dem 13. Jh.

Tipp: Wenn wir in Wesenberg dem Ufer des Woblitzsees folgen, gelangen wir auf direktem Wege wieder zurück zum Campingplatz und **kürzen** so um rund 5 km ab.

Wir umrunden den 3,3 qkm großen **Große Labussee** und genießen die teils unberührte, ruhige Natur, bevor wir durch den 50-Einwohner-Ort namens **Useriner Mühle** rollen, der rund um die gleichnamige Mühle liegt. Gar nicht weit entfernt steht eine 600-jährige Eiche unweit unseres Rückweges.

Kartentipp:

ADFC-Regionalkarte Mecklenburgische Seenplatte,
1:75.000, ISBN 978-3-87073-953-9, € 8,95
Digital für Smartphones und Tablets:
www.fahrrad-buecher-karten.de/rk-digital

67 Einkehr am Kutterhafen

Von **Norddeich** nach Greetsiel

CamperTouren Info

ca. 50 km, überwiegend auf separaten Radwegen, Radwegen neben der Straße sowie auf Nebenstraßen, keine Steigungen, regionale Wegweisung

Start / Ziel: Nordsee-Camp Norddeich, nordsee-camp.de

Auswahl weiterer Camps an der Strecke: Wohnmobilstellplatz Greetsiel

Auf guten Radwegen rollen wir tiefenentspannt an der See entlang zur wundervollen Kleinstadt Greetsiel. Auf dem Rückweg statten wir einer der ältesten Städte Ostfrieslands einen Besuch ab und lernen mehr über die Kultur des Teetrinkens.

Direkt hinter dem Seedeich liegt unser **Nordsee-Camp**, das uns eine Fülle von Aktivitäten beschert: Außer den schon geplanten Radtouren können wir die ostfriesischen Inseln besuchen, Inliner Fahren, Wandern, Schwimmen, Segeln, Kiten und vieles mehr unternehmen. Und das alles mit dem UNESCO-Weltnaturerbe Wattenmeer vor der Tür. Entspannter kann ein Urlaub gar nicht sein.

Los geht´s an der Ausfahrt des Camps, die wir nach links verlassen, um uns neben die Deichstraße zu gesellen. Diese führt uns in einem langen Bogen an der Küste entlang. Dann treffen wir auf den Lorenzweg, wo wir rechts und hinter dem Schöpfwerk nochmals rechts abbiegen. Schnurgerade geht es zu den Toren von Greetsiel.

Wir rollen durch die weitläufige Landschaft, die sich **Westermarsch** nennt. Neben uns schwappt die See in der Leybucht, ehe wir an das **Schöpfwerk Leybuchtsiel** und an den Störtebekerdeich gelangen. Er wurde in den 1950er Jahren errichtet und rang dem Meer weiteres Land ab, auf dem heute die Rinder weiden. Vor dieser Zeit gab es hier immer wieder verheerende Sturmfluten.

Gleich am Ortseingang von Greetsiel stehen sie vor uns, die **Zwillingsmühlen**. Wunderbar anzuschauen, dienen sie unterschiedlichen Zwecken: Während die eine Mühle noch in Betrieb ist, um Schrot zu mahlen, können wir nebenan einkehren und Tee trinken. Nicht versäumen dürfen wir es, der Straße an den Windmühlen vorbei ins Ortszentrum zu folgen, denn hier finden wir eine herrliche **Altstadt** und einen bezaubernden kleinen **Hafen**. Fangfrisch werden hier die Krabben und Fische verkauft, nachdem die Kutterflotte eingelaufen ist.

Die Zwillingsmühlen sind das Wahrzeichen von Greetsiel

Tipp: Zum Nachtisch stellen wir uns an der **Eisdiele** an oder kehren in eines der guten Cafés oder Restaurants ein.

Weiter geht´s von Greetsiel, das wir über die Greetsieler Straße Richtung Norden verlassen und direkt rechts abbiegen in den Cirksenaweg. Den Schildern folgend radeln wir via Upgant-Schott nach Marienhafe und dann schnurgerade nach Norden. Von hier rollen wir zur Küste in Norddeich, der wir nur ein Stückchen nach links folgen müssen, um wieder zurück zu unserem Camp zu gelangen.

Ganz entspannt rollen wir durch die weiten Wiesen und Felder des Hinterlandes und erreichen Upgant-Schott mit der Windmühle Sterrenberg. An dieser Stelle gab es wohl schon 1569 eine erste Mühle, die immer wieder verändert wurde oder auch abbrannte. Heute steht hier eine Galerie-Holländerwindmühle, die ab und an zu Vorführungen in Betrieb genommen wird.

In Marienhafe steuern wir die schmucke **Marienkirche** an. Wer sich aufrafft und auf den 40 m hohen Turm steigt, genießt einen außergewöhnlichen Blick über das sogenannte Brookmerland.

Auf dem Radweg entlang der Straße kommen wir zu den ersten Häusern von Norden. Beim Bahnhof finden wir ein **Eisenbahnmuseum** mit historischen Anlagen, Gleisbau-Werkzeugen und natürlich Fahrzeugen.

In Norden können wir uns stundenlang aufhalten, ohne dass es langweilig wird, denn es gibt viel zu sehen: Ein Stückchen hinter dem Bahnhof erheben sich die **Deichmühle** mit einer 14 m hohen Galerie und auf der anderen Straßenseite die vierstöckige **Gnurre-Mühle Frisia**.

Am Markt stehen die „**Dree Süsters**", ein Ensemble von drei Bürgerhäusern aus der Renaissance. Aus etwa derselben Zeit stammt das reich verzierte Schöningsche Haus, während die **Ludgerikirche** seit Jahrhunderten auf die Szenerie herunterblickt. Bevor wir unsere Rundtour beenden, schauen wir noch im **Ostfriesischen Teemuseum** vorbei und lassen uns erklären, dass der Teegenuss in dieser Region eine lange Tradition besitzt.

Kartentipp:
ADFC-Regionalkarte Ostfriesland, 1:75.000, ISBN 978-3-87073-963-8, € 9,95
Digital für Smartphones und Tablets:
www.fahrrad-buecher-karten.de/rk-digital

68 Inselfeeling auf Norderney

Von **Norddeich** nach Norderney

CamperTouren Info

ca. 39 km, überwiegend auf separaten Radwegen, Radwegen neben der Straße sowie auf Nebenstraßen, keine Steigungen, regionale Wegweisung

Start / Ziel: Nordsee-Camp Norddeich, nordsee-camp.de

Auswahl weiterer Camps an der Strecke: Wohnmobilhafen Norddeich

Norderney ist die zweitgrößte der 15 Ostfriesischen Inseln. Sie ist bestens erschlossen, so dass wir eine schöne Rad-Runde einmal um die Insel herum fahren können. Der Wind bläst gefühlt immer von vorne und lässt uns kräftig in die Pedale treten.

Los geht´s an der Ausfahrt des Camps, die wir nach rechts verlassen, um uns neben die Deichstraße zu gesellen. Diese führt uns schnurgerade zum Hafen, wo wir auf die Fähre steigen und uns nach Norderney übersetzen lassen.

Insgesamt 15 Inseln zählen zu den **Ostfriesischen Inseln**, die im naturgeschützten **Nationalpark Niedersächsisches Wattenmeer** liegen und den Gezeiten, aber auch den Stürmen ausgesetzt sind. Damit entsteht ein raues Reizklima, das bestens für die Atemwege ist. Auch der Wind fegt meist über die Inseln, so dass wir gefühlt immer gegen den Wind radeln müssen – Glück hat, wer ein E-Bike fährt!

Bei den Inseln gibt es einige unbewohnte Eilande. Norderney ist mit rund 26 qkm nach Borkum die zweitgrößte Insel und touristisch bestens erschlossen. Die meisten Besucher tummeln sich in der gleichnamigen Inselhauptstadt, die seit 1948 Stadtrechte genießt. Das anerkannte **Nordseeheilbad** zählt nur rund 6.000 Einwohner, aber ungleich mehr Gäste, die oft zum Kuren hierher kommen. Das hat natürlich zur Folge, dass vor allem im Westen der Stadt größere Hotels entstanden, die sich aber ganz gut in das Panorama einfügen. Wer mehr über die Historie des Kurens auf der Insel erfahren mag, besucht das Bade-Museum.

An der höchsten Stelle sehen wir das „**Kap**", seit 1927 eine wichtige Landmarke für die Schifffahrt. Hoch heraus ragt auch der **Große Norderneyer Leuchtturm**.

Tipp: Auf unserer Rundfahrt über die Insel sehen wir immer wieder **Sanddornbüsche**, die sich der wilden Natur gut entgegenstemmen. Aus den Früchten werden Säfte und Marmeladen hergestellt, die zwar nicht allzu süß, dafür wegen des hohen Vitamingehaltes sehr gesund sind. Perfekt geeignet also als Souvenir von der Insel.

Es scheint so, als wäre der Leuchttum durch den Norderneyer Sand gewachsen

Weiter geht´s vom Fährhafen auf Norderney nach links immer am Deich entlang in die Inselhauptstadt. Nach dem Stadtbesuch kehren wir ans Ufer zurück und folgen dem Strandweg, der stets im Uhrzeigersinn an der Küstenlinie entlangführt. So gelangen wir an die äußerste Spitze der Insel, ehe wir, dieses Mal nicht direkt an der offenen See, wieder zurück radeln. Auf dem Weg liegen noch die Jugendherberge und der Flugplatz von Norderney, ehe wir nach rund 33 km wieder den Hafen erreichen. Am Ende unserer Insel-Runde besteigen wir wieder die Fähre, setzen über ans Festland und folgen der Deichstraße nach rechts zurück zum Camp.

Der Nordstrand, an dem wir entlang radeln, macht seinem Namen alle Ehre. Am „anderen Ende" Norderneys radeln wir durch die sogenannte **Rattendüne**, der äußerste Zipfel wurde **Nordbake** getauft. In diesem Teil der Insel sind nun nicht mehr so viele Besucher unterwegs.

Nachdem wir uns auf Norderney haben so richtig durchpusten lassen, ist in Norddeich genau der richtige Zeitpunkt, einen Tee zu genießen. Oder wie wär´s mit einem Besuch im **Meerwasser-Schwimmbad Ocean Wave,** das natürlich beheiztes Wasser verwendet?

Auf dem Besuchsplan sollte unbedingt auch die **Seehundstation im Nationalpark-Haus** stehen, in dem wir mehr über diese possierlichen Meeresbewohner erfahren. Auch die Artenvielfakt des Wattenmeeres wird uns anschaulich nähergebracht.

Kartentipp:
ADFC-Regionalkarte Ostfriesland, 1:75.000, ISBN 978-3-87073-963-8, € 9,95
Digital für Smartphones und Tablets:
www.fahrrad-buecher-karten.de/rk-digital

69 Große Friesen-Runde

Von **Norddeich** nach Aurich

CamperTouren Info

ca. 81 km, Verkürzung möglich, überwiegend auf separaten Radwegen, Radwegen neben der Straße sowie auf Nebenstraßen, keine Steigungen, regionale Wegweisung

Start / Ziel: Nordsee-Camp Norddeich, nordsee-camp.de

Auswahl weiterer Camps an der Strecke: Campingfreunde Löwenzahn, Wohnmobilstellplatz Dornumersiel

Auf guten Trassen radeln wir ganz ohne Steigungen durch das Südbrookmerland. Unser Ziel ist Aurich, das uns mit einer herrlichen Innenstadt einlädt, länger zu bleiben. Für den Rückweg haben wir noch ein wenig Nordseeküste eingeplant, um die Lungen mit frischer Luft zu versorgen.

Los geht´s an der Ausfahrt des Camps, die wir nach rechts verlassen, um gleich wieder rechts abzubiegen in den Kugelweg. Im Zick-Zack gelangen wir zu einem Kreisel. Wir fahren rechts und folgen den Straßen „Am Markt“, „Burggraben“, „Bahnhofstraße“ aus der Stadt heraus. So gelangen wir via Marienhafe, Oldeborg, Victorbur und Moordorf nach Aurich.

Wir radeln auf den ersten Kilometern durch das Südbrookmerland, das nachweislich als erste Moorregion Ostfrieslands besiedelt wurde. Nachdem die Hochmoorgebiete urbar gemacht wurden, folgte ein wirtschaftlicher Aufschwung, der sich in den großen Kirchen wiederspiegelt. Sichtbare Zeugen dieser Zeit sind ein altes **Kolonialistenhaus** in Oldeborg und die **Kirche St. Victor** in Victorbur.

Aurich ist mit seiner perfekt sanierten Altstadt der Höhepunkt unserer Radrunde. Das kündigt sich schon zu Beginn mit der imposanten **Stiftsmühle** an. Als Museum zeigt heute die fünfstöckige Galerie-Holländerwindmühle wie hier einst Mehl gemahlen wurde. Auch auf die Technik der Entwässerung geht das Museum anschaulich ein. Lassen Sie die Auslöser der Kamera nur fleißig arbeiten, denn sie ist die zweithöchste Windmühle Ostfrieslands!

In der Innenstadt steuern wir zunächst den Marktplatz an, auf der eine 25 m hohe moderne Plastik aus Stahl und Plexiglas steht.

Tolle Kunst aus Abfällen mitten in Aurich

Sous-Turm wird sie auch genannt, da sie 1990 vom Würseler Künstler Albert Sous geschaffen wurde. Verwendet hat er dabei vor allem Abfälle aus dem (Kern-) Forschungszentrum Jülich.

Schön anzusehen ist auch das **Knodtsche Haus** am Marktplatz. Das Bürgerhaus wurde im niederländischen Barock erbaut.

Von hier flanieren wir vorbei an der 1835 umgestalteten **Lambertikirche** zum **Schlossbezirk**. Hier war einst die Residenz der ostfriesischen Fürsten. Heute empfängt uns ein repräsentativer Bau im schmucken Tudorstil. Deutlich älter ist der Marstall. Er stammt von 1588 und wurde später mit barocken Elementen versehen. Als Wahrzeichen der Stadt gilt das putzige **Pingelhus**, das einst direkt am Alten Hafen der Stadt lag.

Tipp: Von Aurich aus können wir auf derselben Strecke wieder retour fahren, auf der wir herkamen. Dann reduziert sich die Strecke auf rund 66 km. Auch mit der **Bahn** können wir uns nach Norden bzw. Norddeich kutschieren lassen.

Kartentipp:
ADFC-Regionalkarte Ostfriesland, 1:75.000, ISBN 978-3-87073-963-8, € 9,95
Digital für Smartphones und Tablets: www.fahrrad-buecher-karten.de/rk-digital

Weiter geht´s von Aurich über Sandhorst, Tannenhausen, Terheide, Westerholt, Reersum, Dornum, Nesse und Neßmersiel an die Küste. Dieser folgen wir nach links und kommen durch Hilgenriedersiel und Norddeich wieder zurück zu unserem Camp.

Zwei stolze Löwen und ein Wassergraben beschützen **Schloss Dornum**, das aus der alten Norderburg hervorging. Bis 1707 erfolgte ein Umbau als Schloss im barocken Stil. Denselben prachtvollen Stil finden wir auch in der **Kirche St. Bartholomäus**, was das Äußere eher nicht vermuten lässt. Wer mehr über den Ort Dornum erfahren möchte, besucht das **Heimatmuseum** im Oma-Frese-Haus.

70 An der Fischmeile Cuxhavens ist eine Einkehr Pflicht!

Eine Runde ums schöne **Cuxhaven**

CamperTouren Info

ca. 25 km ohne Abstecher, Verkürzung möglich, gute, regionale Radweg-Beschilderung sowie an der Küste Beschilderung als Nordseeküsten-Radweg sowie teils als CUX2. Keine Steigungen. Die Route führt meist über separate Radwege, einige Passagen auf losem Untergrund.

Start / Ziel: ZIMDARS CampingResort, www.zimdars-campingresort.de

Auswahl weiterer Camps entlang der Strecke: Campingplatz Strandgut, Campingplatz Wernerwald, Campingplatz Finck, Campingplatz Muschelgrund, Campingplatz Am Grooten Steen, Campingplatz Am Bäderring, Campingplatz Wattenlöper, Campingplatz Beckmann-Duhnen, mehrere Wohnmobilstellplätze in Cuxhaven

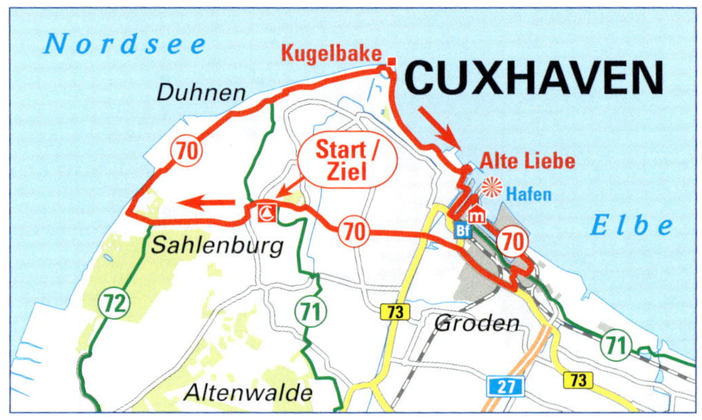

Sage und schreibe elf Kurteile formen die Stadt Cuxhaven. Auf unserer kurzen Rundtour lernen wir gleich mehrere Kurorte mit klangvollem Namen kennen – und es bleibt auch ausreichend Zeit, sich der Innenstadt, dem Hafen und den Fischgaststätten zu widmen!

Unser Campingplatz „**ZIMDARS CampingResort**“ empfängt uns mit allem Komfort, so dass unser Aufenthalt garantiert entspannt verlaufen wird. Inmitten eines Waldgebietes finden wir große Stellplätze auf einer bestens „geordneten“ und stets sauberen Anlage. Das Camp liegt ideal im Cuhavener Stadtteil Sahlenburg, denn von hier sind es jeweils nur ein paar Pedalumdrehungen zum Sahlenburger Strand, zu den Cuxhavener Dünen und natürlich auch in die einladende Innenstadt von Cuxhaven.

Los geht's am Campingplatz, den wir an der Einfahrt nach links entlang der Straße verlassen, um links über die Spanger und dann rechts weiter über die Nordheimstraße durch Sahlenburg zu rollen. An deren Ende geradeaus in die Hans-Clausen-Straße und vor der Küste rechts in den Dünenweg. Nun folgen wir dem Nordseeküsten-Radweg, der uns stets in Ufernähe vorbei am Ort Duhnen und an der Kugelbake zur Alten Liebe von Cuxhaven bringt.

Die **Kugelbake** signalisiert uns, dass wir an der Stelle sind, an der die Elbe in die Nordsee mündet. Das Wahrzeichen dient heute „nur“ noch als Fotomotiv.

Dann rollen wir am alten Fischereihafen und am Hus op´n Diek vorbei zum **Hafen** von Cuxhaven – mit seinem Schiffsanleger. Ganz an der Spitze entdecken wir den **Windsemaphor**, mit dem einst Wetterinformationen

Die eigenwillige „Kugelbake" ist das Wahrzeichen Cuxhavens

optisch an die Schiffe übermittelt wurden, und die „**Alte Liebe**". Als Anleger im Cuxhavener Hafen erbaut, ist die Alte Liebe heute eine beliebte Aussichtsplattform. Entstanden ist die Alte Liebe, als 1733 abgewrackte Schiffe hier versenkt, mit Pfählen gesichert und die Zwischenräume mit Büschen und Steinen ausgefüllt wurden.

Weiter geht´s auf dem Nordseeküsten-Radweg von der Alten Liebe in Cuxhaven um die Hafenbecken herum und den Fischlokalen vorbei, an den Bahnschienen entlang, bis wir auf die Neufelder Straße treffen, hier rechts und gleich wieder links. Hinter den Schienen links und am Ende rechts auf den Radweg entlang der B73. Bei deren

70

Rechtsknick links in die Südersteinstraße, am Schloss Ritzebüttel vorbei, an der querenden Abendrothstraße weiter geradeaus in den Westerwischweg, der in die Brockeswalder Chaussee übergeht. Wir verlassen die Straße beim Rechtsknick und biegen am Brockeswald links in die Sahlenburger Chaussee ein, die uns direkt wieder zurück zum Camp führt.

Im Cuxhavener Hafen liegt das **Museum „Windstärke 10“**. Als „Wrack- und Fischereimuseum“ liefert es uns reichlich Infos über Seefahrt und Fischerei.

Klein aber fein: Schloss Ritzebüttel

Unser Camp ist klasse, aber rund um den Yachthafen lässt es sich auch gut Urlaub machen

Tipp: Hier an der **Fischmeile** können wir eine Fischplatte oder viele weitere Köstlichkeiten probieren. Bei der nächsten Tour testen wir dann eine der anderen vielen Fisch-Gaststätten.

Auf unserer Rückfahrt kommen wir am **Schloss Ritzebüttel** vorbei. Die stolze Backstein-Anlage diente einst den Amtmännern als Wohnung. Heute gilt Ritzebüttel als der älteste und besterhaltene Bau der Norddeutschen Backsteingotik.

Kartentipp:
ADFC-Regionalkarte Cuxhaven/Bremerhaven,
1:75.000, ISBN 978-3-96990-085-7, € 9,95
Digital für Smartphones und Tablets:
www.fahrrad-buecher-karten.de/rk-digital

71 Fachwerk- und Backsteinidylle

Von **Cuxhaven** über Otterndorf

CamperTouren Info

ca. 54 km ohne Abstecher, Verkürzung möglich, gute, regionale Radweg-Beschilderung sowie teils Beschilderung als Nordseeküsten-Radweg und Radweg „Vom Teufelsmoor zum Wattenmeer". Keine größeren Steigungen. Die Route führt meist über separate Radwege, einige Passagen auf losem Untergrund.

Start / Ziel: ZIMDARS CampingResort, www.zimdars-campingresort.de

Auswahl weiterer Camps entlang der Strecke: Campingplatz Am Bäderring, Campingplatz Wattenlöper, Campingplatz Beckmann-Duhnen, Campingplatz Am Weltschifffahrtsweg, Campingplatz See Achtern Diek, Wohnmobilstellplätze in Cuxhaven und Otterndorf

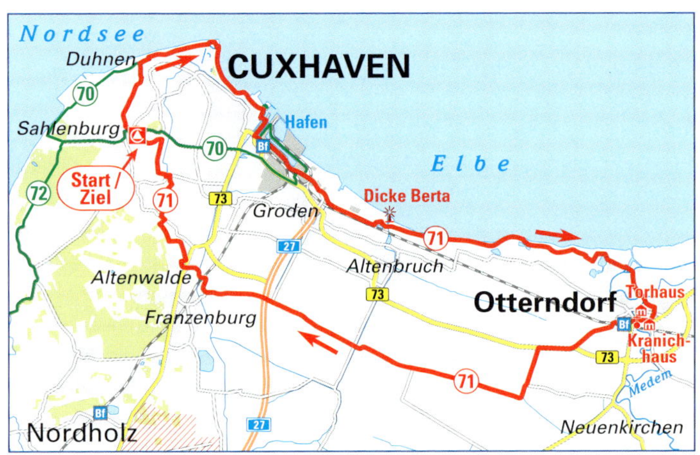

Auf dieser Tour folgen wir dem Nordseeküsten-Radweg an Cuxhaven vorbei zum wunderschönen kleinen Städtchen Otterndorf. Nach dem Ausflug in die Vergangenheit geht's durch Felder zurück zum Camp.

In diesem Urlaub mal keine Lust auf „Camping pur"? Auch für diesen Fall sind wir beim CampingResort bestens aufgehoben, denn es gibt **Miet-Wohnwagen** und **Ferienappartements** mit allem Komfort. Und wenn die Küche abends kalt bleiben soll, reservieren wir einen Tisch im **Restaurant Zimdars GenussScheune** direkt auf dem Platz.

Los geht's am Campingplatz, den wir an der Ausfahrt nach links und gleich wieder rechts in den Moorweg verlassen. An dessen Ende rechts in den Kampenwall. Im Ort Duhnen treffen wir auf den Carl-Vinnen-Weg, wo wir rechts und gleich wieder links abbiegen. Der Sahlenburger Weg bringt uns (fast) zur Küste, wo wir dem Nordseeküsten-Radweg nach rechts folgen. Die Schilder weisen uns präzise den Weg durch die Hafenanlagen und aus Cuxhaven hinaus. Wir passieren eine Campingplatzanlage mit See und vielen touristischen Einrichtungen und rollen weiter auf der Deichstraße nach Otterndorf.

Nachdem wir Cuxhaven verlassen haben, liegt direkt am Wegesrand der Leuchtturm namens **Dicke Berta.** Er diente von 1897 bis 1983 als Unterfeuer. Wir rollen hier an der Mündung des Braakstromes und am Landschaftspark Altenbruch vorbei. Von dem **Aussichtsturm** dort blicken wir weit über das flache Land und die weite See.

Das kleine Flüsschen **Medem** schlängelt sich durch die Stadt Otterndorf und sorgt für

Otterndorf lässt Backstein-Fans jubeln

Die „Dicke Berta“ steht am Wegesrand

ein ganz besonderes Flair. Die **Altstadt** empfängt uns mit bestens erhaltenen Fachwerk- und Backsteinhäusern, aus denen die **Kirche St. Severi** empor ragt. Ein Blick ins Innere des sogenannten „Bauerndoms“ lohnt sich aufgrund der farbenfrohen und kostbaren Ausstattung. Zur Altstadt gehören auch das Voß-Haus, der Bullsche Speicher, die Lateinschule, das **Rathaus** mit seiner Freitreppe und das sogenannte **Kranichhaus**.

Im Kranichhaus untergebracht ist das **Museum** des alten Landes Hadeln. Auch im **Torhaus**, das 1641 zum Schutz einer Schlossanlage errichtet wurde, gibt es ein Museum.

Weiter geht´s von Otterndorf, das wir am Bahnhof vorbei auf dem Radweg neben der Cuxhavener Landstraße verlassen. Ein gutes Stück hinter dem Ortsausgang biegen wir rechts ab auf die B73, zweite Straße links in die Altenbrucher Landstraße und an deren Ende rechts in den Weg Dörringworth, der nach zwei Knicken Osterende heißt. Nun rollen wir schnurgeradeaus durch die Felder, durch Lüdingworth, kreuzen die A27, lassen Franzenburg links liegen, folgen der Straße mit einer Rechts-Links-Rechts-Kurve und gelangen in die Ortsmitte von Altenwalde, die wir auf dem Melkerweg verlassen. Der Radweg „Vom Teufelsmoor zum Wattenmeer“ geleitet uns mit mehrfachem Abbiegen nach Sahlenburg, wo unsere Tour nach rechts an der Sahlenburger Chaussee am Camp endet.

Wer etwas abkürzen mag (2,5 km), folgt ab Otterndorf dem Radweg entlang der B73 bis Cuxhaven. Der ist zwar gut zu radeln, aber durch den Straßenverkehr recht laut.

Tipp: Von den **Medem-Brücken** aus ergeben sich teils wunderbare Fotomotive: Mal sind es **ehemalige Backstein-Industriebauten**, die inzwischen tolle Wohnungen beherbergen, mal sind es die kleinen **Boote**, die auf der Medem fahren, mal sind es die Bäume, die sich im Wasser spiegeln, und mal sind es die Gäste eines Biergartens, die sich über die Einkehrmöglichkeit freuen.

Kartentipp:
ADFC-Regionalkarte Cuxhaven/Bremerhaven,
1:75.000, ISBN 978-3-96990-085-7, € 9,95
Digital für Smartphones und Tablets:
www.fahrrad-buecher-karten.de/rk-digital

72 Viel Wissenswertes rund um den Überseehafen

Von **Cuxhaven** nach Bremerhaven

CamperTouren Info

ca. 50 km ohne Abstecher, Verkürzung möglich, gute, regionale Radweg-Beschilderung sowie teils Beschilderung als Nordseeküsten-Radweg und als Weser-Radweg. So gut wie keine Steigungen. Die Route führt meist über separate Radwege, einige Passagen auf losem Untergrund.

Start / Ziel: ZIMDARS CampingResort, www.zimdars-campingresort.de

Auswahl weiterer Camps entlang der Strecke: Campingplatz Strandgut, Campingplatz Finck, Campingplatz Wernerwald, Campingplatz Muschelgrund, Knaus Campingpark Dorum, Campingplatz Grube, Campingplatz Am Wremer Tief, mehrere Wohnmobilstellplätze in Cuxhaven und Bremerhaven

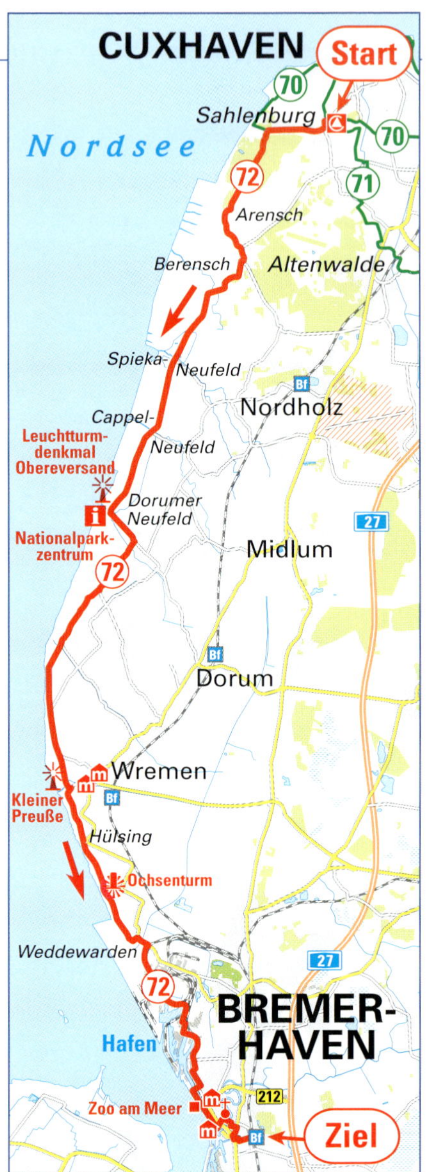

Zwischen Deichen und den saftigen Wiesen der Marschgebiete radeln wir durch das Wurster Land. Viele kleine Orte säumen unseren Weg, den wir auf dem ausgezeichneten Nordseeküsten-Radweg zurücklegen, bis wir die Metropole Bremerhaven erreichen.

Unser Campingplatz „**ZIMDARS CampingResort**" empfängt uns inmitten eines Waldgebietes, wo wir große Stellplätze auf einer bestens „geordneten" und stets sauberen Anlage finden. Von hier sind es jeweils nur ein paar Pedalumdrehungen zum Sahlenburger Strand, zu den Cuxhavener Dünen und in die einladende Innenstadt von Cuxhaven.

Los geht's wieder an unserem Campingplatz, den wir nach links auf der Sahlenburger Chaussee verlassen, um direkt links auf die Spanger und rechts weiter auf die Nordheimer Straße abzubiegen. An deren Ende links und wir sind auf dem Nordseeküsten-Radweg. Dessen Schilder lotsen uns präzise durch Arensch, Berensch, Spieka-Neufeld und Cappel-Neufeld nach Dorumer Neufeld.

Wir rollen an den **Grünstränden** von Sahlenburg, Wernerwald und Spieker Neufeld vorbei. Das **Leuchtturmdenkmal Oberfeuer Eversand** und das **Nationalpark-Zentrum in Dorumer Neufeld** sorgen für Abwechslung auf der entspannten Tour.

In Bremerhaven scheint ein Ufo gelandet zu sein

Weiter geht´s von Dorumer Neufeld auf dem Nordseeküsten-Radweg via Dorumer Altendeich, Wremertief, Hülsing und Weddewarden. Dann werden wir durch die Hafenanlagen nach Bremerhaven geleitet. Hier steuern wir den Bahnhof an, wo wir uns mit den Rädern in den Zug begeben und nach Cuxhaven fahren. Nach dem Aussteigen geradeaus über die B73 hinweg, in die Große Hardewiek, rechts in die Segelckestraße, die nach einiger Zeit auf die Südersteinstraße trifft. An der Stelle links und dann immer dem Straßenverlauf nach zurück zum Camp.

Wir kommen direkt am malerischen, schwarzweiß gekringelten **Leuchtturm „Kleine Preuße“** vorbei. Die Ortsmitte von Wremen lockt mit dem Muschelmuseum und dem **Museum für Wattenfischerei**.

Auch der **Ochsenturm** von Imsum liegt neben unserem Nordseeküsten-Radweg. Er ist der einzige Rest einer alten Kirche und dient heute als Aussichtsturm.

Nun wird es städtisch: Mehr als 110.000 Menschen wohnen in Bremerhaven, das schon lange existierte, als 1827 durch den Bremer Bürgermeister größere Ländereien gekauft wurden, um einen Hafen zu bauen. Der „Neue Hafen“ entwickelte sich 1854 zum wichtigsten Hafen für Auswanderer in Europa. Das **Museum „Deutsches Auswandererhaus“** sollte daher unbedingt auf unserem Besuchsplan stehen!

Tipp: Am Neuen Hafen ballen sich die Attraktionen: Im **„Zoo am Meer“** besuchen wir nordische Tierarten, die hier in Aquarien und Gehegen zu beobachten sind. Das **„Klimahaus Bremerhaven 8° Ost“** erklärt uns alles Wissenswerte über Klima und Wetter und das Shopping-Center lädt zum Bummeln ein. Und das Wichtigste fehlt auch nicht: Auf dem **Restaurantschiff** können wir frischen Backfisch kaufen.

In Bremerhaven gibt es noch reichlich zu entdecken, wie z.B. das moderne **Columbus-Center** mit einer imposanten Glasbrücke, die **Bürgermeister-Smidt-Gedächtniskirche**, das **Deutsche Schifffahrtsmuseum** oder die Nordschleuse mit Container-Aussichtsturm.

Kartentipp:
ADFC-Regionalkarte Cuxhaven/Bremerhaven,
1:75.000, ISBN 978-3-96990-085-7, € 9,95
Digital für Smartphones und Tablets:
www.fahrrad-buecher-karten.de/rk-digital

73 Schlüpfriges Ziel an der Reeperbahn

Von **Billwerder** (bei Geesthacht) nach Hamburg-Mitte

CamperTouren Info

ca. 41 km, überwiegend auf separaten Radwegen, Radwegen neben der Straße sowie auf Nebenstraßen. Keine größeren Steigungen, regionale Wegweisung

Start / Ziel: Camping Land an der Elbe, www.camping-land-online.de bzw. Bahnhof St. Pauli

Auswahl weiterer Camps an der Strecke: Wohnmobilpark Elbe e.K., Campingplatz Stover Strand, Camping Oortkaten, Wohnmobilstellplatz Elbepark Bunthaus, Wohnmobilhafen Hamburg

Entspanntes Radeln in einer Millionenstadt? Das geht? Und ob: Auf dieser Tour rollen wir auf dem bestens gestalteten Elbe-Radweg stets in Ufernähe von den Außenbezirken Hamburgs bis ins Epizentrum an den Landungsbrücken.

Am „**Camping Land an der Elbe**" lohnt es sich wirklich, rechtzeitig einen Stellplatz zu reservieren, denn von einigen Parzellen aus können wir bequem aus dem Vorzelt oder dem Fenster auf die Elbe schauen. Nichts stört unsere Blicke auf das geschäftige Treiben auf dem Wasser, während unsere mobile Unterkunft unter einem der alten Bäume einen Schattenplatz einnimmt.

Los geht´s an der Ausfahrt des Camps, die wir nach rechts verlassen. Wir passieren den Campingplatz Stover Strand, wechseln mit einem Schlenker auf den anderen Radweg und folgen einfach immer weiter dem Verlauf der Elbe bzw. dem Elberadweg. So passieren wir Elbstorf, Drage, Laßrönne und Stöckte, ehe wir bei Hoopte mit der Fähre das Ufer wechseln nach Zollenspieker.

Gleich zu Beginn der Tour radeln wir an einem weiteren Campingplatz vorbei. Der ist genauso schnell belegt, wie unser Camp, denn hier ist echtes Südsee-Feeling angesagt: Entlang des Elbufers gibt es wunderbare Sandstrände, die zum Erholen und zum Sprung ins Wasser einladen. **Stover Strand** nennt sich diese beliebte Region vor den Türen der Millionenstadt.

Nachdem wir mit der Fähre übergesetzt haben, lernen wir ein weiteres Ausflugsziel kennen. Das **Fährhaus Zollenspieker** wird gerne von Radlern, Bikern und Spaziergängern angesteuert. Es liegt am Rand des gleichnamigen **Naturschutzgebietes**.

St. Pauli Landungsbrücken: DAS ist Hamburg!

Weiter geht´s von Zollenspieker am Ufer entlang. Nach einigen Pedalumdrehungen durchs Hinterland passieren wir die Tatenberger Schleuse und gesellen uns wieder direkt zur Elbe, die links neben uns schwappt. Holzhafen, Oberhafen, Deichtorhallen, Speicherstadt und natürlich die Elbphilharmonie liegen auf unserem Weg, bis wir die Landungsbrücken erreichen. Hier geht's rechts ein paar Meter hinauf nach St. Pauli. Von hier kehren wir mit einmal Umsteigen am Hamburger Hauptbahnhof mit der Bahn zurück nach Geesthacht. Vom Bahnhof Geesthacht haben wir unser Camp in wenigen Minuten wieder erreicht.

Je näher wir dem Zentrum kommen, desto abwechslungsreicher wird es: Immer noch rollen wir auf besten Wegen an der Elbe entlang. Die Stiftung „Wasserkunst" hat sich zur Aufgabe gesetzt, das schöne alte **Wasserwerk** auf der Halbinsel Kaltehofe zu erhalten.

Komplett neu und chic hingegen sind die Gebäude am Holzhafen, von denen der Kristall Tower 72 m empor ragt. Auf 20 Etagen bietet er seit 2011 Platz für Büros und Wohnungen.

Ähnlich ist es auch in der **HafenCity**. Zu ihr zählt auch die alte **Speicherstadt**. In die altehrwürdigen, riesigen Lagerhäuser sind ebenfalls Büros und Wohnungen eingezogen. Wir finden hier auch Einkehrmöglichkeiten, ein Gewürzmuseum und das **Miniatur Wunderland**, dessen Name Programm ist. Modellbauer haben hier gleich mehrere perfekte Welten im Kleinformat erschaffen.

Tipp: Wer die Tour etwas eher beenden und sich das Umsteigen sparen möchte, biegt bei den **Deichtorhallen** rechts ab und radelt direkt zum Hamburger Hauptbahnhof.

Dann kommen wir vorbei am neuesten Wahrzeichen der Stadt: Die **Elbphilharmonie** sorgte lange für Schlagzeilen, erstrahlt aber seit 2016 in außergewöhnlichem Gewand und verzaubert die Besucher mit guter Musik.

Es geht Schlag auf Schlag weiter: An den **Landungsbrücken** flanieren die Besucher, probieren ein Fischbrötchen an einer der vielen Buden und steigen auf die Boote zur **Hafenrundfahrt**.

Nur ein paar Meter bergauf erreichen wir die **Reeperbahn**, die auch tagsüber stets gut besucht ist und im Abendschein ihrem Ruf als „Rotlichtmeile" gerecht wird. Leichte Mädchen, „spannende" Geschäfte, aber auch gute Restaurants machen den Aufenthalt hier kurzweilig.

Kartentipp:
ADFC-Regionalkarte Hamburg und Umgebung, 1:75.000,
ISBN 978-3-87073-968-3, € 9,95
Digital für Smartphones und Tablets:
www.fahrrad-buecher-karten.de/rk-digital

74 Kurzbesuch in der Nordheide

Von **Billwerder** (bei Geesthacht) nach Buchholz i.d.N.

CamperTouren Info

ca. 78 km, überwiegend auf separaten Radwegen, Radwegen neben der Straße sowie auf Nebenstraßen. Hügeliger Verlauf, keine größeren Steigungen, regionale Wegweisung

Start / Ziel: Camping Land an der Elbe, www.camping-land-online.de

Auswahl weiterer Camps an der Strecke: Campingplatz Jesteburg, Camping Nordheide

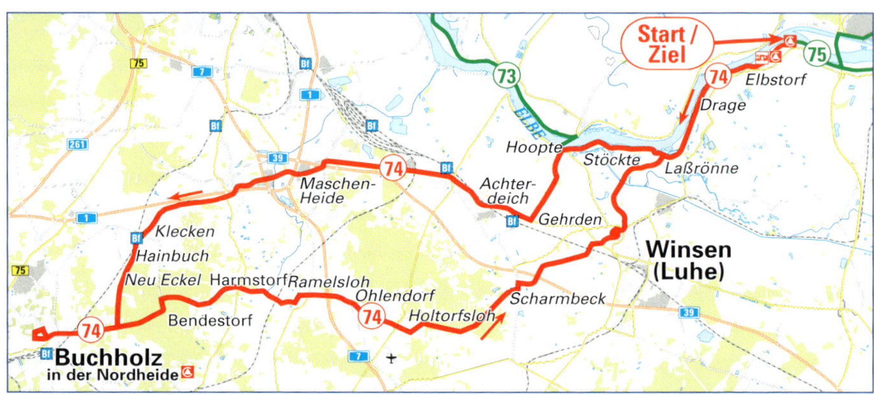

Hübsche Kleinstädte im Süden Hamburgs – so hätte man diese Tour auch nennen können. Unsere Radtour führt uns durch Buchholz, das bereits zur Lüneburger Heide zählt und durch Winsen, einer charmanten Kleinstadt an der Luhe.

Ländliche Idylle

Los geht´s an der Ausfahrt des Camps, die wir nach links verlassen und an der Windmühle eine Kehrtwende auf die Stover Straße vollziehen. Wieder passieren wir Elbstorf, Drage, Laßrönne und Stöckte, ehe wir bei Hoopte links abbiegen nach Gehrden. Achterdeich, Maschen Hittfeld, Klecken, Hainbuch und Neu-Eckel liegen auf unserem Weg nach Buchholz, das wir über die gerade Bendesdorfer Straße erreichen.

Das Buchholz von heute können wir als „modern" und „kulturelles Zentrum der Region" beschreiben. Es lag viele Jahrhunderte lang im „Dornröschenschlaf", die Breite Straße markierte noch 1918 die „Innenstadt", die aus einem Holzschuppen, einer Gaslaterne, einem Misthaufen und der St. Pauls-Kirche bestand. Glauben Sie nicht? Das Stadtarchiv hält ein entsprechendes Bild bereit. Zu der Zeit war der Aufschwung aber schon nicht mehr aufzuhalten – schon Ende

Rechts oder links? Schön ist´s überall in der Heide

des 19. Jhs. wurde Buchholz i.d.N. „wachgeküsst", als hier ein **Eisenbahnknotenpunkt** entstand, aus dem sich die größte Stadt des Landkreises Harburg entwickelte. In der kleinen, aber feinen **Fußgängerzone** gibt es gute Lokale und Cafés, die zur Einkehr rufen, ansonsten wird vor allem die Kultur gepflegt mit Bürgerfesten, Sommermarkt, Porschetreffen und anderen Veranstaltungen.

Tipp: Etwas südlich unseres Weges liegt der Ortsteil Seppensen. Hier locken das Heimatmuseum und der 1992 eingerichtete **Schmetterlingspark.** Die Farbenpracht der kühnen Segler kommt im Tropenraum mit seinen üppigen Pflanzen besonders schön zur Geltung. Wir lernen hier, dass die 140 unterschiedlichen Arten zu unterschiedlichen Tageszeiten aktiv sind. Nachtaktiv ist der Atlas-Seidenspinner mit seinen über 30 cm Flügelspannweite. Der Gegensatz zu diesem größten Schmetterling der Welt ist der nur 2 cm große Glasflügler Greta. Nicht weit entfernt liegt sehr idyllisch unter Bäumen an einem See die **Seppenser Mühle**.

Weiter geht´s von Buchholz zunächst zurück auf der Bendesdorfer Straße, die uns zum gleichnamigen Ort bringt. Harmstorf, Ramelsloh, Ohlendorf, Holtorfsloh und Scharmbeck sind die Orte, die wir passieren, ehe wir nach Winsen (Luhe) gelangen. Die Stadt verlassen wir über den Laßrönner Weg nach Laßrönne. Von hier radeln wir auf demselben Weg wieder zurück zum Camp, den wir auf dem Hinweg nahmen.

Ganz in der Nähe unseres Weges liegen **Großsteingräber**. Sie stammen vermutlich von 2500 v.Chr. Das größte, ein Ganggrab, hat die erstaunlichen Abmaße von 48 x 6 Meter.

In Winsen (Luhe) müssen wir einen langen Aufenthalt einplanen, denn es gibt viel zu sehen: Auf und rund um eine Insel in der Luhe recken sich die wunderbaren Häuser der **Altstadt** empor. Zu ihnen zählen der Marstall, das Blaufärberhaus und die St. Marienkirche. Malerisch in einen Park eingebettet wurde das 1315 erstmals erwähnte **Schloss Winsen**. Dies war stets der Sitz von Großvögten, Amtmännern und Landräten.

Gegen Ende unserer Tour radeln wir durch das **Naturschutzgebiet von Luhe und Ilmenau.** Es ist eine der letzten Regionen, die in dieser markanten Art und Weise von den Gezeiten bestimmt werden.

Kartentipp:
ADFC-Regionalkarte Hamburg und Umgebung, 1:75.000,
ISBN 978-3-87073-968-3, € 9,95
Digital für Smartphones und Tablets:
www.fahrrad-buecher-karten.de/rk-digital

75 Am hohen Elbufer

Von **Billwerder** (bei Geesthacht) nach Lauenburg

CamperTouren Info

ca. 45 km, überwiegend auf separaten Radwegen, Radwegen neben der Straße sowie auf Nebenstraßen, keine größeren Steigungen, regionale Wegweisung

Start / Ziel: Camping Land an der Elbe, www.camping-land-online.de

Auswahl weiterer Camps an der Strecke: Campingplatz Hohes Elbufer, Bother Campingplatz Elbstrand, Campingplatz Worthmann, Wohnmobilstellplatz Hohnsdorf, Campingplatz Flecken Artlenburg, Camping Im Piepensack, Campingplatz Funke, Freizeit- und Campingpark Tespe

Die vielen Campingplätze entlang unserer Strecke lassen es erahnen: Dieser Abschnitt der Elbe ist landschaftlich ganz besonders schön. Und als ob das noch nicht ausreichen würde, wartet am Scheitelpunkt der Tour mit Lauenburg noch eine wunderbare Kleinstadt auf uns.

Los geht´s an der Ausfahrt des Camps, die wir Richtung Osten verlassen. Nach kurzer Fahrt können wir bei Rönne links abbiegen und über das Stauwehr die Elbe samt Nebenarm überqueren.

Auf der anderen Seite bleiben wir am Ufer von Geesthacht, dem wir flussaufwärts folgen. Krümmel, Grünhof-Tesperhude und Schnakenbek tangieren wir, ehe wir nach Lauenburg gelangen.

Nach wenigen Metern sind wir schon in Schleswig-Holstein angekommen, denn die Elbe trennt die Bundesländer. Geesthacht empfängt uns mit der **Kirche St. Salvatoris**, die aus feinstem Backstein-Fachwerk errichtet wurde.

Ein Stück weiter an der Elbe entlang erinnert uns ein verfallener 30 m hoher **Wasserturm** daran, dass hier einst eine Sprengstofffabrik von Alfred Nobel stand. Später wuchs hier in Krümmel ein Kernkraftwerk heran.

Lauenburg ist nicht nur eine alte Schifferstadt an der Elbe, sondern auch eine echte Augenweide. Schönstes Fachwerk mit Backsteinen erwartet uns an der Promenade der Stadt, während auf der Elbe die Schiffe dümpeln. Aus dem Dächermeer der Altstadt streckt sich die **Maria-Magdalenen-Kirche**, die schon im 13. Jh. gegründet wurde. Vom

Die alte Schifferstadt Lauenburg gruppiert sich elegant am Elbufer

einstigen Lauenburger Schloss ist noch der **Turm** über, der auf dem Schlossberg thront. Von einer **Aussichtsterrasse** überblicken wir nicht nur die Stadt, sondern auch die Elbe und die umliegende Gegend. Sie liegt beim **Fürstengarten**, der 1590 als Lustgarten für Herzog Franz II. geschaffen wurde.

Seit über 1.000 Jahren gibt es Schifffahrt auf der Elbe. Mehr über die Menschen, die Technik und die Schiffe, die dazu im Einklang nötig sind, berichtet das **Museum** direkt am Ufer. Das angegliederte Archiv wird von einem Förderverein betrieben, ebenso der stilvolle **Raddampfer** „Kaiser Wilhelm", der immer noch auf dem Wasser dampft.

Tipp: Wer zurecht Gefallen am tollen **Elberadweg** gefunden hat, kann noch weiter radeln zu weiteren sehenswerten Orten wie Boizenburg und Bleckede. Eine andere lohnenswerte Variante folgt dem **Elbe-Lübeck-Kanal** über Mölln und Ratzeburg in die Hauptstadt des Marzipans.

Weiter geht´s von Lauenburg auf das andere Elbufer hinüber. Diesem folgen wir nun flussabwärts über Artlenburg, Tespe, Marschacht und Rönne wieder zurück zu unserem Camp.

Wenn wir auf dem anderen Ufer ankommen und uns nochmals umsehen, erkennen wir, wie toll das **Panorama** von Lauenburg ist: Die Häuser sind maximal 3 Etagen hoch, haben meist rote Dächer und ebenso rote Backsteinwände, viele von ihnen mit Fachwerk.

Artlenburg war einst ein wichtiger Übergang über die Elbe, der mit der auf der anderen Uferseite gelegenen Ertheneburg geschützt wurde. Auch im Zweiten Weltkrieg spielte der Flecken eine bedeutende Rolle. Heute geht es nur noch friedlich zu – und dazu rotiert beruhigend die schöne **Holländer-Windmühle**.

Kartentipp:
ADFC-Regionalkarte Hamburg und Umgebung, 1:75.000,
ISBN 978-3-87073-968-3, € 9,95
Digital für Smartphones und Tablets:
www.fahrrad-buecher-karten.de/rk-digital

76 Spielend leichte Tour zum Spielzeugmuseum

Rundtour von **Wietzendorf** über Soltau

CamperTouren Info

ca. 27 km, Rundtour meist auf befestigten Radwegen, die ersten 4 km auf wenig befahrener Nebenstraße, leicht wellig, keine größeren Steigungen, regionale Wegweisung

Start / Ziel: Südsee-Camp Wietzendorf, www.suedsee-camp.de

Auswahl weiterer Camps an der Strecke: Campingplatz Imbrock, Röder´s Park Premium Camping, Campingplatz Auf dem Simpel, Camping Harberer Mühlenbach

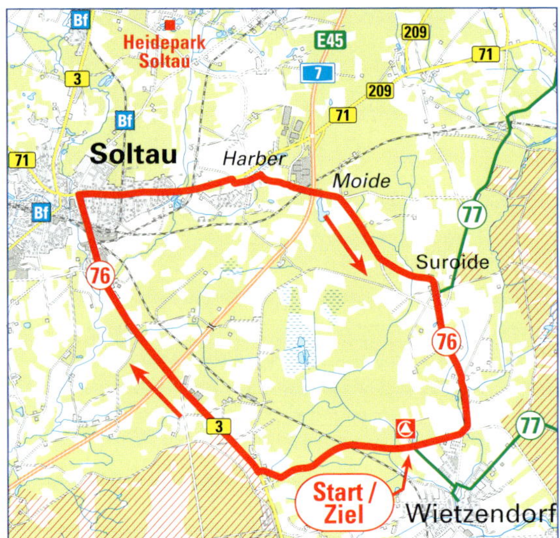

Die Lüneburger Heide ist ein gern besuchtes Urlaubsziel. Die sanft gewellte Landschaft wird von einem dichten Netz aus Radwegen durchzogen. Die verbinden spannende Kleinstädte und Sehenswürdigkeiten miteinander. Und wer zur rechten Zeit hier ist, sieht auch die putzigen Heidschnucken grasen.

Los geht´s aus dem Camp kommend nach rechts. Nachdem die ersten 4 km ohne durchgehenden Radweg geschafft sind, biegen wir rechts ab Richtung Soltau, das wir auf schnurgeradem Radweg neben der Straße nach einiger Zeit erreichen.

Soltau wurde 937 als „curtis salta" (Hof an der Salzaue) erstmals erwähnt. In der Stadtmitte Soltaus angekommen, haben wir Mühe, auszuwählen, was wir zuerst besuchen: Das **Rathaus** gefällt uns mit seiner außergewöhnlichen Farbgestaltung – es ist in den Stadtfarben getüncht. Ähnlich sieht das **Norddeutsche Spielzeugmuseum** auf der gegenüberliegenden Straßenseite aus, nur dass es im Innern noch viel mehr zu bieten hat. Hier können wir uns nicht nur historisches Spielzeug ansehen – es wird auch zum Spielen aufgefordert! Das Museum im ehemaligen **Pastorenhaus** widmet sich in der Dauerausstellung der Geschichte von Stadt, Menschen, Handwerk und Gewerbe. Wer das freundliche Personal fragt, bekommt – wenn die Zeit es zulässt – eine „Privatführung" mit so vielen Geschichtchen, die man sich gar nicht merken kann.

Ebenfalls in unmittelbarer Nähe liegen die hübsche **Kirche St. Johannis**, die Touristen-Info und die einladende **Fußgängerzone**, deren Mitte der Heiratsbrunnen markiert.

Die **Soltau-Therme** ist bestens geeignet, unsere müden Radler-Beine zu regenerieren: Es gibt ein Freibad, mehreren Saunen und Solebecken.

Weiter geht´s von Soltau, das wir entlang der Lüneburger Straße verlassen. Etwa 1,5

Klein, fein und total entspannend: Die Fußgängerzone von Soltau

km hinter dem Ortsausgang von Soltau biegen wir rechts ab und radeln durch Harber. Dann rechts, im Kreisel geradeaus und dann via Moide, Brümmerhof, Suroide, Meinholz wieder zurück zum Camp.

Tipp: Nur ein kleiner Abstecher ist es bis zum **Heidepark Soltau**. Wenn sie ihn besuchen, sollten Sie an dieser Stelle keine Weiterfahrt dieser Tour mehr planen, denn der Abenteuerpark bietet einfach unglaublich viel: Vor allem die Fahrgeschäfte, wie Wildwasserbahn, Hänge-Loopingbahn, Geisterbahn und die größte Holzachterbahn der Welt, Collossos, machen den Besuch zu einem rasanten Vergnügen. Doch auch für Freunde der etwas langsameren Gangart wird hier reichlich geboten, wie Kasperle-Theater, Märchenbahn oder Kinderlok. Ein nostalgischer **Mississippi-Dampfer** schippert uns vorbei an der Freiheitsstatue, gleich auf mehreren Bühnen können wir verschiedene Shows genießen.

Ganz in der Nähe von Harber gab es 1936 ein Reichsarbeitsdienstlager für den Bau der A 7. Nach Kriegsende wurde es zum Flüchtlingslager, wobei viele Flüchtlinge sich direkt in der Region hier niederließen. Auf dem Gelände des ehemaligen Lagers ist heute ein Gewerbegebiet und nur ein paar Pedaltritte entfernt wurde ein **Outlet-Center** eingerichtet.

Kartentipp:
ADFC-Regionalkarte Lüneburger Heide, 1:75.000,
ISBN 978-3-96990-009-3, € 9,95
Digital für Smartphones und Tablets:
www.fahrrad-buecher-karten.de/rk-digital

77 Geschützte Natur im Sperrgebiet

Rundtour von **Wietzendorf** über Munster

CamperTouren Info

ca. 32 km, Rundtour meist auf befestigten Radwegen und auf wenig befahrenen Nebenstraßen, keine größeren Steigungen, regionale Wegweisung

Start / Ziel: Südsee-Camp Wietzendorf, www.suedsee-camp.de

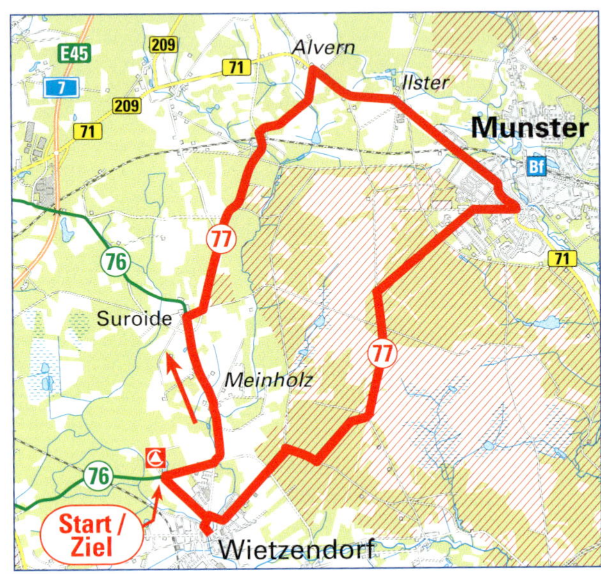

Es klingt schon fast absurd: Durch den Umstand, dass seit Jahrzehnten Panzer durch die Lüneburger Heide pflügen, konnte sich eine einzigartige Flora und Fauna entwickeln. Auf unserer Tour werden wir beides sehen: Heidelandschaft und Panzer.

Das **Südsee-Camp** ist einer „DER" Campingplätze Europas. Auf die Gäste wartet alles, was heute von einer Campinganlage erwartet wird: Den Südsee, einen Badesee mit Rutsche und Piratenschiff, Sportplätze, Animationsprogramm, Minigolf, mehrere Restaurants, Shops, gepflegte Stellplätze sowie Sanitäranlagen und vieles mehr. Besonders toll ist das subtropische **Badeparadies** mit Sauna, Rutschen, Piratenschiff und einem tollen Wildwasserkanal.

Los geht´s aus dem Camp kommend nach links und kurz darauf wieder nach links. Über Meinholz und Suroide erreichen wir Alvern. Hier biegen wir rechts ab und rollen durch Ilster nach Munster.

Munster ist großer Bundeswehrstandort bekannt. Die Truppen sind zwar allgegenwärtig, doch gibt es im Ort viel mehr zu entdecken, wie z.B. den hübschen Platz mit dem Brunnen, die **Altdorfanlage** „Ollershof" oder die historische Wassermühle. Beim Streifzug durch den Ort fallen zudem immer wieder hübsche Backstein- oder **Fachwerkfassaden** ins Auge. Eher idyllisch versteckt hinter Bäumen ist die **Kirche St. Urbani**, eine der schönsten Heidekirchen, deren älteste Teile aus dem 13. Jhd. stammen.

Tipp: Etwas abseits gelegen im Westen finden wir die **Schafstallkirche St. Martin**. Hier dient seit 1989 ein ausgedienter Schafstall als Gotteshaus. Deckenbalken aus Holz mit eingeritzten Psalmen, Krippen und ein großes Fenster als Altarbild mit Blick auf Rasen und Bäume geben der Kirche ein unverwechselbares Etwas.

Das **Panzermuseum** ist eine gemeinsame Einrichtung der Stadt Munster und der Bundeswehr. Gezeigt wird die Entwicklung der Truppengattungen von 1917 bis heute. Noch älter sind die deutschen Uniformen und Orden, deren älteste Stücke bis 1813 zurückreichen.

Ländliche Eleganz in Wietzendorf

Im Innern sind die Exponate chronologisch sortiert, Blickfang sind vor allem die Panzer auf den Freiflächen, wobei auch Fahrzeuge der US-Army und der NVA gezeigt werden. Bewegte Bilder können wir uns im Videoraum ansehen.

Weiter geht´s von Munster, das wir über den Emminger Weg verlassen. Hinter dem Kreisel links in den Wietzendorfer Weg. Dieser verläuft fast genau 3 km schnurgerade und biegt dann links ab. Wieder 3 km später knickt unser Wietzendorfer Weg schräg rechts ab und trifft nach 2 km auf die Übungsplatzstraße, Hier rechts und an der nächsten Ecke links – es ist wieder der Wietzendorfer Weg, und der bringt uns geradewegs in die Ortsmitte. Von hier folgen wir den Schildern, um nach wenigen Minuten wieder zurück zum Camp zu gelangen.

Wietzendorf ist ein schöner, anerkannter Erholungsort. Inmitten von Kiefernwaldungen, Restmoor- und Heidegebiete liegt dieses von Backstein und **Fachwerk** geprägte Örtchen, das sich rund um die **St.-Jacobi-Kirche** postiert. Die Kirche stammt von 1876 und versteckt sehenswerte Malereien. Ebenfalls mitten im Ort liegt der **Peetshof**, der gleich Touristeninfo, Bauern-, Landwirtschafts-, Torf- und Imkermuseum in einem ist.

Kartentipp:
ADFC-Regionalkarte Lüneburger Heide, 1:75.000,
ISBN 978-3-96990-009-3, € 9,95
Digital für Smartphones und Tablets:
www.fahrrad-buecher-karten.de/rk-digital

78 Kein leeres Versprechen: Schön wird die Tour nach Leer!

Von **Papenburg** über Leer

CamperTouren Info

ca. 67 km ohne Abstecher, Verkürzung möglich, gute, regionale Radweg-Beschilderung sowie teils Beschilderung als Emsradweg bzw. Fehnroute. So gut wie keine Steigungen. Die Route führt meist über separate Radwege, einige Passagen auf losem Untergrund.

Start / Ziel: Campingplatz Papenburg, www.campingplatz-papenburg.de

Auswahl weiterer Camps entlang der Strecke: Campingplatz Weener, Ems-Marina-Camping, Wohnmobilstellplatz in Weener

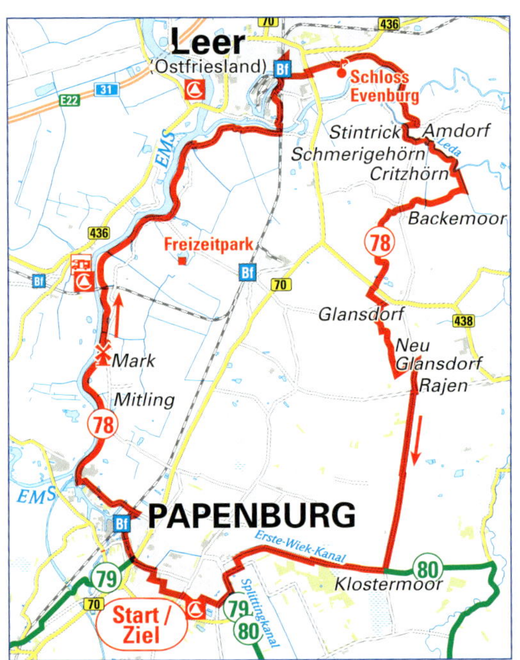

Nachdem wir die Innenstadt von Papenburg zum ersten Mal kurz kennengelernt haben, rollen wir auf dem erstklassigen Ems-Radweg gen Norden. Nach entspanntem Radeln erreichen wir Leer mit seiner historischen Innenstadt. Auch der Rückweg gestaltet sich mit Schloss Evenburg und der kleinsten Autobrücke Deutschlands sehr abwechslungsreich.

Unser „**Campingplatz Papenburg**" ist mit 118 Stellplätzen eine schöne und übersichtliche Anlage. Und die Lage ist perfekt, denn das städtische Freibad liegt quasi „nebenan" und mit wenigen Pedalumdrehungen sind wir in der malerischen Innenstadt von Papenburg.

Los geht's am Campingplatz, den wir über die lange Zufahrtsstraße „Zum Poggenpohl" verlassen, um an deren Ende links und direkt wieder rechts („Am Stadion") abzubiegen. Hier am Straßenende rechts und dann links in die Kleiststraße. An der Goethestraße rechts und am Hauptkanal links. Dessen Verlauf folgen wir bis zum Bahnhof, zweigen dann rechts ab und rollen auf der Bahnhofstraße. An deren Ende links und mit der Straße „Zur Seeschleuse" am Hafen vorbei. Vor der Ems rechts und dann immer am Ufer entlang. Auf ruhiger Trasse gelangen wir so auf dem Ems-Radweg vor die Tore von Leer und steuern die Ortsmitte an.

Der bestens beschilderte Ems-Radweg garantiert uns ein optimales Radel-Vergnügen. Am Wegesrand liegen auch die **Windmühle von Mitling-Mark** und wenig später der Freizeitpark „Am Emsdeich" mit zwei Badeseen.

In der sehr sehenswerten Innenstadt von Leer steuern wir den **alten Hafen** an, wo wir **Museumsschiffe** sehen, die malerisch auf 750 ha Wasser dümpeln.

Lange Alleen geleiten uns zum Schloss Evenburg

Tipp: Ein besonders schönes Motiv ist das **Dampfschiff „Prinz Heinrich"** direkt vor dem **Historischen Rathaus** und seinem prunkvollen Turm.

Leer, das „Tor Ostfrieslands", blickt auf eine lange Tradition als Leineweberstadt zurück, von der das **Heimatmuseum** zu berichten weiß. Entlang der engen Altstadtgassen kommen wir auch am reich verzierten Haus Samson, an der Großen Kirche und am **Hafentor** vorbei.

Weiter geht´s von Leer, das wir am Bahnhof vorbei und links über die Evenburgallee verlassen. Am Schloss vorbei gelangen wir später auf die Amdorfer Straße, der wir immer geradeaus (später Fährstraße) in den gleichnamigen Ort folgen. Die Orte Stintrick, Backemoor, Westrhauderfehn und Klostermoor liegen auf unserem Weg, bis wir auf den Erste-Wiek-Kanal treffen, vor dem wir rechts abbiegen. Am Splittingkanal links, auf die andere Seite des Kanals wechseln, rechts, an der Freiwilligen Feuerwehr vorbei, rechts und wieder links in den Prangenweg – so gelangen wir wieder zurück zu unserem Camp.

Kartentipp:
ADFC-Regionalkarte Ostfriesland,
1:75.000, ISBN 978-3-87073-963-8, € 9,95
Digital für Smartphones und Tablets:
www.fahrrad-buecher-karten.de/rk-digital

Mitten im üppigen Grün des riesigen **Parks** mit langen Alleen erhebt sich das ungemein filigran gestaltete **Schloss Evenburg**. Malerisch erhebt sich das barocke Wasserschloss auf seiner Schlossinsel – hier müssen wir unbedingt einen längeren Stopp einplanen!

Ganz anders gestaltet sich das nächste Highlight, denn Richtung Amdorf überspannt die **schmalste Autobrücke Deutschlands** das kleine Flüsschen Leda. Die Fachwerkbogenbrücke ersetzte ab 1956 die vorherige Fähre.

Kurz vor Tourende kommen wir an der **Von-Velen-Anlage** vorbei, wo wir alte Moorkaten bestaunen können. Wir lernen unter anderem, wie einst die Torfstecher wohnten, die Schiffer lebten, eine alte Schleuse funktionierte. Das Prunkstück aber ist das **Papenbörger Hus**. Schöner als in diesem alten Kapitänshaus können wir wohl nirgends einkehren – genau das Richtige für das Ende der Rundtour!

79 An den Emsdeichen

Von **Papenburg** über Aschendorf

CamperTouren Info

ca. 46 km ohne Abstecher, Verkürzung möglich, gute, regionale Radweg-Beschilderung sowie teils Beschilderung als Emsradweg- bzw. Emslandroute. So gut wie keine Steigungen. Die Route führt meist über separate Radwege, einige Passagen auf losem Untergrund.

Start / Ziel: Campingplatz Papenburg, www.campingplatz-papenburg.de

Auswahl weiterer Camps entlang der Strecke: Campingplatz Kreuter, Ferien Hopster – Campingplatz und Ferienwohnung, Wohnmobilstellplatz in Dörpen

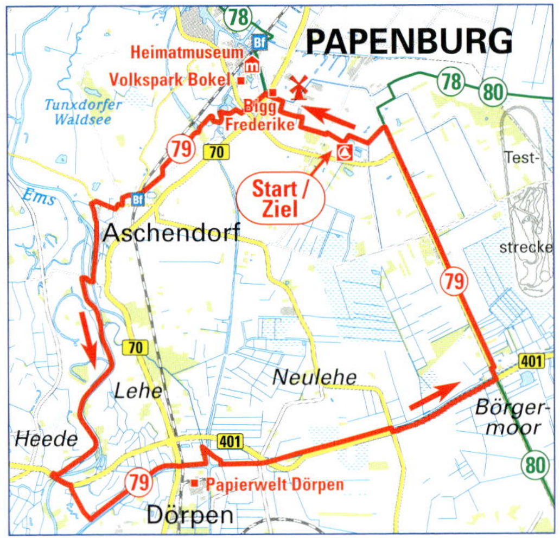

Diese Rundtour führt uns nochmal ans Ufer der Ems, wobei wir uns dieses Mal gen Süden orientieren. Auf besten Wegen erkunden wir die hübschen Ortskerne von Aschendorf und Heede, ehe es durch die Fehnlandschaft wieder zurück zu unserem Camp geht.

Für Wohnmobil, Wohnwagen oder Zelt finden wir auf der saftig-grünen Wiese einen 100 qm großen **Stellplatz** und können wählen, ob wir einen Sonnenplatz oder eher etwas Schatten unter den hohen Bäumen bevorzugen. Direkt am See liegen die „Fehnkaten". Die kleinen Holzhäuschen bieten kuscheligen Komfort für zwei Personen.

Los geht's am Campingplatz, den wir über die lange Zufahrtsstraße „Zum Poggenpohl" verlassen, um an deren Ende links und direkt wieder rechts („Am Stadion") abzubiegen. Hier am Straßenende rechts und dann links in die Kleiststraße. An der Goethestraße rechts und am Hauptkanal links. Dessen Verlauf folgen wir bis hinter das Schiff „Friederike". Hier queren wir noch die Bundesstraße und biegend dahinter links ab in die Friederikenstraße. Die verläuft schnurgeradeaus, bis wir rechts zum Volkspark Bokel abbiegen können. Die Schilder des Ems- bzw. Emslandradwegs führen uns mit einigem Abbiegen nach Aschendorf.

In Papenburg gibt es reichlich zu sehen. Scheinbar endlose **Kanäle** durchziehen die Stadt wie ein Spinnennetz und sorgen mit den herrlichen alten **Backstein-Gebäuden** am Ufer für echtes „Amsterdam-Flair".

Tipp: Wunderschöne Fotomotive finden wir an den zahllosen Kanälen von Papenburg, denn die werden an vielen Stellen mit blumengeschmückten und meist schneeweißen **Klapp- und Zugbrücken** überspannt. Viele Jahre überdauert haben auch die Meyers Mühle, die **Alte Werft** und die **Bockwindmühle**. Dem Charme dieser Stadt kann niemand widerstehen – mehr darüber erfahren wir im **Heimatmuseum**.

Typisch Papenburg: Blumenschmuck und strahlend weiße Brücken

Im Wasser der Kanäle spiegeln sich an mehreren Orten Papenburgs historische Schiffe, darunter auch das **Museumsschiff** Brigg Friederike, die schon lange vor dem schmucken Rathaus „ankert“:

Auf unserem weiteren Weg kommen wir durch den beliebten **Volkspark Bokel**. Der weitläufige Park gefällt uns mit gleich zwei Seen und mehreren Picknick-Plätzen. Wer vom Radeln nicht ausgelastet ist, folgt dem Trimm-Dich-Pfad.

Tipp: Etwas nördlich von unserem Streckenverlauf liegt der **Tunxdorfer Waldsee**. Nach einer verheerenden Sturmflut im Jahr 1962 entschloss man sich, Papenburg durch einen hohen Deich zu schützen. Um den nötigen Sand zu bekommen, wurde fleißig gebaggert. Es entstand der Tunxdorfer Baggersee, der sich zu einem beliebten Bade- und Erholungssee entwickelte.

Aschendorf, das heute zu Papenburg gehört, wurde im 8. Jh. erstmals als Ascanthorp erwähnt. Heute empfängt uns hier ein **Ortskern**, wie er hier im nördlichen Emsland zu sein hat: schöne Backsteinhäuser, ein gepflegter Platz und drum herum gute Einkehrmöglichkeiten.

Weiter geht´s von Aschendorf, das wir zur Ems hin verlassen, um dem Emsradweg flussaufwärts zu folgen. Hinter Heede queren wir die Ems, treffen auf den Küstenkanal und folgen diesem nach links bis Börgermoor. Hier zweigen wir links ab, um dem Verlauf des Splittingkanals bzw. der Emslandroute zu folgen. Hinter der von-Velen-Anlage queren wir den Kanal, links, rechts in die Straße „Bethlehem rechts“, hinter dem Sportpark wieder rechts und links in den Prangenweg zurück zu unserem Campingplatz.

Wenn wir den Küstenkanal überqueren, sind wir rasch in Dörpen, das uns mit der „**Papier-Welt Dörpen**“ einen Einblick in die Geschichte in die Technologie der Papierherstellung gewährt. Die imposante Papierfabrik gibt es immer noch – sie ist selbst von der anderen Uferseite des Kanals aus nicht zu übersehen.

Kartentipp:
ADFC-Regionalkarte Emsland/Grafschaft Bentheim, 1:75.000, ISBN 978-3-87073-886-0, € 8,95
Digital für Smartphones und Tablets:
www.fahrrad-buecher-karten.de/rk-digital

80 Schnurgeradeaus am Splitting entlang

Von **Papenburg** über Börgerwald

CamperTouren Info

ca. 50 km ohne Abstecher, Verkürzung möglich, gute, regionale Radweg-Beschilderung sowie teils Beschilderung als Emslandroute. Keine größeren Steigungen. Die Route führt meist über separate Radwege, einige Passagen auf losem Untergrund.

Start / Ziel: Campingplatz Papenburg, www.campingplatz-papenburg.de

Auswahl weiterer Camps entlang der Strecke: Campingplatz Blankes Glück, Campingplatz im Freizeitpark Surwold

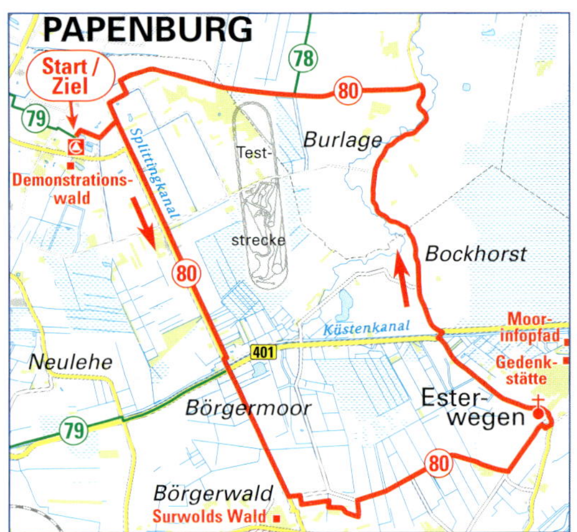

Wir rollen kilometerlang am Splittingkanal entlang, den man seinerzeit schnurgerade in die Erde gegraben hat. Später wird es etwas kurviger, wenn wir durch die in sanften Wellen modellierte Landschaft des Hümmling radeln.

Wenn wir nach unserer Tour zurück auf unserem Campingplatz Papenburg ankommen, lockt uns der **Badesee** mit einer kleinen Insel zu einer Abkühlung. Die Kinder werden sich vermutlich auf den **Spielplatz** freuen. Und wenn die Bordküche kalt bleiben soll, kehren wir im Bistro „Kiek in" ein – der Name ist Programm!

Los geht's am Campingplatz, den wir an der Einfahrt nach rechts auf dem Prangenweg und dann wieder rechts auf der Barenbergstraße verlassen. An deren Ende links („Bethlehem rechts") und dann etwas links versetzt über den Splittingkanal. Hinter der Brücke rechts und dann immer schnurgeradeaus am Kanal entlang bis Börgerwald.

Direkt „neben" unserem Campingplatz liegt der sogenannte „**Demonstrationswald**", den wir per pedes besuchen können. So werden wir an Schautafeln vorbeigeführt, auf denen wir lernen, wie nach der Eiszeit aus einem kleinen Wäldchen ein stattlicher Wald entstand. Aber der Blick wird auch in die Zukunft gerichtet und die Frage geklärt wie sich Wälder verändern werden und wie sie sich jetzt schon aufgrund der verschiedenen Böden in Nordwestdeutschland entwickeln.

Auf dem ersten Teilstück unserer Radtour folgen wir dem **Splittingkanal**, dessen letztes Teilstück 1989 geflutet wurde. Heute zieht er sich über 12 km schnurgeradeaus durch den Papenburger Ortsteil „Obenende". Unterwegs kreuzen wir mitsamt dem Splitting auch den sogenannten **Küstenkanal**, auf dem die Schiffe zwischen dem Dortmund-Ems-Kanal und der Hunte in der Nähe von Oldenburg verkehren können. Rund 70 km misst der Küstenkanal.

Kilomenterlang und schnurgerade ist der Splittingkanal

Weiter geht´s von Börgerwald, das wir im Kreisel nach links über die Esterweger Straße verlassen. Noch im Ort rechts „Am Friedhof" und kurz darauf links ins Feld. Am Ende rechts (Bergstraße) und gleich wieder links in den Tongrubenweg. Der trifft auf „Im Timpen" – hier links und rechts nach Esterwegen. Von hier rollen wir durch weite Natur via Bockhorst, Neuburglage, Altburlage (hier links) und Klostermoor wieder nach Papenburg. Am Splittingkanal links und kurz darauf rechts – so gelangen wir wieder zurück zu unserem Camp.

Wir rollen im Norden durch eine Landschaft, die sich **Hümmling** nennt und mit zahllosen Kanälen durchzogen wird. Die Gegend ist wie in sanften Schwüngen modelliert und liegt auf Höhen zwischen 5 und 42 Metern. Da sind wir schon mächtig überrascht, dass wir in Börgerwald eine „Serpentine" entdecken. Bei 8% Steigung kommt schon fast „alpines Feeling" auf.

Tipp: In Börgerwald sollten wir einen längeren Aufenthalt einplanen, denn mit dem **Erholungsgebiet Surwold´s Wald** erreichen wir ein sehr beliebtes Ausflugsziel. Märchenpark, Kletterwald, Minigolf-Anlage und Sommerrodelbahn garantieren hier viel Spaß für Jung und Alt!

Bei Esterwegen weist uns eine **Gedenkstätte** auf die dunkle Geschichte hin, in der es unter der Schreckensherrschaft des NS ein Konzentrationslager gab. Deutlich erfreulicher ist da der Anblick der schmucken **St. Johanniskirche**. Dass wir in einem weitläufigen Moorgebiet unterwegs sind, erfahren wir, wenn wir dem **Moorinfopfad** folgen.

Kartentipp:
ADFC-Regionalkarte Emsland/Grafschaft Bentheim,
1:75.000, ISBN 978-3-87073-886-0, € 8,95
Digital für Smartphones und Tablets:
www.fahrrad-buecher-karten.de/rk-digital

81 Tagestour zur Tages-Kur

Von **Oldenburg** über Bad Zwischenahn

CamperTouren Info

ca. 44 km ohne Abstecher, Verkürzung möglich, gute, regionale Radweg-Beschilderung sowie teils Beschilderung als Ammerlandroute, Radweg Bremen-Groningen bzw. Friesischer Heerweg. Keine größeren Steigungen. Die Route führt meist über separate Radwege, einige Passagen auf losem Untergrund.

Start / Ziel: Campingplatz am Flötenteich, www.olantis.com/campingplatz-am-floetenteich

Auswahl weiterer Camps entlang der Strecke: Campingplatz Oeltjen, Camping Lönskrug, Wohnmobilstellplätze in Oldenburg und Bad Zwischenahn

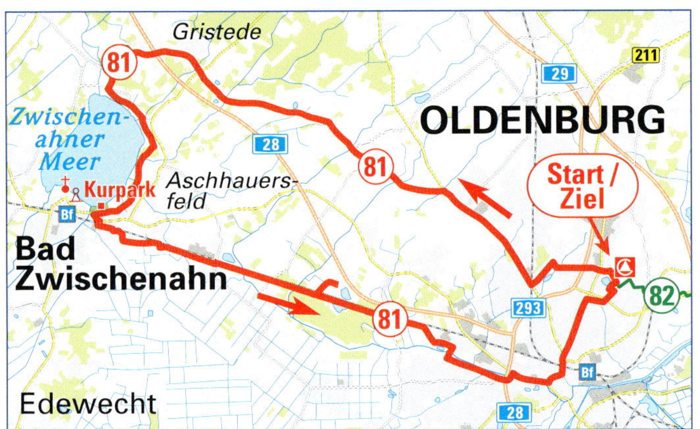

Wir rollen auf den Spuren des berühmten Homöopathie-Arztes Wilhelm Heinrich Schüßler, der in Bad Zwischenahn seine Heilmethoden verfeinerte. Auch die anderen Kuranwendungen und Sehenswürdigkeiten machen diese Route zu einer Wellness-Tour.

Besser können wir kaum residieren: Der „**Campingplatz am Flötenteich**" liegt in einer herrlich ruhigen, idyllischen Lage mitten in einem Waldgebiet – aber doch ganz nah an der Innenstadt von Oldenburg. Es gibt gerade einmal knapp 50 Stellplätze und eine Zeltwiese. So ist eine familiäre Atmosphäre direkt inklusive!

Los geht's am Campingplatz, den wir auf dem Mühlenhofsweg nach links verlassen, um an der nächsten Ecke links in die Rennplatzstraße einzubiegen, die in die Straße „Eßkamp" übergeht und die Autobahn quert. Am Ende rechts in den Scheideweg, links in die Feldstraße (Achtung: im Linksbogen bitte rechts weiter), an deren Ende rechts in die Alexanderstraße, dann raus aus der Stadt. In Metjendorf schräg links (Alter Postweg) und durch Neuenkruge, Gristede und Helle zum Ufer des Zwischenahner Meers, dem wir entlang der Ammerlandroute nach links folgen.

Nach nur wenigen Kilometern sind wir am Meer angekommen - und zwar am rund 5,5 qkm großen See, der seit Beginn des 19. Jhds. **Zwischenahner Meer** heißt. Das Wasser ist im Schnitt 3,3 m tief, so dass es sich im Sommer rasch erwärmen kann und dem Badevergnügen nichts im Wege steht. Auf unserer Tour, die uns halb um den See herum führt, haben wir auch schon den Gürtel mit **Schilfrohr** entdeckt, der sich fast komplett um das Zwischenahner Meer herum zieht. Im naturgeschützten Norden entwickelte sich eine Flora und Fauna mit seltenen Vogelarten, darunter auch der Fischadler. Dass es hier einst einen 3,5 m

Auf zur Bootstour!

langen **Wels** gegeben hat, ist hingegen eher dem Reich der Legende zuzuordnen.

Tipp: Ein Abstecher führt ins Herz von Bad Zwischenahn. Hier finden wir den legendären Wels auf dem Marktplatz als lebensgroße Bronzestatue. Gemeinsam mit den Wassersäulen und der **Kirche St. Johannis** im Hintergrund gibt er immer wieder ein gutes Fotomotiv ab.

In Bad Zwischenahn finden wir auch das **Schüßlerdenkmal**, das daran erinnert, dass der berühmte Homöopathie-Arzt Wilhelm Heinrich Schüßler hier einst das Licht der Welt erblickte. Viel Ruhe finden wir im Zwischenahner **Kurpark**, in dem sich auch die **Kappenwindmühle** und das Alte Kurhaus befinden.

Weiter geht´s vom Zwischenahner Meer, das wir am Kurpark bzw. an der Mühle (Knotenpunkt 73) Richtung Oldenburg verlassen. Die Schilder des Fernradwegs Bremen-Groningen (Knotenpunkte 72-76-67-85-68-70-12-06-07-08) weisen uns den meist schnurgeraden Weg zurück ins Herz von Oldenburg. Hier überqueren wir den Stadtgraben und zweigen direkt rechts und am Julius-Mosen-Platz links ab. Die große, unübersichtliche Kreuzung mit den breiten Straßen verlassen wir

Kartentipp:
ADFC-Regionalkarte Oldenburger Land, 1:75.000, ISBN 978-3-87073-970-6, € 9,95
Digital für Smartphones und Tablets:
www.fahrrad-buecher-karten.de/rk-digital

Die Kappenwindmühle dreht sich im Kurpark

nach links auf der Straße „Am Stadtmuseum". Am Begrünten Pferdemarkt geradeaus auf der Heiligengeiststraße, dann schräg rechts auf der Nadorster Straße. Nach zwei Kilometern rechts Ammergaustraße, links Hochheider Weg, nochmal links Flötenstraße und vor dem Flötenteich rechts geleiten uns zurück zu unserem Campingplatz.

Bei unserem Rückweg rollen wir auf einem Teilstück des **Fernradwegs**, der von Bremen über Oldenburg bis ins niederländische Bourtange und Assen bis Groningen führt. Mit einem Höhenunterschied von nur 54 Metern hat sich die 160 km lange Trasse auf einem „**Schnellradweg**" zu einem beliebten „WunderFietspad" entwickelt.

82 Mit der Hunte zur Weser

Von **Oldenburg** über Huntebrück

CamperTouren Info

ca. 59 km ohne Abstecher, Verkürzung möglich, gute, regionale Radweg-Beschilderung sowie teils Beschilderung als Route um Oldenburg bzw. Hunteweg. Keine größeren Steigungen. Die Route führt meist über separate Radwege, einige Passagen auf losem Untergrund.

Start / Ziel: Campingplatz am Flötenteich, www. olantis.com/campingplatz-am-floetenteich

Auswahl weiterer Camps entlang der Strecke: Wohnmobilstellplätze in Oldenburg und Elsfleth, (6 km von der Strecke entfernt: Campingplatz am Weserstrand Elsfleth)

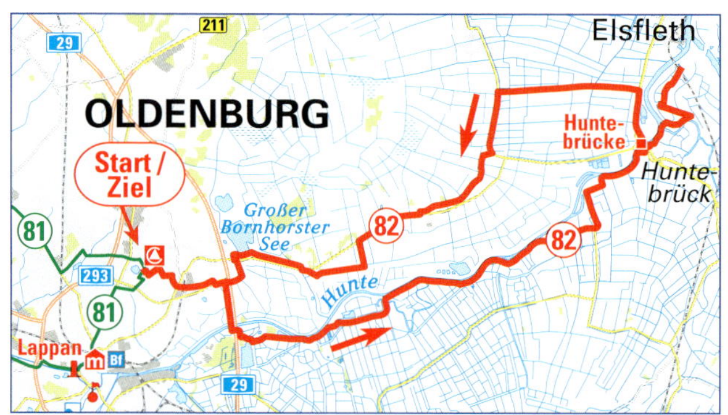

Nachdem wir das Stadtgebiet von Oldenburg verlassen haben, rollen wir tiefenentspannt auf dem schönen Hunteweg. Nach der Stippvisite an der Weser geht's durch weite und ruhige Moorlandschaften wieder retour.

Langweilig wird es uns auf unserem Campingplatz ganz bestimmt nicht, denn bei warmem Wetter springen wir ins Wasser des benachbarten **Freibades**. Wie der Name vermuten lässt, ist auch der **Flötenteich** gleich neben an – hier bietet sich immer ein kleiner, entspannter Rundgang an, der auf dem Weg einmal um den See führt.

Los geht's am Campingplatz, den wir nach rechts über Mühlenhofsweg, links Hochheider Weg und rechts Niendorfer Weg verlassen. In der Kurve links, in der Grünanlage am Weg rechts und gleich wieder links. So gelangen wir auf die Clausewitzstraße, der wir in der Kurve geradeaus folgen. An deren Ende rechts in die Straße Westeresch, der wir bis zur querenden Donnerschweerstraße folgen. Hier links und direkt rechts in die August-Hanken-Straße, die in den Grünenkamp übergeht und die Landstraße kreuzt. Hinter der Unterführung sofort links, noch vor der A29 rechts und über die Hunte. Nun wird es einfacher, denn ab hier folgen wir dem Hunte-Radweg nach links durch ruhige Natur bis Huntebrück. Wer mag, folgt dem Radweg noch ein Stück weiter und trifft auf die Weser.

Ob vor oder nach der Tour: Der Innenstadt von Oldenburg müssen wir unbedingt einen Besuch abstatten, denn sie kann auf eine lange Geschichte zurückblicken, die im Jahre 1108 begann und heute im **Stadtmuseum** dokumentiert ist. Von der einstigen Stadtbefestigung ist noch der Pulverturm erhalten, während der ehemalige Glockenturm namens **Lappan** heute als Wahrzeichen der Stadt gilt. Toll anzusehen sind auch das **Staatstheater**, das **Schloss**, in dem heute das Landesmuseum untergebracht ist, das Alte Gymnasium oder das fachwerkgeschmückte **Degodehaus**. Von der alten Cäcilienbrücke, die einst als Hubbrücke die Hunte überspannte, stehen nur noch die vier Türme.

Unübersehbar ist Schloss Oldenburg...

Tipp: Wenn das Wetter mal nicht so doll ist, gehen wir ins **Huntebad OLantis**, das für jeden etwas zu bieten hat: Eine ErlebnisWelt mit Riesenrutsche, eine SaunaWelt, die keine Wünsche offen lässt, und eine WellnessWelt, in der wir uns verwöhnen lassen können.

...aber auch das Degode-Haus müssen wir gesehen haben!

Unser perfekt zu fahrender Hunteweg führt uns unter den beeindruckenden Pfeilern der **Autobahnbrücke** hindurch. Während wir die Ruhe auf dem Radweg genießen, tobt oben, wie auf Stelzen, der Schwerlastverkehr.

Weiter geht´s von Huntebrück, das wir über die Hunte hinweg verlassen, um kurz dem Radweg an der B212 zu folgen. Nach gut einem Kilometer links in den Weg Dalsper Hellmer. An dessen Ende links – so gelangen wir auf die Radroute rund um Oldendorf - in der Kurve bei Kortendorf rechts, direkt wieder links und via Butteldorf, Moordorf, Moorhausen, Klein Bornhorst vor die A29. Nachdem wir diese gekreuzt haben, sind wir wieder auf unserem Hinweg, dem wir nun folgen, um zurück zum Camp zu gelangen.

Der Name Huntebrück kommt nicht von ungefähr, denn hier gab es lange eine Hubbrücke. Seit 2015 rollen wir aber über die Hunter auf einer neuen, nicht minder interessanten **Klappbrücke**.

Direkt an unserer Strecke liegen der **Kleine** und der **Große Bornhorster See**, die als Baggerseen entstanden. Wer Abkühlung sucht, findet sie hier an einem 150 m langen Badestrand.

Kartentipp:
ADFC-Regionalkarte Oldenburger Land,
1:75.000, ISBN 978-3-87073-970-6, € 9,95
Digital für Smartphones und Tablets:
www.fahrrad-buecher-karten.de/rk-digital

83 In den Wümme-Wiesen

Von **Oyten** über Lilienthal

CamperTouren Info

ca. 44 km ohne Abstecher, Verkürzung möglich, gute, regionale Radweg-Beschilderung sowie teils Beschilderung als Wümme-, bzw. als Mönchs-Radweg. So gut wie keine Steigungen. Die Route führt meist über separate Radwege, einige Passagen auf losem Untergrund.

Start / Ziel: KNAUS Campingpark Oyten am See, www.knauscamp.de

Auswahl weiterer Camps entlang der Strecke: Campingplatz am Hexenberg, Wohnmobilstellplätze in Bremen

Der Wümme-Radweg geleitet uns durch wunderbare Natur nach Lilienthal. Wer mag, legt einen Abstecher ins legendäre Worpswede ein, bevor es durch Wümme-Niederungen wieder entspannt zurück zu unserem Camp geht.

Sind wir in einem Park oder auf einem Campingplatz? In vielen Bereichen des „**KNAUS Campingparks Oyten am See**" erkennen wir dies nicht auf den ersten Blick, denn satt-grüne Wiesen und hohe Bäume bestimmen das Bild der Stellplätze. Hinzu kommt die ideale und doch sehr ruhige Lage des Camps vor den Toren Bremens mit direkter Zufahrt zu besten Radwegen.

Los geht's am Campingplatz, den wir über die Zufahrtsstraße und dann links auf der Straße „Am Berg" verlassen. Nun geht es einige Zeit ohne Abbiegen geradeaus – so queren wir die Autobahn, die Bundesstraße und die Schienen, ehe wir bei Sagehorn vor den Schienen rechts auf die Kirchweyher Straße abbiegen, die nächste links fahren und uns so lange links halten bis wir auf den Clüverdamm parallel zu den Bahnschienen gelangen. Auf der Straße Am Hodenberger Deich folgen wir rechts dem Fluss Deichschloot und folgen den Schildern des Wümme-, bzw. Mönchs-Radwegs nach Lilienthal.

Auf einem kleinen Geesthügel wurde um 865 eine kleine Kapelle gebaut, die als Keimzelle der heutigen Gemeinde Lilienthal diente. Die Stadt selbst entwickelte sich deutlich später um ein **Kloster** herum. Heute fühlen sich in der Stadt rund 20.000 Menschen wohl, die das Ländliche, aber auch die Nähe zur Großstadt Bremen suchen.

In bzw. um Lilienthal herum schauen wir uns den **ehemaligen Kleinbahnhof** mit seinem prachtvollen Fachwerk, den Rest der **Frankenburger Windmühle** an und besuchen eins der drei **Museen**.

Das Teufelsmoor war einst undurchdringlich

Tipp: Ein Abstecher von rund 10 km (Hinweg) führt uns ins legendäre Worpswede. Eher zufällig entdeckten verschiedene Künstler den Charme des kleinen Ortes, der in der weiten Stille des farbenprächtigen **Teufelsmoors** liegt. Daraus entstand Ende des 18. Jhds. eine bis heute legendäre und lebende **Künstlerkolonie**.

Weiter geht´s von Lilienthal, das wir am Flussufer der Wörpe entlang auf dem Mühlendeich verlassen. An der querenden Heidberger Straße rechts und via Seebergen und Am Hexenberg parallel zum Wümmer-Nordarm nach Fischerhude. Hier zweigen wir rechts ab und radeln an Backsberg vorbei, um dahinter der Rechtskurve zu folgen. Hinter dem Bahnhof erreichen wir wieder Sagehorn, wo wir links abbiegen und auf derselben Strecke zum Campingplatz zurück radeln, auf der wir herkamen.

Wir rollen am Rande des Teufelsmoors entlang. Es liegt in einem Tal, das sich in der Eiszeit bildete und eine riesige Fläche von rund 500 qkm bedeckt. Durch den „Moorkommissar" Findorff wurde ab 1750 die Besiedelung des Teufelsmoors in Angriff genommen. Einfache Knechte und Mädge ließen sich hier nieder, entwässerten weite Bereiche und stachen Torf.

Kartentipp:
ADFC-Regionalkarte Bremen und Umgebung,
1:75.000, ISBN 978-3-96990-015-4, € 9,95
Digital für Smartphones und Tablets:
www.fahrrad-buecher-karten.de/rk-digital

Fischerhude wurde zur Künstlerkolonie

Unsere Radtour führt uns dabei auch über den **Wümme-Radweg,** der etwas Besonderes unter den Fernradwegen ist, denn er hat gleich zwei beschilderte Stränge, durch die eine Rad-Runde möglich wird. Beide Stränge führen über beste Trassen in die wundervolle Lüneburger Heide, wobei die Nordroute 127 und die Südroute etwa 137 km misst.

Das Flüsschen **Wümme**, fließt auch durch Fischerhude und verleiht dem Ort sein wunderschönes Antlitz: Kleine, mit **Kopfsteinen** gepflasterte Sträßchen und Gassen, die von kleinen **Brücken** und **Stegen** überspannt werden begeisterten auch viele namhafte **Künstler**, die sich hier niederließen. Einer der bekanntesten war Otto Modersohn, dem hier in einem prachtvollen **Fachwerkgebäude** ein **Museum** gewidmet wurde.

84 Esel, Hund, Katze, Huhn

Von **Oyten** über Bremen

CamperTouren Info

ca. 53 km ohne Abstecher, Verkürzung möglich, gute, regionale Radweg-Beschilderung sowie teils Beschilderung als Weser-Radweg. Keine größeren Steigungen. Die Route führt meist über separate Radwege, einige Passagen auf losem Untergrund.

Start / Ziel: KNAUS Campingpark Oyten am See, www.knauscamp.de

Auswahl weiterer Camps entlang der Strecke: Campingplatz Boller Holz, Campingplatz zur Kieskuhle, Campingplatz Fährhaus, Wohnmobilstellplätze in Bremen

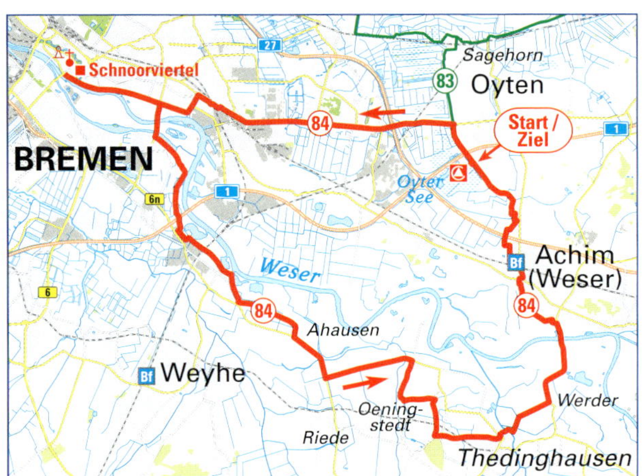

Der Tourtitel verrät es bereits: Das Ziel dieser Rad-Runde ist die Innenstadt von Bremen, die natürlich noch viel mehr zu bieten hat, als das Denkmal der Stadtmusikanten. Ein Teil unseres Weges verläuft auf dem bestens ausgebauten Weser-Radweg.

An warmen Sonnentagen sind es nur wenige Schritte von unserem Stellplatz bis zum Sprung ins kalte Nass des **Oyter Sees**, denn unser Camp liegt direkt am Ufer. Wem es am Sandstrand irgendwann zu langweilig ist, umrundet den See auf dem Rundweg, wandert im Landschaftsschutzgebiet oder gibt sich den ultimativen Kick auf der **Wakeboarding-Anlage**. Der Oyter See war in den 1960er Jahren sozusagen das „Loch", aus dem die Baustoffe für die A1 gewonnen wurden.

Los geht's am Campingplatz, den wir wieder über die Zufahrtsstraße verlassen, um wieder links auf die Straße „Am Berg" abzubiegen. Nachdem wir die Autobahn gekreuzt haben, fahren wir an der Bundesstraße links ab und nutzen deren Radweg, um Richtung Bremen zu radeln. Von der Sebaldsbrücker Heerstraße biegen wir bei den Bahnschienen links ab in die Föhrenstraße und an deren Ende rechts in den Hastedter Osterdeich. So gelangen wir ins Herz von Bremen.

Mehr als eine halbe Million Einwohner zählt die Freie Hansestadt Bremen. Zum Stadtgebiet gehört auch Bremerhaven, das rund 53 km weiter flussabwärts im Mündungsbereich der **Weser** liegt. Mit dieser Lage war der Weg frei in die Überseegebiete.

Tipp: Einen ausgezeichneten Eindruck darüber, wie es einst in Bremen aussah, liefert uns das großartige **Schnoorviertel**, das vermutlich der älteste Teil Bremens ist. Kleine, gepflasterte Gassen führen uns vorbei an zahllosen pittoresken Häusern, in denen einst Handwerker Teile für den Schiffsbau fertigten. Schnoor bedeutet so viel wie „Seil" und Seile sind bis heute für die Schiffe unverzichtbar, aber auch Ankerketten, Drähte und vieles mehr wurde hier produziert. Heute finden wir in den klei-

Der Roland wacht über Bremens Rathaus…

nen Läden auch schöne Andenken an unseren Besuch.

…und hat auch ein Auge auf´s Schnoorviertel

Ob auf eigene Faust, oder mit einer Stadtführung: In Bremen scheint es hinter jeder Ecke eine neue Sehenswürdigkeit zu geben, was sich vor allem rund um den Marktplatz zeigt: Der **Dom St. Petri,** das Haus der Bürgerschaft und das filigrane Rathaus mit dem **Roland**, der die Freiheit symbolisiert, stehen eng beieinander. Hier finden wir auch das Denkmal zu den **Stadtmusikanten** und erkennen an den hellen Stellen, dass es wohl Glück bringen soll, die vier Tiere aus Grimms berühmter Märchenwelt zu berühren. Besuchen sollten wir in jedem Falle auch die backsteingeschmückte **Böttcherstraße**.

Kartentipp:
ADFC-Regionalkarte Bremen und Umgebung, 1:75.000, ISBN 978-3-96990-015-4, € 9,95
Digital für Smartphones und Tablets:
www.fahrrad-buecher-karten.de/rk-digital

Weiter geht´s von Bremen, das wir im Ortsteil Hastedt über die Werderbrücke verlassen, um von hier aus dem Weser-Radweg flussaufwärts zu folgen. So rollen wir fast immer in Ufernähe aus der Innenstadt hinaus, tangieren Ahausen, Oenigstedt, Thedinghausen und Werder, ehe wir die Weser erneut überqueren, um nach Achim zu gelangen. Von hier folgen wir den Regionalschildern Richtung Oyten, die uns durch Embsen zurück zu unserem Campingplatz bringen.

Für Achim müssen wir nochmal einen längeren Aufenthalt einplanen, denn hier können wir Tiefenentspannung in einer kleinen **Fußgängerzone** mit besten Einkehrmöglichkeiten genießen. Mit dem Alten Rathaus, der **St-Laurentius-Kirche**, mehreren Fachwerkhäusern und vor allem mit der stolzen Windmühle finden wir zudem tolle Fotomotive.

85 Auf zur Friedensstadt

Vom **Alfsee** nach Osnabrück

CamperTouren Info

ca. 28 km, überwiegend auf separaten Radwegen, Radwegen neben der Straße sowie auf Nebenstraßen, eine größere Steigung, regionale Wegweisung

Start / Ziel: Alfsee Camping- und Erlebnispark, www.alfsee.de

Auswahl weiterer Camps an der Strecke: Wohnmobilstellplatz am Nettebad, Campingplatz Niedersachsendorf

Wir radeln auf guten Wegen von unserem Feriencamp durch die berühmte Tuchmacherstadt Bramsche zum Mittelland-Kanal. Wer mag, stattet Arminius einen „Besuch" ab. In unserem Ziel Osnabrück wurde einst Weltgeschichte geschrieben.

Los geht´s am Ufer des Alfsees vor dem Camp und wir folgen dem Uferweg nach Süden. Später passieren wir den Zuleiter und die Bahn und gesellen uns neben die Straße Richtung Bramsche. Unser Radweg zweigt bei Hesepe schräg links in den Ort ab und folgt einigen Nebenstraßen nach Bramsche.

Bramsche war über lange Zeit hinweg eine wohlhabende Tuchmacher-Stadt. Mehr über diese Historie erfahren wir im **Tuchmacher-Museum**, das idyllisch am historischen Mühlenort liegt. Das Tolle an diesem Museum: Es wird noch gearbeitet: Die automatische Spinnmaschine, Webstühle und vieles mehr präsentieren uns, wie aus der weißen Wolle Tücher entstehen. Auch das Färben der Stoffe wird hier demonstriert – das Bramscher Rot war einst überregional bekannt.

Weiter geht´s von Bramsche, das wir an der Osnabrücker Straße entlang verlassen. Wir queren den Mittelland-Kanal. Dann orientiert sich unser Radweg an der Bundesstraße, neben der wir mal rechts, mal links durch Wallenhorst ins Herz von Osnabrück radeln. Hier steuern wir den Bahnhof an. So bringt uns die Bahn in einer guten Stunde nach Rieste. Von hier sind es nur ein paar Minuten mit dem Rad zurück zum Camp.

Der Dom St. Peter ist eine Oase der Ruhe mitten in der Großstadt

Tipp: Wir müssen dem Mittelland-Kanal nur ein paar Kilometer folgen, um einen Ausflug in die Geschichte zu unternehmen. Diese wird uns am **Museum und Park Kalkriese** vermittelt. Der Name geht auf einen großen Felsen mit Kalkgestein zurück, doch die eigentliche Sensation folgte in den 1990er Jahren: Archäologische Funde deuteten darauf hin, dass hier die berühmte **Varusschlacht** stattgefunden haben muss. In der zweiten Hälfte des 9. Jhs. soll der Chiruskerfürst Arminius den Römischen Legionen unter der Führung von Varus die entscheidende Niederlage beigebracht haben. Arminius wird auch „Herrmann" genannt – ihm zu Ehren ragt bei Detmold eines der höchsten Denkmale der Welt aus dem Wald. Wer übrigens den Park von Kalkriese in Gänze betrachten möchte, braucht Zeit: Auf 20 ha können wir zusehen, wie die Archäologen ihre mühsame Arbeit verrichten.

Das Zentrum von Osnabrück wird vom imposanten **Dom St. Peter** markiert, an den sich der Kreuzgang und das Bischöfliche Palais anschließen. Gleich „nebenan" erheben sich die evangelische **St. Marienkirche** und das **Rathaus des Westfälischen Friedens**. Dieses harmonische Miteinander der Konfessionen und des Weltlichen wurde 1648 nach langjährigen Verhandlungen im Vertrag festgeschrieben. Damit war der 30jährige Krieg endlich beendet. Das Rathaus schauen wir uns also ganz genau an, entdecken eine Friedenstaube an der Türklinke und bestaunen im **Friedenssaal** die Portraits der Gesandten.

Unsere Rückreise können wir in Osnabrück besonders schön antreten, denn der **Hauptbahnhof** aus 1895 ist nicht nur eine Drehscheibe des Schienenverkehrs, sondern auch ein Baudenkmal mit modernen Anbauten.

Kartentipp:
ADFC-Regionalkarte Osnabrücker Land / Oldenburger Münsterland, 1:75.000, ISBN 978-3-96990-022-2, € 9,95
Digital für Smartphones und Tablets:
www.fahrrad-buecher-karten.de/rk-digital

86 Herrlicher Alfsee

Einmal um den **Alfsee** herum

CamperTouren Info

ca. 24 km, überwiegend auf separaten Radwegen, Radwegen neben der Straße sowie auf Nebenstraßen, eine kleine Steigung bei Hesepe, regionale Wegweisung

Start / Ziel: Alfsee Camping- und Erlebnispark, www.alfsee.de

Auswahl weiterer Camps an der Strecke: Wohnmobilstellplatz Alfsee, Campingplatz Tho-Bo-Garten

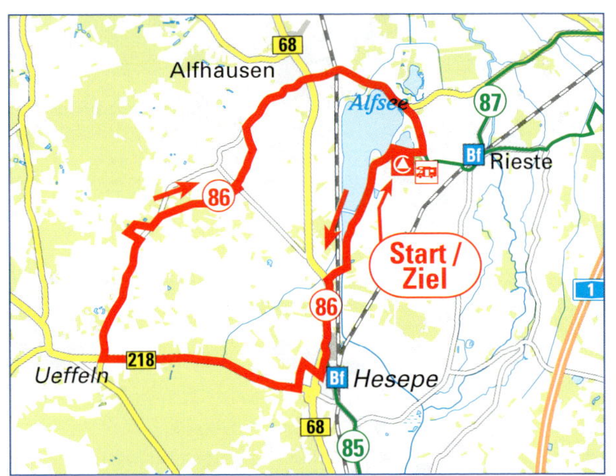

Streusiedlungen – so werden die Orte gerne genannt, durch die wir auf dieser Rundtour radeln. So haben wir ausreichend Zeit, uns die alte Wassermühle anzusehen, in Alfhausen einzukehren oder auf dem Alfsee dem Wassersport zu frönen.

Camping- und Erlebnispark – allein der Name verspricht, dass wir hier einen abwechslungsreichen Urlaub verbringen können. Und in der Tat wird rund um den Alfsee alles geboten, was das Herz begehrt: Wir können nach der Radtour im Alfen-Saunaland, der germanischen Wellness-Welt, entspannen, am Badestrand faulenzen oder in den See springen. Wer´s etwas aufregender mag, besucht das Indoor-Funcenter, das Kinderautoland oder die Kartbahn. Der Campingplatz gehört zu den LeadingCampings Europa, was eine perfekte Ausstattung garantiert.

Los geht´s am Ufer des Alfsees vor dem Camp und wir folgen wieder dem Uferweg nach Süden. Später passieren wir den Zuleiter und die Bahn und gesellen uns neben die Straße Richtung Bramsche. Unser Radweg zweigt bei Hesepe schräg links in den Ort ab, ehe wir nach rechts mit der Hauptstraße die B 68 überqueren. Dahinter links in die Ostland- und rechts in die Ueffelner Straße. So gelangen wir zu den Toren des gleichnamigen Ortes, wo wir rechts abbiegen.

In und um Hesepe bekommen wir einen guten Eindruck, wie sich unsere Radtour gestalten wird: Kleine verstreute Bauernschaften, hin und wieder ein etwas größeres Dorf und vor allem viel Natur um uns herum. Schauen Sie bei Hesepe mal an der Grundschule vorbei – hier sitzen auf einem Stein zwei „**Streithähne**".

Auch unser nächster Ort, Ueffeln, wird offiziell als „**Streusiedlung**" bezeichnet. Immerhin gibt es in der Mitte die schöne, strahlend weiß getünchte Marienkirche mit einem 20 m hohen Turm. Ganz in der Nähe liegt das Großsteingrab Wiemelsberger Steine, ein neolithisches Ganggrab.

Weiter geht´s von Ueffeln durch ruhige Landschaften und kleine Örtchen. Mit einem Schlenker zur Wassermühle kommen wir nach Alfhausen. Die Gose- später Riesterstraße bringt uns zum Ufer des Alfsees. Dies

Die Wasserskianlage auf dem Alfsee – rasanter Ausgleichssport für müde Radlerbeine

umrunden wir im Uhrzeigersinn und gelangen zurück zu unserem Camp.

Wunderschön anzusehen ist die **Wassermühle Riesau**: Eingebettet in einen schattigen Laubwald präsentiert sie sich in schönstem Fachwerk. Nachdem wir uns das Mahlwerk angesehen haben, können wir uns im kleinen Biergarten stärken.

Mit rund 4.000 Einwohnern ist Alfhausen der größte Ort unserer Rad-Rundtour. Demzufolge empfängt uns auch ein interessanter Ortskern mit der stattlichen **Johanniskirche** aus dem 13. Jh. Gleich nebenan wurden in der Nähe des Friedhofes Speicherhäuser abgelegt. Heute werden die schönen **Fachwerkbauten** als Wohnhäuser genutzt.

Tipp: Überregional bekannt ist die **Wasserskianlage** auf dem Alfsee. Wer sich also mal ganz rasant und hoffentlich auch elegant über das Wasser bewegen möchte, hat hier die beste Gelegenheit dazu.

Der Alfsee wurde ab 1971 angelegt, um das Hochwasser des Flüsschens Hase in den Griff zu bekommen. Später wurde sogar noch ein Reservebecken angelegt. Aus dem geplanten Rückhaltebecken ist also inzwischen eines der wichtigsten **Naherholungsgebiete** Norddeutschlands geworden.

Kartentipp:
ADFC-Regionalkarte Osnabrücker Land / Oldenburger Münsterland,
1:75.000, ISBN 978-3-96990-022-2, € 9,95
Digital für Smartphones und Tablets:
www.fahrrad-buecher-karten.de/rk-digital

87 Durch die Dammer Berge Richtung Dümmer

Vom **Alfsee** über Damme

CamperTouren Info

ca. 55 km ohne Abstecher, Verkürzung möglich, gute, regionale Radweg-Beschilderung sowie teils Beschilderung als Brücken-Radweg. Hügelige Tour mit einigen kurzen, aber spürbaren Steigungen. Die Route führt meist über separate Radwege, einige Passagen auf losem Untergrund.

Start / Ziel: Alfsee Camping- und Erlebnispark, www.alfsee.de

Auswahl weiterer Camps entlang der Strecke: (auf der Ostseite des Dümmers) Campingplatz Rennegarbe, Campingplatz Rohrdommel, Campingplatz Leckermeyer-Hannker, Campingplatz Dammeyer-Heseker, Wohnmobilstellplätze in Rieste und am Dümmer See

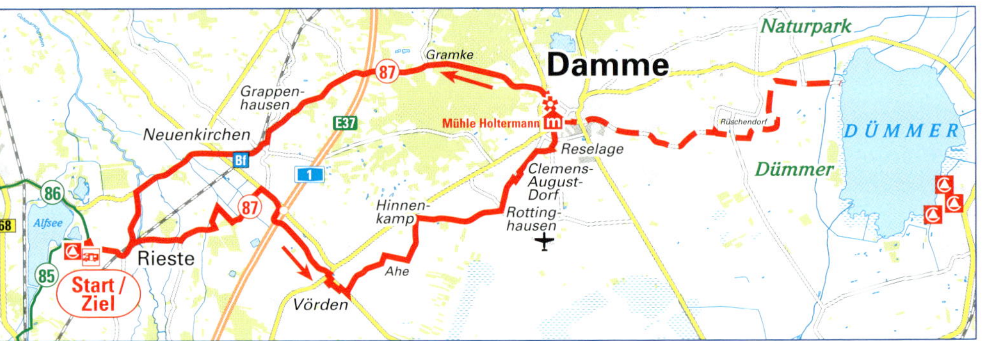

Durch weite Natur radeln wir nach Damme, das unweit des Dümmer Sees liegt. Nachdem wir uns hier entspannt haben, geht's auf hügeliger Route und mit teils merklichen Steigungen via Neuenkirchen wieder zurück zum Camp.

Auf unserem weitläufigen Campingplatz auf dem Gelände des Alfsee Ferien- und Erlebnisparks finden wir schöne **Stellplätze**, die ´mal in Reih´ und Glied, ´mal im Kreis angeordnet sind. Und alle haben eines gemeinsam: Es sind immer nur wenige Schritte bis zum Wasser. Und wenn das rollende Heim mal nicht dabei sein soll, stehen Mietwohnwagen, Mobilheime, Ferien-Appartements und Ferienhäuser für die Übernachtung bereit.

Los geht's am Campingplatz, den wir nach rechts und dann links über die Barlager Straße verlassen. Wir überqueren Bahnschienen, biegen links auf die Bahnhofstraße und beim Bahnhof rechts in die Malgartener Straße. Wir rollen aus Rieste raus, biegen in der Rechtskurve links ab, fahren links am Industriepark vorbei und treffen auf die querende Landstraße, um deren Radweg nach rechts bis Vörden zu folgen. Durch den Ort, dahinter links und via Ahe, Hinnenkamp, Rottinghausen, Clemens-August-Dorf und Reselage nach Damme. Ab hier können wir einen Abstecher zum Dümmer unternehmen.

Die kleine, aber feine Stadt **Damme** gilt als touristisches, kulturelles und wirtschaftliches Zentrum des **Naturparks** Dümmer. Und das

Zentrum dieses Zentrums markiert wiederum die **Pfarrkirche St. Victor,** deren Turm weit ins Land hinaus sichtbar ist.

Tipp: Ein Abstecher (ca. 10 km Hinweg) führt zum **Dümmer See,** der eine Fläche von 12,4 qkm bedeckt. Er liegt eingebettet in das weitläufige Naturschutzgebiet Dümmer, in dem seltene Tiere und Pflanzen erhalten werden. Daher sind auch nur bestimmte Bereiche des Ufers für uns zugänglich. Da der Dümmer nur maximal 1,4 m tief ist, hat er im Sommer rasch Badewannen-Temperatur erreicht.

In Damme wurde auch bis vor einigen Jahrzehnten erfolgreich Bergbau betrieben. Welche Erze hier einst zu Tage gefördert wurden, erfahren wir im **Stadtmuseum**. Besuchenswert ist auch der **Skulpturenpark** im Zentrum von Damme.

Weiter geht´s von Damme, das wir an der Mühle Höltermann vorbei verlassen. Die Gramker Straße geleitet uns aus der Stadt heraus, so dass wir auf teils anstrengender Strecke durch Gramke, Grapperhausen nach Neuenkirchen radeln können. Über Neuenkirchener Straße, links Krahn- und geradeaus Bahnhofstraße kommen wir zurück nach Rieste. Von hier folgen wir den Schildern zurück zu unserem Camp.

Die Dammer Berge sind zwar keine hohe Gebirgskette, die Hügel ziehen sich aber bis auf 146 m in die Höhe – das bekommen unsere Waden beim Radeln auch sehr gut zurückgemeldet.

Schon seit über 800 Jahren gibt es in Damme an der Stelle eine Wassermühle, wo wir heute die stolze **Mühle Höltermann** bestaunen können. Eine kleine Ausstellung erzählt uns mehr über die Geschichte, während der Mühlenbach das Wasserrad antreibt.

Der Dammer Skulpturenpfad bietet spannende Ansichten

Dass Neuenkirchen seine Wurzeln in einem Kirchspiel hat und sich dies in der stolzen **Filialkirche St. Bonifatius** widerspiegelt, ist wenig überraschend. Deutlich erstaunlicher ist, dass uns eine sehr aufgeschlossene, moderne Kleinstadt erwartet, in der das Miteinander sehr groß geschrieben wird. Dazu passt auch die schöne **Skulptur „Wir für uns"**. Nachdem wir uns die **Selings Windmühle** angehen haben, rollen wir weiter zurück nach Rieste.

Kartentipp:
ADFC-Regionalkarte Osnabrücker Land / Oldenburger Münsterland
1:75.000, ISBN 978-3-96990-022-2, € 9,95
Digital für Smartphones und Tablets:
www.fahrrad-buecher-karten.de/rk-digital

88 Lockere Runde um´s Steinhuder Meer

Von **Mardorf** über Steinhude

CamperTouren Info

ca. 30 km ohne Abstecher, gute, regionale Radweg-Beschilderung sowie teils Beschilderung als Steinhuder-Meer-Rundweg. So gut wie keine Steigungen. Die Route führt meist über separate Radwege, einige Passagen auf losem Untergrund.

Start / Ziel: Camping Mardorf, www.camping-steinhuder-meer.de

Auswahl weiterer Camps entlang der Strecke: Waldcampingplatz Seelord, Campingplatz Niemeyer, NorduferCamping, Wohnmobilstellplätze in Mardorf und Neustadt am Rübenberge

Tiefenentspanntes Radeln ist angesagt, wenn wir eine knapp 30 km lange Runde um das Steinhuder Meer drehen. Unser Radweg verläuft steigungsfrei und meist ohne Autoverkehr durch ruhige Natur oder direkt am Wasser entlang.

Direkt am Ufer liegt unser **Campingplatz Mardorf** mitten im touristisch bestens erschlossenen Teil des Steinhuder Meers. Nur wenige 100 m entfernt liegt mit dem Waldcampingplatz Seelord ein naturverbundener Erweiterungsplatz, der zum Camp gehört. Hier sorgt die „Kunstscheune" Seelord nicht nur für künstlerische Betätigung, sondern mit verschiedenen Kursen wie Pilates auch für körperlichen Ausgleich.

Los geht's am Campingplatz, den wir auf dem Uferweg nach links verlassen, um das Steinhuder Meer im Uhrzeigersinn zu umrunden. Nachdem wir rechts auf die Hubertusstraße abgebogen sind, gleich wieder (vor der Hauptstraße) rechts durch den Wald auf den Vogeldamm. Etwas abseits vom Ufer gelangen wir schließlich nach Steinhude.

Der Ort Steinhude bietet uns alles, was man von einem Ferienort erwartet: Strände mit verschiedensten Wassersportarten, eine große Auswahl an Restaurants, Cafés, Fischbuden etc. und einen blumengeschmückten zentralen Platz, an dem sich alles trifft. Apropos Fischbuden: Die Region ist für den geräucherten **Aal** bekannt – viele **Räuchereien** öffnen auch gerne ihre Tore. Wer´s dann zwischendurch etwas ruhiger mag, kehrt im **Heimatmuseum** ein oder besucht die **Windmühle**.

Tipp: Ein nicht allzu langer Abstecher (ca. 7 km ein Weg) bringt uns auf guten Radwegen ins Herz von Wunstorf, das uns mit einer sehenswerten Altstadt empfängt. Inmitten der zahlreichen historischen Gebäude, viele darunter mit Fachwerk, erhebt sich die **Stadtkirche St. Bartholomäus.** Hier können wir auf den **Kirchturm** steigen, um weit hinaus über´s Land und hinüber zum

Sehnsuchtsvolle Stimmung am Steinhuder Meer

Steinhuder Meer zu blicken. Unten lädt eine **Fußgängerzone** zum Shoppen und Einkehren ein. Ansehen müssen wir uns noch die ehemalige **Abtei** und den **Kuhbrunnen**, der modern und unterhaltsam zugleich ist.

Ein interessanter Ausflug mit dem Boot führt zur vorgelagerten Badeinsel oder zur **Insel Wilhelmstein**. Auf diesem künstlichen Eiland wurde bis 1765 die gleichnamige Festung fertiggestellt. Der **Steinhuder Hecht**, das erste in Deutschland geplante U-Boot, ging 1772 hier zu Wasser. Leider war es „nur bedingt dicht" und „wenig steuerbar", so dass der Tauchgang nach 12 Minuten abgebrochen werden musste.

Weiter geht´s von Steinhude, das wir direkt am Wasser entlang verlassen. Der See-Rundweg leitet uns dann etwas weg vom See, um das Naturschutzgebiet zu umfahren. Wir tangieren Winzlar und Mardorf, ehe wir auf ebener und gut zu radelnder Trasse zurück zu unserem Camp gelangen.

Komm´schon Kuh!

Seitdem man im Jahre 1969 bei Ausgrabungen eine goldene Gewandnadel fand, ist klar, dass die Region um Winzlar schon zur Bronzezeit besiedelt war. In einem stattlichen Hofhaus ist die **Ökologische Schutzstation Steinhuder Meer e.V.** untergebracht. Hier wurden die Aktivitäten verschiedener Naturschutzgruppen vereint. Es ist nicht zu übersehen: mit einem großen Storch und der Aufschrift OSSM.

Zwischen Winzlar und dem See liegen die **„Schwimmenden Wiesen"**, die aus einer einzigartigen Flora und Fauna bestehen.

Kartentipp:
ADFC-Regionalkarte Bremen/Minden/Mittelweser,
1:75.000, ISBN 978-3-96990-049-9, € 9,95
Digital für Smartphones und Tablets:
www.fahrrad-buecher-karten.de/rk-digital

89 Historisches Scheunenviertel – auf Wunsch mit Dinospuren

Von **Mardorf** über Stolzenau

CamperTouren Info

ca. 51 km ohne Abstecher, Verkürzung möglich, gute, regionale Radweg-Beschilderung sowie teils Beschilderung als Steinhuder-Meer-Rundweg. In der zweiten Hälfte einige kleinere und eine größere, anstrengende Steigung. Die Route führt meist über separate Radwege, einige Passagen auf losem Untergrund.

Start / Ziel: Camping Mardorf, www.camping-steinhuder-meer.de

Auswahl weiterer Camps entlang der Strecke: Waldcampingplatz Seelord, Campingplatz Niemeyer, NorduferCamping, Campingplatz Lieblingsgrün, Campingplatz Stolzenau, Wohnmobilstellplatz in Mardorf

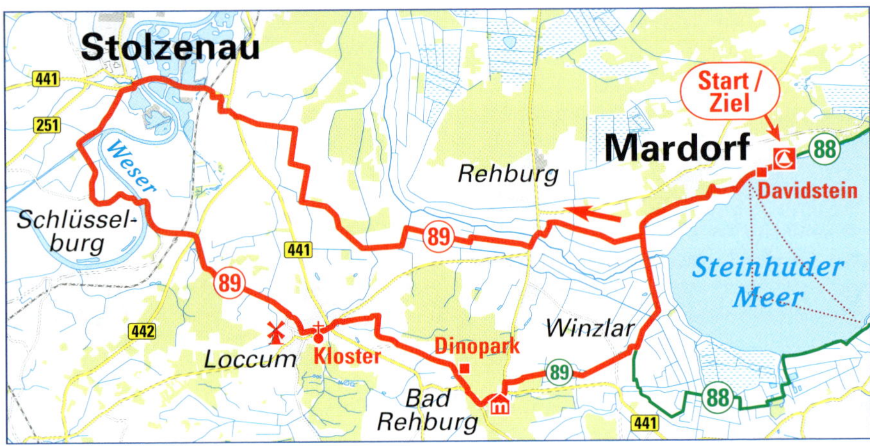

Wir rollen durch das sogenannte „Historische Scheunenviertel", was wir durch die teils prachtvollen Landwirtschaftsgebäude am Streckenrand nur bestätigen können. Der Rückweg ist hügelig, bringt uns aber an der Fundstelle uralter Saurierspuren vorbei.

Wassersportfreunde kommen auf dem Campingplatz Mardorf ganz besonders auf ihre Kosten, denn gleich „vor der mobilen Wohnungstür" gibt es diverse **Bootsliegeplätze** an den platzeigenen Steganlagen. Wer´s eine Nummer kleiner mag, leiht sich ein Board für das **Stand-Up-Paddeling** aus.

Los geht's am Campingplatz, den nach links am Ufer entlang verlassen. Nach rund 4,5 km zweigen wir nach rechts ab und radeln im Zick-Zack durch die Natur. Dabei tangieren wir Rehburg und Leese, ehe wir Stolzenau erreichen.

In Mardorf fühlen sich die Gäste allen Alters wohl, denn neben guten Restaurants gibt es sage und schreibe 10 **Spielplätze**. Eine Augenweide ist die kleine Kapelle – sie wurde 1722 im Fachwerkstil errichtet. Am Parkplatz des Badestrands liegt ein 60 Tonnen schwerer **Findlingsstein**, der „Davidstein" genannt wurde. Sein Pendant, der Goliathstein, liegt etwas nördlich von hier.

Vom Meer zur Weser

Das 30 qkm große **Steinhuder Meer** entstand vor rund 12.000 Jahren und füllte sich vor 9.000 Jahren mit Grundwasser. Dass es auf den ersten Blick nicht besonders sauber wirkt, liegt zum einen daran, dass es keinen Zu- oder Abfluss gibt und zum anderen, dass es einen moderigen Boden besitzt.

In Stolzenau sind wir an der Weser angelangt – und in einer sehr sehenswerten Innenstadt: Die **St. Jacobi-Kirche** mit einem gedrehten Turmhelm, das Rathaus in Backsteingotik oder die vielen **Fachwerkhäuser** machen den Besuch kurzweilig.

Weiter geht´s von Stolzenau, das wir über den Weser-Radweg flussabwärts verlassen, um wenig später die Weser zu überqueren. Mit einigen Steigungen radeln wir durch Schlüsselburg, Wasserstraße, Loccum und Bad Rehburg nach Winzlar. Ab hier folgen wir im Uhrzeigersinn dem Uferweg des Steinhuder Meers, um zurück zu unserem Camp zu gelangen.

Tipp: Wenn wir auf derselben Strecke wieder retour fahren, auf der wir herkamen, können wir uns die deutliche Steigung auf dem Rückweg **ersparen**, der bei der Rad-Runde auf uns wartet.

Kartentipp:
ADFC-Regionalkarte Bremen/Minden/Mittelweser, 1:75.000, ISBN 978-3-96990-049-9, € 9,95
Digital für Smartphones und Tablets:
www.fahrrad-buecher-karten.de/rk-digital

Der Ort Loccum entwickelte sich rund um ein Kloster, das 1163 gegründet wurde. Bis heute gilt es als eines der **besterhaltenen Zisterzienserklöster** diesseits der Alpen. Unschöne Geschichte schrieb der Ort, als Hexenprozesse abgehalten wurden. Der **Gesche Koellarsweg** erinnert an diese Tragik. Deutlich erfreulicher ist da schon der Blick auf die **Loccumer Windmühle**.

Der kleine, aber feine Ort Rehburg trug sich als Kurort in die Bücher ein, wovon noch heute die **Historischen Badeanlagen** mit dem Neuen Kurhaus zeugen. Das **Museum „Leben der Romantik"** berichtet mehr aus dieser Zeit.

Direkt an unserem Wegesrand (in Münchehagen) entdeckte die Feuerwehr in einem Steinbruch zufällig bei Übungen **Saurierfährten**. Inzwischen wurden 250 Spuren von Dinosauriern gefunden, die teils mehr als 130 Millionen Jahre alt sein dürften. Im **Freizeitpark** wird alles rund um die urzeitlichen Geschöpfe anhand von Rekonstruktionen in Originalgröße erklärt.

90 Stippvisite an der Porta Westfalica

Von **Rinteln** über Porta Westfalica

CamperTouren Info

ca. 50 km ohne Abstecher, Verkürzung möglich, gute, regionale Radweg-Beschilderung sowie teils Beschilderung als Weser-Radweg. Zwei größere Steigungen im zweiten Teil, die umfahren werden können. Die Route führt meist über separate Radwege, einige Passagen auf losem Untergrund.

Start / Ziel: Camping- u. Freizeitpark DoktorSee, www.doktorsee.de

Auswahl weiterer Camps entlang der Strecke: Campingplatz Kalletal, Julianna Campingplatz Kalletal, Campingparadies Sonnenwiese, Camp Feuerland, Campingplatz Großer Weserbogen, Wohnmobilstellplätze in Vlotho und Porta-Westfalica

Los geht's am Campingplatz, den wir an der Ausfahrt nach rechts verlassen und so direkt auf den Weser-Radweg gelangen. Dessen Schilder geleiten uns zuverlässig vorbei an Eisbergen, Veltheim, Borlefzen, Uffeln, (Vlotho), Bad Oeynhausen und Costedt nach Porta Westfalica.

Es erwartet uns eine zweigeteilte Rundtour: Die erste Hälfte verläuft auf dem perfekten Weser-Radweg, der uns durch das herrliche Weserbergland geleitet. Auf der Rückfahrt bekommen wir den Begriff „Berg" auch von unseren Waden zurückgemeldet.

Schattige Stellplätze unter hohen Birken auf einer tiefgrünen Wiese – und das in unmittelbarer Nähe zum Wasser: Das ist es, was die Gäste vom **Campingplatz Doktorsee** so sehr lieben. Und wer nicht direkt am Badestrand urlauben möchte, findet eine ruhigere Parzelle am Rande des Naturschutzgebietes. Rund 152 ha umfasst das Gelände des Freizeitparks. Bis 1960 wurde hier übrigens Kies abgebaut, was uns heute die verzweigten Badeseen mit Anschluss zur Weser beschert.

Auf der anderen Seite der Weser liegt der Luftkurort Vlotho mit seinen schönen **Bürger- und Fachwerkhäusern**. Ganz in der Nähe der Brücke, mit der die Autobahn A2 und wir die Weser queren, steht das **Motortechnica-Museum**.mit mehr als 1.000 Klassikern darunter Autos und Motorräder.

Tipp: Über die „Mühlenroute" können wir einen kleinen Abstecher nach Bad Oeynhausen unternehmen. Die Solequelle, bekannte Spezialkliniken, das **Gradierwerk**, der **Kurpark** mit vielen klassischen Gebäuden und eine einladende **Flaniermeile** machen Bad Oeynhausen zu einem bekannten Kurort. Außergewöhnlich ist ein Besuch beim **Aqua Magica**, dem Park der „magischen Wasser", in dem es einen „Wasserkrater" gibt.

Kaiser Wilhelm grüßt weit ins Land

Unser Weser-Radweg vollzieht eine Linkskurve und gibt den Blick frei auf das berühmte **Kaiser-Wilhelm-Denkmal**. Es markiert die Porta Westfalica, das „Tor Westfalens". Seit über 100 Jahren weist es in 203 m Höhe den Weg in die norddeutsche Tiefebene.

Ebenfalls im Blick haben wir links das Wiehengebirge und rechts das Wesergebirge.

Weiter geht´s von Porta Westfalica, das wir entlang der Bahnschienen auf der Straße „Vogelparadies" verlassen. Beim „Adrenalinpark" links, und nachdem wir Schienen und Straße gequert haben, rechts auf Seelwartstraße, links Kastanienweg, rechts Gänsemarkt links „Im Stillen Winkel" und geradeaus Am Heesen mit einem kräftigen Anstieg heraus aus der Stadt. So kurbeln wir durch Bornholz, nach einer Abfahrt über die A2 hinweg und abermals mit Anstiegen durch Möllbergen. Über „Vor den Sieben Eichen" wieder hinunter ins Tal der Weser. Hier treffen wir links auf den Weser-Radweg, der uns rasch wieder zurück zum Camp bringt.

Auf unserem Weg aus Porta Westfalica heraus liegt der „**Adrenalinpark**". „Paintball" oder „Lasertag" stehen hier den Abenteuerlustigen zur Auswahl.

Tipp: Wer zwei kräftige Steigungen sparen möchte, radelt von Porta Westfalica einfach auf dem **Weser-Radweg** wieder nach Rinteln retour.

Die **Dorfglocke** von Möllbergen stammt aus dem Jahr 1400 und pendelt im Freien an Eichenstämmen. Geläutet wird sie aber nur um 11 Uhr an Neujahr.

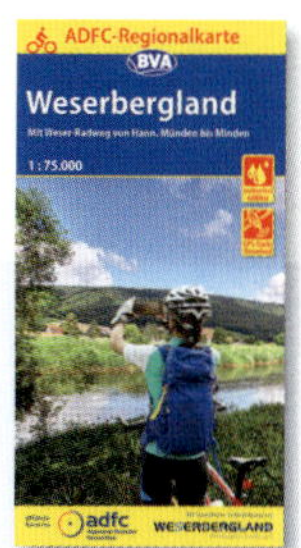

Kartentipp:
ADFC-Regionalkarte Weserbergland, 1:75.000,
ISBN 978-3-96990-045-1, € 9,95
Digital für Smartphones und Tablets:
www.fahrrad-buecher-karten.de/rk-digital

91 Immer der Flöte hinterher – oder doch besser an der Weser entlang?

Von **Rinteln** nach Hameln

CamperTouren Info

ca. 32 km ohne Abstecher, Verkürzung möglich, gute, regionale Radweg-Beschilderung sowie Beschilderung als Weser-Radweg. Keine größeren Steigungen. Die Route führt meist über separate Radwege, einige Passagen auf losem Untergrund.

Start / Ziel: Camping- u. Freizeitpark DoktorSee, www.doktorsee.de

Auswahl weiterer Camps entlang der Strecke: Camping-Wohnpark am Weserangerbad, Campingplatz Hameln an der Weser, Campingplatz Am Waldbad Hameln, Wohnmobilstellplätze in Rinteln und Hameln

Los geht's am Campingplatz, den wir nach links verlassen, um mit dem Weser-Radweg bei Rinteln den Fluss zu überqueren. Dahinter weisen uns die Schilder des Fernradwegs präzise den Weg via Engern, Ahe, Kohlenstädt, Kleinen- und Großenwieden nach Hessisch Oldendorf.

Rund 32 km purer Radel-Genuss warten auf uns, denn so lang ist die Strecke, die wir auf dem mehrfach prämierten Weser-Radweg zurücklegen. Am Wegesrand liegen abwechslungsreiche Orte, bis wir in Hameln tief in die Geschichte eintauchen.

Wer ohne eigenes Heim auf Reisen geht, ist auf dem Campingplatz auch genau richtig, denn vom Schlaffass über Mobilheime bis zu großen Holzhäusern findet hier jeder das genau richtige **Mietobjekt**. Und von hier geht's rasch hinein ins kühle Nass – vielleicht ja über die **80-Meter-Rutsche** mit ihrem langen Tunnel? Paddeln, Beachvolleyball, **Adventure-Golf**, mehrere Spielplätze und vieles mehr lassen keine Zeit für Langeweile!

Rintelns Altstadt hält echte Meisterwerke der sogenannten Weserrenaissance für uns bereit. Besonders der **Marktplatz** mit seiner Kirche St. Nikolai und der **Ratskeller** ist herausragend. Hier wird spürbar, dass Rinteln einst eine Festungs- und Universitätsstadt war. Ob vor oder nach der Tour: Eine Einkehr in der **Fußgängerzone** mit Blick auf die wunderbaren Hausfassaden ist Pflicht!

Gar nicht weit von unserem Doktorsee entfernt liegt ein weiteres Highlight der Region: Kloster Möllenbeck entstand zwischen 1478 und 1505 und zeigt sich heutzutage weltoffener denn je, wenn z.B. Rock- oder Folkkonzerte hier stattfinden. Kirchenfreunde werden von der Klosterkirche mit ihren beiden markanten spitzen Türmen begeistert sein.

Rund um Hessisch Oldendorf gibt es viel zu entdecken, wie beispielsweise den **Münchhausen-Hof** im Stile der Weserrenaissance oder die **Schillat-Tropfsteinhöhle**.

Weiter geht´s von Hessisch Oldendorf über unseren Weser-Radweg vorbei an Fischbeck und Wehrbergen nach Hameln. Hier peilen wir den Bahnhof an, steigen in den Zug und lassen uns in einer guten Viertelstunde wieder zurück nach Rinteln schaukeln. Vom Rintelner Bahnhof radeln wir über die Bahnhofstraße zur Weser, wo wir nur noch ein paar Minuten dem Weser-Radweg folgen müssen, um zurück zu unserem Camp zu kommen.

Echt „spitze“: Kloster Möllenbeck

In Rinteln finden wir reichlich Fotomotive

Im kleinen Ort Fischbeck können wir uns das gleichnamige **Stift** ansehen, wo im Innern ein Wandteppich von 1583 hängt.

Kartentipp:
ADFC-Regionalkarte Weserbergland,
1:75.000, ISBN 978-3-96990-045-1, € 9,95
Digital für Smartphones und Tablets:
www.fahrrad-buecher-karten.de/rk-digital

Tipp: Sind die Waden noch frisch? Oder die Akkus noch voll? Also warum nicht die 32 km entlang der **Weser** wieder retour fahren und ganz neue Perspektiven entdecken?

Der Rattenfänger ist international bekannt. Der Sage nach folgten ihm die Ratten aus der Stadt hinaus, als sein Flötenspiel zu hören war. Nachdem ihm sein ausgehandelter Lohn vorenthalten wurde, kehrte er zurück, spielte wieder auf seiner Flöte und führte die Kinder der Stadt in einen Berg, 120 Kinder verschwanden.

Aber auch ohne diese Sage wäre Hameln mit seiner bezaubernden **Altstadt** eine Reise wert. Das **Lückingsche Haus**, das **Hochzeitshaus** mit dem **Rattenfängerfigurenspiel**, die **Marktkirche**, die **Glasbläserei** und die **Erlebniswelt Renaissance** sollten auf unserem Besuchsplan stehen.

92 Die Elbe – mal auf unserer linken, dann auf der rechten Seite

Von **Havelberg** über Wittenberge

CamperTouren Info

ca. 74 km ohne Abstecher, Verkürzung möglich, gute, regionale Radweg-Beschilderung sowie teils Beschilderung als Elbe-Radweg. Keine größeren Steigungen. Die Route führt meist über separate Radwege, einige Passagen auf losem Untergrund.

Start / Ziel: Campinginsel Havelberg, www.campinginsel-havelberg.de

Auswahl weiterer Camps entlang der Strecke: Wohnmobilstellplätze in Rühstädt und Wittenberge

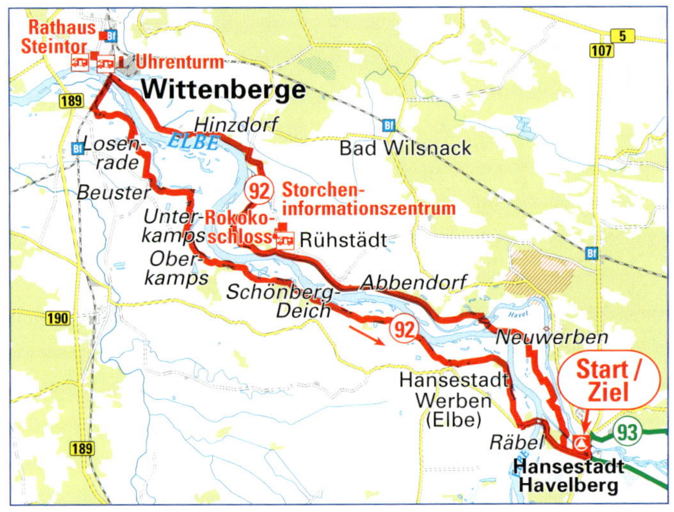

Der Elbe-Radweg ist einer der beliebtesten Fernradwege des Landes. In vielen Regionen verläuft er zu beiden Seiten des Flusses, so auch in unserer Urlaubsregion. Es bietet sich also an, eine Radtour zu unternehmen, bei der wir am rechten Ufer hin und auf der anderen Seite wieder retour radeln.

Was für eine geniale Lage: Unsere **Campinginsel Havelberg** liegt, wie der Name schon verrät, auf einer kleinen Insel und wird allseits von den Wogen der Havel umspült. Die herrliche Altstadt von Havelberg liegt gleich auf der Insel „nebenan" und ist von vielen Stellplätzen aus bestens zu sehen.

Los geht's am Campingplatz, den wir an der Ausfahrt über die Brücke und dann rechts am Ufer entlang verlassen. An der nächsten Brücke über die Havel und am Rande der Altstadt entlang. Nachdem wir die zweite Havelbrücke passiert haben, rechts und wenig später wieder rechts. So folgen wir den Schildern vom Havel- bzw. Elbe-Radweg, die uns noch mehrfach über Brücken führen und uns via Neuwerben, Abbendorf, Rühstädt und Hinzdorf nach Wittenberge bringen.

Wahrscheinlich basiert der Name des Dorfes Rühstädt auf der „Ruhestätte" der Ritter von Quitzow. Deutlich sichtbarer als die Geschichte sind der **Wasserturm**, die Kirche von Rühstädt und das stolze **Schloss**, das auf eine sehr wechselvolle Historie zurückblicken kann.

Auf unser Pflichtprogramm gehört auch das **NABU-Besucherzentrum**, wo wir per Kamera einen Einblick in das Familienleben der Störche bekommen.

Rühstedt – die Ruhestätte der Ritter von Quitzow?

Tipp: Ein etwa 7 km langer Abstecher führt nach Bad Wilsnack. Die Kleinstadt ist mit ihren knapp 3.000 Einwohnern nicht nur **Kurstadt**, sondern auch Wallfahrtsort. Die **Wunderblutkirche** war zwischen dem 14. und dem 16. Jh. ein international bekanntes Ziel für Pilger. Dies basiert auf einer Geschichte, die sich im 14. Jh. ereignet haben soll. Seinerzeit soll in der durch einen Ritter niedergebrannten Kirche auf wundersame Weise auf der verkohlten Altarplatte Hostien gelegen haben, jede der drei hatte in der Mitte einen Blutstropfen. Natürlich prägt das mächtige Gotteshaus das Stadtbild, das aber mit dem Alten und dem Neuen Rathaus und verschiedenen **Fachwerkhäusern** weitere schöne Ecken bereithält.

Beim Blick auf Wittenberge fallen direkt die vielen Türme auf – zu denen zählen der **Wasserturm**, der **Rathausturm**, der **Steintorturm**, der „**Bleistiftturm**" der evangelischen Kirche und der **Singer Uhrenturm**, der die zweitgrößte Turmuhr Europas ist. Ab 1903 wuchs mit den Singer-Werken die modernste und größte **Nähmaschinen-Fabrik** Europas heran.

Kartentipp:
ADFC-Regionalkarte Elbe/Havel, 1:75.000,
ISBN 978-3-87073-743-6, € 8,95
Digital für Smartphones und Tablets:
www.fahrrad-buecher-karten.de/rk-digital

In der DDR hatte die Nachfolge-Firma Veritas rund 2.000 Mitarbeiter, die dann aber 1990 von der Schließung betroffen waren.

Weiter geht´s von Wittenberge, das wir mit der Eisenbahnbrücke über die Elbe hinweg verlassen. Nach wenigen Metern links und wir sind auf dem diesseitigen Elbe-Radweg angekommen. Dieser geleitet uns durch Losenrade, Beuster, Unter- und Oberkamps und Schönberg nach Werben. Von hier aus ist es nicht mehr weit durch Räbel nach Havelberg, wo wir wieder über die Brücken hinweg zurück zu unserem Camp radeln.

Werben erhielt schon 1151 die Stadtrechte und zählte vom 13. bis ins 16. Jh. zu den 80 deutschen Reichsstädten, in denen Könige und Kaiser Reichstage abhielten. Durch die Prominenz entwickelte sich zu Füßen der ab 1160 errichteten **Kirche St. Johannis** eine prachtvolle Altstadt. Zu den herausragenden Gebäuden zählen das **Rathaus**, die **Salzkirche**, der **Hungerturm** und das **Elbtor**.

93 Ruhe garantiert – im Naturschutzgebiet Westhavel

Von **Havelberg** über Rhinow

CamperTouren Info

ca. 48 km ohne Abstecher, Verkürzung möglich, gute, regionale Radweg-Beschilderung sowie teils Beschilderung als Havel-Radweg bzw. Tour Brandenburg. Keine größeren Steigungen. Die Route führt meist über separate Radwege, einige Passagen auf losem Untergrund.

Start / Ziel: Campinginsel Havelberg, www.campinginsel-havelberg.de

Eine ruhige und entspannte Tour erwartet uns, denn wir radeln durch das weitläufige Naturschutzgebiet Westhavel. Nur wenige kleine Orte und Städte liegen am Wegesrand, so dass wir uns meist dem Radeln widmen können.

Die 80 Touristen-Stellplätze sind auf unserem Camp locker über die Anlage verteilt. Sonnig auf der grünen Wiese? Oder lieber schattig unter hohen Bäumen? Mit rechtzeitiger Reservierung ist hier alles möglich. Bei der Einkehr im platzeigenen **Bistro** genießen wir einen leckeren Kuchen bei bester Sicht auf den Havelberger Dom.

Los geht's am Campingplatz, den wir an der Ausfahrt über die Brücke und dann rechts am Ufer entlang verlassen. Auch dieses Mal an der nächsten Brücke über die Havel und später über die zweite Havelbrücke. Dahinter biegen wir links ab und haben den Havel- bzw. Altmark-Radweg erreicht. Zunächst rollen wir neben der Straße durch Jederitz, um hinter Kuhlhausen bei der Garzer Mühle links abzuzweigen. Strodehne liegt auf unserem Weg, bevor wir Rhinow tangieren.

Am Anfang oder am Ende der Tour? Na, noch besser ist es, wir statten unserem Urlaubsort Havelberg gleich mehrere Besuche ab, denn es lohnt sich: Würdevoll auf dem Marienberg gelegen thront der **Dom St. Marien**. Die ehemalige Kathedrale des Bistums Havelberg ging aus einer Gründung hervor, die von König Otto I. vermutlich 948 vorgenommen

Unübersehbar ist der Havelberger Dom

wurde. Während die Westfassade einen fast schon festungsartigen Eindruck vermittelt, wurde das Innere der dreischiffigen Basilika reichhaltig ausgestattet.

Der Dom blickt auf die Havelinseln. Auf der einen Insel campieren wir und direkt daneben liegt die Keimzelle Havelbergs auf einer **Insel**, die von Havel und Stadtgraben umflossen wird. Auf ihr steht auch das leuchtende **Rathaus**, das 1854 am **Marktplatz** auf Kellergewölben aus dem Mittelalter erbaut wurde. Rund um den Marktplatz finden wir hervorragende Einkehrmöglichkeiten und blicken dabei immer wieder auf historische Häuser, von denen viele im **Fachwerkstil** errichtet wurden.

Das Prignitz-Museum ganz in der Nähe des Doms ist in einem sehenswerten Gebäude untergebracht und berichtet ausführlich über die Geschichte der Kirche und der Region rund um Havelberg.

Tipp: Bei Strodehne können wir einen kleinen Abstecher nach links zur **Gahlbergs Mühle** unternehmen. Sie steht direkt im **Vogelschutzgebiet Gülper See**, einem Refugium für seltene Vogelarten. Interessant ist auch das **Nadelwehr Gülper Havel**.

Kartentipp:
ADFC-Regionalkarte Elbe/Havel, 1:75.000, ISBN 978-3-87073-743-6, € 8,95
Digital für Smartphones und Tablets:
www.fahrrad-buecher-karten.de/rk-digital

Auf unserer Tour tangieren wir die Kleinstadt Rhinow mit seiner kleinen, weißen Stadtkirche. Weithin sichtbar ist der 101 m hohe **Fernmeldeturm**, der noch aus DDR-Zeiten stammt.

Weiter geht´s von Rhinow, das wir am Weiler Buchhorst nach Rübehorst verlassen. Babe, Damerow und Wöplitz liegen auf unserem Weg, wobei es hinter Babe einmal etwas umständlich für uns Radler wird. Durch weite Natur radeln wir zurück nach Havelberg. Hier steuern wir die Spülinsel an, auf dem wir beim Campingplatz unsere Radrunde beenden.

Beim Örtchen Babe rollen wir an der Grenze zwischen Brandenburg und Sachsen-Anhalt. Im Ort können wir uns ein altes, eingeschossiges **Gutshaus** ansehen, das einst ein Herrensitz war. Aufregender ist da schon der **Tierpark** von Babe mit Rindern, Eseln, Pferden, Schafen und vielen anderen heimischen Tieren.

94 Einstein-Tour

Von **Potsdam-Sanssouci** über Caputh

CamperTouren Info

ca. 19 km ohne Abstecher, Verkürzung möglich, gute, regionale Radweg-Beschilderung sowie teils Beschilderung als Havel-Radweg. Keine größeren Steigungen. Die Route führt meist über separate Radwege, einige Passagen auf losem Untergrund.

Start / Ziel: Campingpark Sanssouci, www.camping-potsdam.de

Auswahl weiterer Camps entlang der Strecke: Campingplatz Himmelreich, Wohnmobilstellplatz in Potsdam

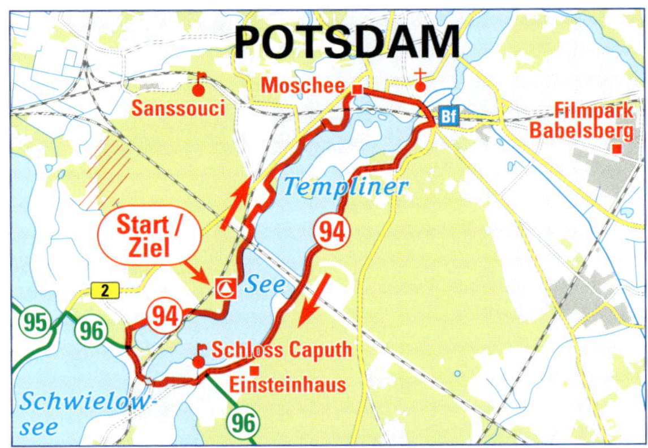

Wir drehen eine Runde um den Templiner See, der uns meist einen Radweg direkt am Ufer bereitstellt. Unterwegs machen wir einen Abstecher in die City von Potsdam. Doch Vorsicht: Es ist hier SO schön, dass die Tour eventuell „beim ersten Besuch" nicht weitergeht!

Na, das weckt ja Erwartungen, wenn sich unser Urlaubsdomizil „**Königlicher Campingpark Sanssouci**" nennt. Schnell fühlen auch wir uns wie die Könige, denn wir logieren mitten im Landschaftsschutzgebiet direkt am Ufer des Templiner Sees unter dem grünen Blätterdach uralter Bäume! Das Feeling perfektionieren die lichtdurchfluteten Sanitärhäuser mit Holz, das aus den heimischen Königswäldern stammt.

Los geht's am Campingplatz, den wir über die Zufahrt verlassen, um nach wenigen Metern nach links ans Seeufer abzuzweigen. Nachdem wir die Bahn unterquert haben, passieren wir verschiedene Sportstätten und kehren zum Ufer zurück. Der Weg ist zwar nicht allzu breit, bleibt aber auch bei Potsdam stets in Wassernähe, so dass ein Verfransen nicht möglich ist. Bei der „Moschee" (dem Dampfmaschinenhaus) werden wir geradeaus geleitet, um dem Radweg entlang der querenden Breite Straße nach rechts zu folgen, bis linkerhand der Hauptbahnhof liegt.

Stets im Blick ist der mehr als 5 qkm große **Templiner See**, bevor wir die Potsdamer Innenstadt erreichen. Direkt an unserem Radweg steht die „**Moschee**", die nur so aussieht, aber eigentlich „nur" die Pumpe für Sanssouci ist. Vom Schiffsanleger blicken wir an Palmen vorbei auf die kuppelgekrönte **Nikolaikirche**. Dahinter erstrecken sich Alter Markt mit **Altem Rathaus**, Neuer Markt mit wundervoll verzierten Hausfassaden und gleich mehrere historische Quartiere. Dazu zählt auch das wunderschöne **Holländische Viertel**.

Etwas abseits unseres Streckenverlaufs liegt das großartige **Schloss Sanssouci**. Friedrich der Große ließ sich einst diese Sommerresidenz errichten. Als wären die weitläufigen Säle nicht schon prunkvoll genug, wurde im 18. Jh. noch ein wundervoller **Park** angelegt, den der Landschaftsarchitekt Lenné 1866 in der heutigen Form vollendete.

Groß und großartig, das Schloss für Friedrich den Großen

Wieder an unserem Wegesrand liegen die **Babelsberger Filmstudios**, in denen echte Klassiker der Filmgeschichte gedreht wurden. Heute gibt es hier für die Besucher „Action satt".

Weiter geht´s vom Hauptbahnhof, den wir „links liegen lassen". Nachdem wir am Bahnhof vorbei sind, gesellen wir uns wieder ans Wasser und nutzen den Radweg neben der Leipziger und später rechts Templiner Straße, um nach Caputh zu radeln. Die Straße der Einheit bringt uns zur Fähre, mit der wir übersetzen. Am anderen Ufer passieren wir die Bahnschienen und radeln weiter geradeaus, um von der Caputher Chaussee rechts in die Straße „Am Petzinsee" abzubiegen. Nun bleiben wir stets in Ufernähe, um zurück zu unserem Camp zu gelangen.

Kartentipp:
ADFC-Regionalkarte Potsdam/Havelland,
1:75.000, ISBN 978-3-87073-959-1, € 9,95
Digital für Smartphones und Tablets:
www.fahrrad-buecher-karten.de/rk-digital

Unweit des Ufers bei Templin steht auf dem Telegraphenberg der 1922 fertiggestellte **Einsteinturm**. Hier sollte die Relativitätstheorie experimentell nachgewiesen werden.

Den genialen Nobelpreisträger „treffen" wir in Caputh nochmals, denn im **Einsteinhaus** lebte Albert Einstein drei Jahre lang mit seiner Familie.

Tipp: Wer nicht die Fähre von Caputh aus nehmen möchte, folgt dem Ufer noch ein Stück und wählt die **Eisenbahnbrücke**. Hier müssen aber ein paar Stufen überwunden werden.

Schön anzusehen ist auch **Schloss Caputh**, das einst als Sommerschloss für die brandenburgischen Kurfürstinnen diente.

95 Havel-Radweg für Genießer

Von **Potsdam-Sanssouci** nach Brandenburg an der Havel

CamperTouren Info

ca. 49 km ohne Abstecher, Verkürzung möglich, gute, regionale Radweg-Beschilderung sowie teils Beschilderung als Havel-Radweg. Keine größeren Steigungen. Die Route führt meist über separate Radwege, einige Passagen auf losem Untergrund.

Start / Ziel: Campingpark Sanssouci, www.camping-potsdam.de

Auswahl weiterer Camps entlang der Strecke: Campingplatz an der Havel, Camping Eden, Stadtmarina Brandenburg, Wohnmobilstellplätze in Potsdam, Werder und Ketzin

Es ist ohne Frage eine der schönsten Streckentouren im Land Brandenburg: Der Havel-Radweg zwischen Potsdam und Brandenburg (Stadt) verläuft auf einer sehr guten Trasse und ist gespickt mit Sehenswertem.

Für diejenigen, die ihr mobiles Heim nicht bis vor die Tore Potsdams bewegen möchten, hält unser Campingpark Mietobjekte bereit: In ausgebauten **Weinfässern** können wir nächtigen wie einst die Gardisten des Leitbataillons des preußischen Königs. Wer es dann doch nicht so rustikal möchte, mietet sich eines der schmucken **Ferienzimmer**.

Los geht's am Campingplatz, den wir am Seeufer entlang nach rechts verlassen, um kurz darauf die Bahnlinien zu kreuzen, dem Ufer des Petzinsees zu folgen und dann an der querenden Caputher Chaussee links abzubiegen. Am Linksknick rechts in die Straße „Baumgartenbrück", die uns zur Brücke führt, mit der wie die Havel überqueren. Auf der anderen Seite beim Kreisel rechts auf den Radweg der Berliner Chaussee und wenig später wieder rechts auf die Potsdamer Straße. Wir sind auf dem Havel-Radweg, dessen Schilder uns in Ufernähe vorbei an Werder, Phöben vor die Tore von Ketzin bringen, das mit der Fähre zu erreichen wäre.

Der **Historische Stadtkern** der Stadt Werder liegt malerisch auf einer Insel. Der Name Werder – „vom Wasser umflossenes Land" – passt also bestens. Bei schönem Wetter ist am Jachthafen immer viel los. Zu den Zielen gehören auch die **Barock-Windmühle**, die Heilig-Geist-Kirche, das Zweirad- und Technikmuseum sowie das **Obstmuseum**. Letzteres zeugt übrigens vom **Obstanbau** in dieser Region. Die Früchte wissen, wo es sonnig ist. Und laut Statistik ist Werder eine der sonnenreichsten Gegenden Deutschlands.

Weiter geht´s vom diesseitigen Ufer von Ketzin auf dem Havel-Radweg, der uns auf

Dicht gedrängt liegen Werders Sehenswürdkigkeiten auf der Insel inmitten der Havel

leicht hügeliger Trasse vorbei an Schmergow, Deetz und Gollwitz nach Brandenburg an der Havel bringt. Hier steuern wir den Hauptbahnhof an und steigen in die Bahn. Am Bahnhof Pirschheide verlassen wir den Zug und rollen über die Zufahrtsstraße wieder zurück zu unserem Campingplatz.

Gut, dass unser Radweg meist am Wasser bleibt, denn neben uns sehen wir viele Erhebungen, die wie beim Götzer Berg auch mal mehr als 100 m hoch sein können. Wer schöne Landschaftsaufnahmen machen möchte, steigt auf einen der Berge, wie z.B. auf den **Eichelberg** bei Deetz. Gemütlichere Naturen beschränken sich auf das Betrachten der **Feldsteinkirche** von Deetz.

Wir radeln vorbei am alten **Gutsschloss** von Gollwitz und folgen in vielen kleinen Schwüngen dem Verlauf des Havel-Ufers, das an vielen Stellen unter Schutz steht.

Kartentipp:
ADFC-Regionalkarte Potsdam/Havelland,
1:75.000, ISBN 978-3-87073-959-1, € 9,95
Digital für Smartphones und Tablets:
www.fahrrad-buecher-karten.de/rk-digital

Tipp: Eine ganz andere Perspektive genießen wir in Brandenburg von einem **Boot** aus. Es gibt gleich mehrere Stationen, an denen man vom Tretboot bis hin zum Profi-Kanu fast alles mieten kann.

Rund um den **Altstädter Markt** von Brandenburg, an dem seit 1474 der 5,35 m hohe **Roland** steht, gibt es verträumte kleine Gassen mit hübschen, alten, kleinen Häusern. Hier ragt auch das **Rathaus** mit seinem Staffelgiebel in die Höhe. Das Highlight der Stadt ist der auf einer Insel errichtete **Dom St. Peter.** Mehr darüber erfahren wir im benachbarten Dommuseum. Deutlich weiter in die Vergangenheit entführt uns das **Archäologische Museum**. Rund um den Dom finden wir weitere, teils farbenfroh gestaltete Häuser. Etwas außerhalb der Stadt liegt das **Industriemuseum** in einem ehemaligen Stahlwerk.

96 Viel zu sehen an den vielen Seen

Von **Potsdam-Sanssouci** über Beelitz

CamperTouren Info

ca. 51 km ohne Abstecher, Verkürzung möglich, gute, regionale Radweg-Beschilderung sowie teils Beschilderung als Havel-Radweg bzw. R1. Hügeliger Verlauf, aber keine größeren Steigungen. Die Route führt meist über separate Radwege, einige Passagen auf losem Untergrund.

Start / Ziel: Campingpark Sanssouci, www.camping-potsdam.de

Auswahl weiterer Camps entlang der Strecke: Campingplatz Himmelreich, Camping & Caravan am Schielowsee, Campingplatz Neue Scheune, Schwielowsee Camping, Campingplatz ICANOS e.V.

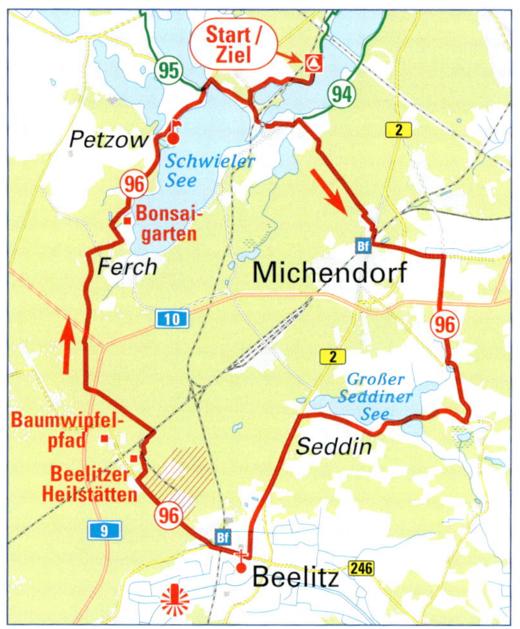

Auf dieser Tour lernen wir die Region südlich von Potsdam etwas genauer kennen. Dabei kommen wir an mehreren Seen vorbei, besuchen schöne kleine Ortschaften und tun in der hügeligen Landschaft auch etwas Gutes für die Waden.

Auch das campingplatzeigene **Restaurant** bleibt der „royalen" Linie treu und führt den Titel Anna Amalia, die zu Lebzeiten die Herzogin von Sachsen-Weimar und Eisenach war. Wir speisen in schickem Holz-Ambiente regionale oder saisonale Küche – und das mit Blick auf den See oder bei etwas kälteren Temperaturen vorm Kaminfeuer. Und im Anschluss ans Essen geht's in den **Wellness-Bereich** des Camps.

Los geht's am Campingplatz, den wir am Seeufer entlang nach rechts verlassen, um kurz darauf die Bahnlinien zu kreuzen, dem Ufer des Petzinsees zu folgen und dann an der querenden Caputher Chaussee links abzubiegen. Diese bringt uns zur Fähre, mit der wir übersetzen, um dahinter der Straße der Einheit zu folgen. Dann rechts in die Michendorfer Chaussee und mit einer Steigung nach Michendorf. Im Ort rechts-links-rechts-links-rechts, dann links auf der Teltower Straße hinaus, bei Langerwisch rechts auf die Wildenbrucher Straße. Durch Wildenbruch, Fresdorf und rechts Seddin radeln wir links nach Beelitz.

Wir erreichen den **Großen Seddiner See,** der eine Wasserfläche von rund 218 ha bedeckt. Direkt daneben glitzern die Wogen des **Kleinen Seddiner Sees** und die des **Kähnsdorfer Sees**. Alle drei sind sogenannte „Flachseen", die meist nur wenige Meter tief sind und sich damit im Sommer rasch erwärmen.

Am Ufer des Großen Seddiner Sees gibt es eine „Kulturscheune" und ganz in der Nähe einen Findlingspark.

Mit dem Paddelboot auf dem Seddiner See

Tipp: Ein kleiner Abstecher führt auf den Katzenberg bei Beelitz. Hier steht ein **Vogel-Beobachtungsturm**. Von dem hölzernen und überdachten Turm können wir einen herrlichen Fernblick genießen und zudem einige Vögel betrachten.

Die Stadt Beelitz ist ein Teil der Arbeitsgemeinschaft mit dem Namen „Städte mit historischen Stadtkernen". Das ist ein Garant dafür, dass wir uns auf viel Sehenswertes in der Innenstadt einstellen können. Kurzerhand wurde die komplette Altstadt als Flächendenkmal deklariert. Besonders schön sind die **Alte Posthalterei Beelitz** mit Ausstellung zum preußischen Postwesen, die Kirche St. Marien und St. Nikolai und die **Wunderblutkapelle**, in der sich während einer Fronleichnamsprozession ein Blutwunder ereignet haben soll.

Weiter geht´s von Beelitz, das wir am Bahnhof vorbei auf der Karl-Marx-Straße verlassen. An den Beelitzer Heilstätten vorbei kurbeln wir zur Friedrich-Karl-Höhe hinauf und wieder bergab nach Ferch. Hier gesellen wir uns zur Fercher Straße, rollen durch Petzow und überqueren dahinter die Havel mit der Brücke. Am anderen Ufer rechts („Baumgartenbrück"), links auf die Caputher Chaussee, rechts Am Petzinsee und stets in Ufernähe zurück zu unserem Camp.

Kartentipp:
ADFC-Regionalkarte Potsdam/Havelland,
1:75.000, ISBN 978-3-87073-959-1, € 9,95
Digital für Smartphones und Tablets:
www.fahrrad-buecher-karten.de/rk-digital

Die **Beelitzer Heilstätten** wurden einst zur Behandlung von Lungenkranken erbaut und stehen heute unter Denkmalschutz. Einen guten Überblick darüber erhalten wir vom **Baumwipfelpfad**.

In Ferch sind wir am **Schwielowsee** angekommen und können uns eine schöne Fachwerkkirche ansehen. Richtig exotisch ist der 1996 eröffnete **Bonsai-Garten**. Gegen Ende der Tour erhaschen wir durch den Park einen Blick auf **Schloss Petzow**, sehen uns die **Schinkel-Kirche** an und besuchen den Sanddorn-Erlebnishof.

97 Eine Runde um die Badewanne

Rundtour von **Gatow** um den Wannsee

CamperTouren Info

ca. 30 km, Rundtour meist auf befestigten Radwegen und auf wenig befahrenen Nebenstraßen, keine größeren Steigungen, regionale Wegweisung

Start / Ziel: DCC-Campingplatz Gatow, www.dccberlin.de/gatow

Auswahl weiterer Camps an der Strecke: Berliner Camping-Club, Zeltplatz Breitehorn, Wohnmobilstellplatz in der Marina Lanke

Der Wannsee wird gerne als die „Badewanne Berlins" bezeichnet. Das liegt zum einem am unglaublichen großen Strandbad, an dem wir auch vorbeiradeln. Vor allem aber liegt es an der herrlichen Natur, die wir rund um den See erleben dürfen.

Der familiäre **DCC-Campingplatz Gatow** beschränkt sich auf die Elemente, die für uns Camper besonders wichtig sind: Beiderseits der „Camp-Hauptstraße" finden wir große Parzellen in saftig-grüner Umgebung. Die Sanitäranlagen sind bestens gepflegt und ein Radweg führt direkt an der Einfahrt vorbei. Es ist also alles da für einen schönen Urlaub!

Los geht´s aus dem Camp kommend nach links auf dem Kladower Damm. Diesen verlassen wir nach rund 1,5 km nach links auf die Friedrich-Hanisch-Straße, die wir direkt wieder nach rechts verlassen. So gelangen wir zum Schiffanleger. Hier setzen wir über nach Wannsee.

Rund 20 Minuten dauert die 4,4 km lange „Seereise" mit der **Fähre F10**, die werktags von Pendlern stark benutzt wird und am Wochenende den Ausflüglern gehört. Sie nimmt 300 Fußgänger und bis zu 60 Fahrräder auf – da sollte sich auch für Sie ein Plätzchen finden lassen.

Schon bei der Überfahrt wird deutlich: Der **Große Wannsee**, so der offizielle Name, ist wirklich sehr groß – genau genommen bedeckt er eine Fläche von fast 3 qkm. Schon früh entdeckten die Berliner und auch weiter anreisende Gäste die Schönheit der Natur. Ab 1870 entstanden zahlreiche prachtvolle **Vil-**

Beste Wohnlage und beste Wasserfreuden am Wannsee

len für gut betuchte Bürger, leider sind nicht mehr viele dieser Bauten erhalten. Die Bedeutung als **Naherholungsgebiet** wuchs nach dem Krieg noch weiter an, denn der Wannsee lag im „eingemauerten" Westberlin.

Tipp: Gar nicht weit weg von unserem Fähranleger liegt das Dorf Stolpe mit der 1859 fertiggestellten **Kirche** am Stölpchensee und dem **ältesten Gebäude Wannsees**, in dem sich seit 1980 eine Galerie befindet.

Weiter geht´s von Wannsee über den Kronprinzessinnenweg, den wir später nach links auf dem Badeweg verlassen. Das Strandbad wird passiert, ehe wir uns ans Ufer des Wannsees gesellen. Diesem folgen wir einige Zeit bis zur Havelchaussee, die uns kurvig durch die Natur bringt. Am Ende geht's in einem Bogen auf die Heerstraße und hinter der Freybrücke nach links zurück ans Ufer. Stets in Seenähe gelangen wir auf den Breitehornweg. An der Stelle an der diese Straße in den Kladower Damm übergeht, biegen wir rechts ab und radeln zurück zum Camp.

In einer großen Villa am Wannsee wurde dunkle deutsche Geschichte geschrieben. Hier fand die sogenannte **Wannsee-Konferenz** statt, bei der die Deportation und Ermordung der Juden beschlossen wurde. Erfreulicher ist da der Anblick der Liebermann-Villa. Das Anwesen des Malers Max Liebermann steht inmitten eines farbenfrohen Gartens.

Der Ort Wannsee gehört seit 1920 zur Stadt Berlin und wurde einfach nach dem größten der Havelseen benannt. Um 1930 entstand hier, direkt an unserem Radweg, das **größte BinnenSeebad Europas**. Nachdem 2007 eine Runderneuerung erfolgte, strömen bei schönem Wetter Tausende von Sonnenanbetern und Wasserratten hierher – bis zu 30.000 können es sein!

Kartentipp:
ADFC-Regionalkarte Berlin und Umgebung, 1:75.000,
ISBN 978-3-96990-016-1, € 9,95
Digital für Smartphones und Tablets:
www.fahrrad-buecher-karten.de/rk-digital

98 Berliner Touri-Tour

Rundtour von **Gatow** nach Berlin-Mitte

CamperTouren Info

ca. 46 km, Rundtour meist auf befestigten Radwegen und auf wenig befahrenen Nebenstraßen, teils entlang stark befahrener Straßen, keine größeren Steigungen, regionale Wegweisung

Start / Ziel: DCC-Campingplatz Gatow, www.dccberlin.de/gatow

Auswahl weiterer Camps an der Strecke: Berliner Camping-Club, Zeltplatz Breitehorn, Wohnmobilstellplatz in der Marina Lanke, Wohnmobilstellplatz Berlin-Tegel

Berlin ist nicht nur die Bundeshauptstadt, sondern auch ein Touristenmagnet. Das liegt an der Fülle von Sehenswertem, die wir hier in der Metropole finden.

Unsere Tour verläuft freilich teils entlang stark befahrener Straßen, was sich nicht vermeiden lässt. Sie enthält aber auch ruhige Abschnitte entlang der Spree und sie führt uns vorbei an den Hotspots der Stadt. Vermutlich werden wir die Tour mehrfach fahren, um nur einen Bruchteil der Highlights zu entdecken.

Los geht´s aus dem Camp kommend nach rechts auf dem Kladower Damm. Diesen verlassen wir nach rund 3,5 km nach rechts zum Ufer hin. Dem Ufer folgen wir bis zur querenden Heerstraße. Hier rechts und dann auf der anderen Seite der Brücke wieder links zum Ufer der Havel. Diesem folgen wir rechts ein Stück, ehe wir über Dorfstraße, Tiefwerderweg und rechts Schulenburgstraße zur Charlottenburger Chaussee kommen. Deren Radweg folgen wir nach rechts (später ist das der Spandauer Damm, dann Otto-Suhr-Allee) und erreichen den Ernst-Reuter-Platz. Von hier entlang der Straße des 17. Juni, auch hinter dem Großen Stern. So gelangen wir zum Brandenburger Tor. Dahinter weiter geradeaus „Unter den Linden" zur Museumsinsel mit dem Dom.

Weit, einladend und lang ist sie, die **Straße des 17. Juni**, die mit dem Namen an den Volksaufstand 1953 in der DDR erinnert. In der Mitte der Prachtallee liegt der **Große Stern**, auf den gleich mehrere Straßen münden. In der Mitte des Platzes erhebt sich die Siegessäule.

Das **Brandenburger Tor** ist ohne Frage eine der weltweit bekanntesten Sehenswürdigkeiten. Dies liegt zum einen an der tollen **Quadriga**, die es schmückt, aber auch daran, dass hier einst die stark bewachte innerdeutsche Grenze verlief und das Tor damit zum Symbol der Deutschen Wiedervereinigung wurde. Es ist übrigens das letzte von ehe-

Die Berliner Museumsinsel bietet einen Ausflug in die Geschichte

mals 18 Stadttoren, mit denen Berlin früher geschützt war.

Hinter dem Tor beginnt die Straße **Unter den Linden**. Sie wurde einst als Reitweg für den Kurfürst angelegt und entwickelte sich später als Prachtstraße und bildet heute eine beliebte Flaniermeile.

Sehr würdevoll erhebt sich der **Berliner Dom** vor uns mit seinen Kuppeln. Er ist gar nicht mal so alt, denn erst 1905 erfolgte die Fertigstellung. Er steht auf der sognannten **Museumsinsel**. Sie liegt mitten in der Spree und ist so etwas wie die historische Mitte Berlins. Mit Alten und Neuen Museum, der Alten Nationalgalerie, dem Bode-Museum und dem **Pergamonmuseum** zählt sie zu den meistbesuchten Museumskomplexen der Welt.

Weiter geht´s von der Museumsinsel über die Straße Am Kupfergraben, rechts mit Geschwister-Scholl-Straße über die Spree, dahinter links-rechts-links auf die Reinhardtstraße, die uns wieder über die Spree zum Bundestag bringt. Dahinter vor dem Spreeufer links, ein ganzes Stück am Fluss entlang und an der Brücke vor Schloss Bellevue nach links (!) auf den Spreeweg, der uns wieder zum Großen Stern bringt. Von hier entweder auf derselben Strecke zurück wie auf der Hinfahrt, oder – etwas kürzer – im schnurgeradeaus, bis wir wieder zur Havelbrücke kommen. Ab hier kennen wir den Weg zurück zum Camp bereits von der Hinfahrt.

Seit 1999 sitzt der Deutsche Bundestag wieder im sogenannten **Reichstagsgebäude**. 1894 wurde der Bau im Stil der Neorenaissance am linken Ufer der Spree fertiggestellt. Schon der Reichstag des Deutschen Kaiserreiches als auch der Reichstag der Weimarer Republik tagten hier.

Tipp: Ein Besuch der **Glaskuppel** im Reichstag gehört zum Berlin-Besuch. Planen Sie es früh morgens oder abends ein, dann sind die Schlangen an der Kasse vielleicht etwas kürzer.

Auf der anderen Spreeseite erhebt sich das **Kanzleramt**. Ob wir es schön finden, ist Geschmacksache, aber der wichtigste Mensch Deutschlands hat hier seinen Amtssitz. Ganz in der Nähe liegt **Schloss Bellevue**, der Amtssitz des Deutschen Bundespräsidenten. Entsprechend repräsentativ kommt er daher – strahlend weiß getüncht und mit der Standarte des Präsidenten in Sichtweite.

Kartentipp:
ADFC-Regionalkarte Berlin und Umgebung, 1:75.000,
ISBN 978-3-96990-016-1, € 9,95
Digital für Smartphones und Tablets:
www.fahrrad-buecher-karten.de/rk-digital

99 Agenten, Könige, Schauspieler und ganz viel Wasser

Rundtour von **Gatow** nach Potsdam

CamperTouren Info

ca. 32 km, Rundtour meist auf befestigten Radwegen und auf wenig befahrenen Nebenstraßen, keine größeren Steigungen, regionale Wegweisung

Start / Ziel: DCC-Campingplatz Gatow, www.dccberlin.de/gatow

Auswahl weiterer Camps an der Strecke: DCC-Campingplatz Berlin-Kladow, Wohnmobilstellplatz Potsdam, Campingpark Sanssouci

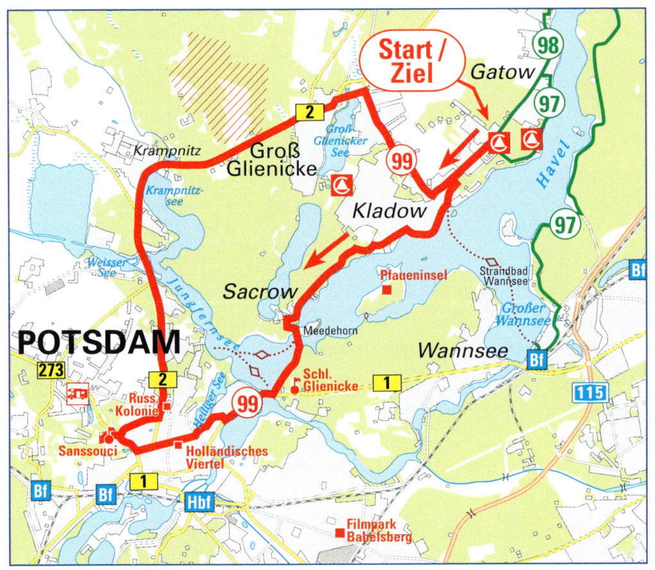

Diese Tour bietet nun wirklich für jeden Geschmack etwas: Naturliebhaber erfreuen sich an den vielen Seen am Wegesrand und an den Schlossgärten von Sanssouci, Kinofreunde besuchen den Filmpark Babelsberg und gemütliche Radler kehren ein im Holländischen Viertel.

Los geht´s aus dem Camp kommend nach links auf dem Kladower Damm. Diesen verlassen wir nach rund 1,5 km nach links auf die Friedrich-Hanisch-Straße, die wir direkt wieder nach rechts verlassen. So gelangen wir wieder zum Schiffsanleger, folgen aber dieses Mal dem Ufer weiter und kommen via Sacrow nach Meedehorn. Hier setzen wir mit der Fähre in wenigen Minuten über auf die andere Seite und folgen dort dem Ufer nach rechts. Später rollen wir rechts über die Glienicker Brücke ins Herz von Potsdam.

Von unserem Radweg am Ufer des Wannsees blicken wir hinüber zur **Pfaueninsel**, auf dem ein wunderschönes kleines Schloss steht. Dies wirkt fast so, wie aus einem Modellbausatz.

Später rollen wir am genauso schönen **Schloss Glienicke** vorbei und radeln über die Glienicker Brücke, die einst Ost- und Westdeutschland verband. Diese wurde einst als „Agentenbrücke" bezeichnet, da hier im Februar 1986 einer von drei Agentenaustauschen zwischen der DDR und der BRD stattfand.

Rechts von unserer Kurfürstenstraße, auf der wir durch Potsdam radeln, liegt das **Holländische Viertel**. Der holländische Baumeister leitete bis 1742 die Errichtung der 134 Ziegelstein-Häuser, die exakt in Karrees aufgeteilt wurden. Hier finden wir schöne Fotomotive, aber auch gute Einkehrmöglichkeiten.

Das Wasser ist in Potsdam allgegenwärtig

Tipp: Nur wenige Pedalumdrehungen entfernt von unserer Radtour liegt der **Filmpark Babelsberg.** Hier kommen Film-Enthusiasten voll auf ihre Kosten: Bei zahlreichen Attraktionen wie Filmkulissen, 4-D-Kino, Shows und vielem mehr dreht sich alles um Film und Fernsehen.

Auf unserer Radtour radeln wir direkt darauf zu – natürlich auf der Kurfürsten-Straße, wie es sich gehört: Und es gibt wohl kaum einen Besucher, der nicht beeindruckt ist von den phantastischen Gärten und dem herrlichen **Rokoko-Schloss Sanssouci**. Preußenkönig Friedrich II. zeichnete höchst persönlich die Skizzen, nach denen bis 1747 sein Sommerschloss fertiggestellt wurde. Es erhebt sich aus einem weitläufigen Garten, der uns in eine andere Welt entführt.

Gar nicht weit vom Schloss steht auch hier in Potsdam ein **Brandenburger Tor**. Es wurde um 1771 erbaut und bildet den Anfang der Brandenburger Straße, an deren anderem Ende die Kirche St. Peter und Paul steht.

Weiter geht´s von Potsdam, das wir über Hegelallee und rechts Schopenhauerstraße verlassen. Nachdem wir uns das Schloss angesehen haben, verlassen wir Potsdam über den Voltaireweg und links Jägerallee. Diese geht in die Nedlitzer Straße und später in die Tschudistraße über. Am Ufer des Krampnitzsees vorbei gelangen wir zum gleichnamigen Ort. Von hier radeln wir via Groß Glienicke und Kladow wieder zurück zum Kladower Damm, an dem unser Camp liegt.

An der Jägerallee liegt die **Russische Kolonie Alexandrowka**. Sie wurde 1827 auf Geheiß des Preußenkönigs für 12 russische Sänger angelegt. Die alten Holzhäuser und die Gedächtniskirche bilden ein sehenswertes Ensemble.

Nur ein Stück dahinter liegt der Heiligen See. Er ist einer der vielen Seen dieser Region. Auch am Jungfern- Weißen, Krampnitz- und am Groß Glienicker See radeln wir noch entlang.

Kartentipp:
ADFC-Regionalkarte Potsdam / Havelland, 1:75.000,
ISBN 978-3-87073-959-1, € 9,95
Digital für Smartphones und Tablets:
www.fahrrad-buecher-karten.de/rk-digital